ペリーとともに

画家ハイネがみた幕末と日本人

フレデリック・トラウトマン
座本　勝之 訳

三一書房

もくじ

◈本文中の〈　〉内は訳注です。
◈日付は西暦（グレゴリオ暦）であり、必要に応じて和暦を（　）内に付記している。
例　・1853年7月8日（嘉永六年六月三日）
・3月31日（旧暦三月三日）

はじめに

ペリー提督の日本遠征に随行した画家のウィリアム・ハイネは、自らの手記を故国のドイツ語で著している。私は、その手記の主要な部分を英訳して米国民にお届けすることにした。その目的は、ハイネの回顧録を米国が手がけた日本開国事業の中に回帰させ、その事業に最も関心を寄せる人々の国、すなわち、米国でその回顧録の価値を呼び起こすことであった。私が思うに、ハイネは米国議会によって随行が認められ、米国海軍から報酬を受けていた。米国が日本遠征に費やした諸費用は、この国の先人たちが賄《まかな》ったものであり、私の仕事は、その子孫の読者の方々へハイネの回顧録をお伝えすることである。

ハイネは、彼の報酬に十分応える仕事をした。ペリー提督の日本遠征に関する数百ページにわたる報告書には、「ハイネ氏が、それをスケッチした」という記述が度々書かれている。ハイネは様々な場所を訪れ、ある時は高い樹木や崖の頂上まで登って風景や事物、その地、諸々の出来事を観察した。また、旺盛な探求心をもって、それらを絵画やスケッチに取り込み、目に見える貴重な記録を残している。同時に、ハイネは活気に満ちた長編の回顧録を著した。これらの記録は、彼の観察を通した優れた内容であり、事実に基づくという点においても、ペリーの帰朝報告に次ぐ意義のある報告書と言える。米国の歴史家ヘンリー・F・グラフ（1921年〜）は、彼の著書

『ペリーと共に日本を訪れた水兵たち』の中で、ハイネの回顧録を優れた遠征記として取り上げている。

しかし、現実を見ると、米国民のハイネに寄せる関心は薄く、さほど評価もされていない。それのみならず、誤解までされているようである。ピューリッツアー賞受賞の伝記作家、アーサー・ウォルワース（1903〜2005年）は、『Black Ships off Japan―ペリー提督の遠征』の中でハイネの引用は三度に止まり、回顧録については、一度のみの引用となっている。しかも、その引用は文章を短縮し、あたかも、その文章が回顧録の原文であるかのように翻訳している。また、米国史の大家であるサミュエル・エリオット・モリソンの著『Old Bruin―マシュー・C・ペリー提督の伝記』には、ハイネの回顧録はペリーの報告書の一部をドイツ語に翻訳したものである、と書かれている。しかし、ハイネの回顧録は、ペリー提督の日本遠征記とほぼ同時期に発行されたものであり、内容も異なっているのが事実である。さらにモリソンの著書は、ハイネは日本遠征の前は画家だけを目指しており、遠征後は、ドイツに戻ってドイツ語で簡単な日本遠征記を著わし、「風景画の個人教師として人生を終えた」と記している。

ここで、ウィリアム・ハイネ〈1827〜1885年、ドイツ名はヴィルヘルム・ハイネ〉の経歴を紹介しよう。ドイツ東部の古都ドレスデン出身のハイネは、王立芸術学院を経てパリに留学し、ペリー艦隊に参加する前は、欧州と米国で画家や挿絵画家、絵画教師として生活していた。また、中米での領事館員や、著述家などの経験も積んでいる。ペリー艦隊の日本遠征に随行した後、ハイネはプロイセンの極東遠征艦隊の画家として、1860年（万延元）に再度来日を果たした〈この時ハイネは江戸に半年ほど滞在した〉。その後、米国に戻ったハイネは南北戦争において北軍の准将に昇進し、三度にわたって指揮を執った。退役後は、米国のパリ公使館やリバプール領事館で公務についている。

ハイネの経歴を通して、その偉大な貢献と貴重な功績を挙げれば、何と言っても、ペリーの日本遠征時に果たした彼の実績である。ハイネは、現地で見た風俗や風景、人物などをスケッチや色彩画で描写し、素晴らしい画集を制作した。と同時に、ハイネは植物や動物・鳥類・魚類などの研究も行い、日本遠征の出来事を極めてリアルな内容で満たしたものに仕上げている。これらの画集はハイネが一流の画家であることを立証し、描写の大家であることを如実に示している。ハイネは、ペリーのために動植物などを採集し、その管理や観察などを行ったほか、地図作成や銀板写真の助手なども務めた。

ここまで、私はハイネの日本遠征について述べてきた。しかし、ハイネは私がここに示したものより、さらに多くの内容を回顧録に記述している。ハイネはペリーの世界的な遠征を記した上に、英語版からドイツ語に翻訳した二巻の回顧録を著した。そのドイツ語版の中には、日本の開国を克明に描いた叙述的な章も含まれている。私は、ドイツ語の原本の「序言」を本書では「第一章」とし、「第十二章〜二十七章と、二十九章の一部」を、本書では「第二章〜十八章」としてまとめた。また、日本を往復する航海や、ハイネの記述の中には、本書の主旨から外れる部分もある。それらの内容は特に強調しなくてもよいため、不要な部分は割愛した。

本書は、章の流れを極力原書に沿わせ、使用する言葉も原書に合うようにした。しかし、今日英文で読む読者に対して、特に意味を持たない幾つかの文章は書き表していない。これらの削除した部分については、注意書きを付記している。また、各章の細部において、必要な場合は節《パラグラフ》の変更を行い、文章や成句《フレーズ》を組み替えた。さらに、翻訳の領分を越える慣用句《イディオム》や言葉を採用する場合には、それらを括弧内に記述している。

ハイネの文章は、より良くするための変更や、改変する必要が殆どないほど、完成された文章である。本書の翻訳にあたって、私が目指したのは明確な文章と内容の一貫性であり、必要な個所は強調し、特にドイツ語の快適な調子《リズム》に合わせるように英文を工夫した。

翻訳では、一語一字のもつ意味を変えないことを基本としたが、丁寧な言い回しや、適確な表現のために、必要な場合に限って、それらの変更を行っている。移民は、えてして「人種のるつぼ」の中で変化していくものだが、彼らの考え方は、言葉を翻訳する側の裁量の中で大きく変わる。そのため、私は原文の真意をしっかりと守り、文体についても同様にした。ノーベル賞受賞作家の翻訳者グレゴリー・ラバッサが、ガブリエル・ガルシア・マルケスの作品を翻訳した時と比べ、私が取り組んだハイネの翻訳は、決して容易ではなかった。マルケスの言葉によれば、彼の作品『百年の孤独』の翻訳は、原本を凌いでいるという。私の場合、ドイツ語的な言い回しがどこか失われたとしても、その分を英文体で文章に活かすことを心掛けた。

本書では、東洋の名称や固有名詞を英訳する場合、ドイツ語の言い回しは採用していない。それを採用すると、かえって煩わしいことになるからである。「Tokyo」、あるいは「Tokio」の古い呼称である「Edo」、もしくは「Yedo」については、1853年と1854年の新聞には、「Yedo」、「Yeddo」、「Jedo」、「Jeddo」、「Jesso」などと書かれている。同様に、「ショウグン」などの記述も様々であるが、私はそれらに囚われないようにした。ここで、ペリー提督を含めて記録の著述家たちの間では、「リュウキュウ」あるいは「リューチュー」のローマ字化について、「Loo Choo」とか「Lew Chew」などと記述が分かれている。同様に、琉球王国の主要貿易港である「ナハ」についても、様々な記述を見ることができる。これらの記述については、できる限り日本の『公式ガイド』か、講談社の『日本の百科事典』に従った。また、日本の人々の姓名や地名の確認ができない場合、ハイネのスペルをそのまま使用した。

各文献に記載される「日付」は、往々にして一様ではない。『ハイネの回顧録』においてその日付が一ヶ月以上もずれていたり、明らかに誤記であったりした場合は、私はそれらを訂正した。日付の些細なずれについては、他の文献によって、ハイネの間違いが明確にならない限り書き変えていない。

しかし、いかに原本を正確に翻訳し、間違いなく校正したとしても、その翻訳本が完全というわけではない。人々が、新聞や街の中の見聞きで情報をえた1856年（安政三）当時は、世界的に混沌としていた時代であった。さらに、これらに関する文献が世に出た時は、往時のことを知る人はほとんどいない時代に変わっていた。そのため、特に議論を呼ぶと思われる内容については、注釈を加えることにした。また、本書では基本的に注解《ノート》を付記しているが、必要に応じて（　）内に注釈を加えている。

注釈や注解は、原則として参考文献に基づいている。それらの主な参考文献と、幾つかの引用文献を巻末に加え、最新の情報に基づく内容で列記した。日本並びに米国では、１９６７年（昭和四二）に出版されたサミュエル・Ｅ・モリソン著『Old Bruin—マシュー・Ｃ・ペリー提督の伝記』が、ペリー艦隊遠征の記録と描写をくまなく網羅した文献となっている。１９３７年（昭和一二）以前の文献であれば、特にペリー提督の日本遠征の成行きについては、ハワイ大学歴史学教授の坂巻駿三著『Western Concepts of Japan and Japanese, 1800-1854』が参考になる。

本書では、読者にハイネの認識を深めてもらうために、彼の生涯を紹介した。ハイネの生涯と日本遠征を書くにあたり、さらに詳しい紹介や資料を加えたい気持ちに誘われたが、私はあえてそれらを控えた。それは、別の機会で公開すべきと考えたからである。実際、どの文献を見てもハイネについての詳しい記述は乏しく、最も詳しく書かれているのは、ドイツ語によるものである。そのような中で、私は背景を設定して主人公を描き出すために、遠征以前のハイネの状況を詳しく記すように努めた。併せて、私は筋書きを定め、全体的に広範囲となる遠征の活動に、まとまりをつけている。いずれにせよ、私のこうした作業は、読者に『ハイネの回顧録』の理解を促すための、副次的なものに過ぎない。しかし、ハイネのここぞという見せ場では、それを表現するための最善の努力を惜しまなかった。ここで特記しておかなければならない事は、「日本への遠征を、日本に対する攻撃的な行動と捉えるハイネの見方」であり、私はその姿勢を紹介して、本書の基盤にした。

私は『ハイネの回顧録』を、日本遠征を目撃した証人の言葉として紹介した。また、本書の巻末に付した年表は、1540年代（天文年間）の日本と西欧の関わり合いから始まり、次いで、ペリー遠征隊とハイネの生活を追い、最後は、1885年（明治一八）のハイネの死までを記述している。これらの記述は、『ハイネの回顧録』の理解に役立つことと思う。ロバート・L・レイノルズの著作『Commodore Perry in Japan』には、ハイネと日本の絵師によって描かれた記録が豊富に紹介されており、若い人々になじみやすい絶好の歴史書と言える。また、ピューリッツアー賞受賞の伝記作家アーサー・ウォルワースは、『Black Ships off Japan―ペリー提督の遠征』で分かりやすい解説を貴重な文献として残している。一方、ペリー提督の個人的な日誌と公式の遠征記録は、百科事典的な価値はあるが、読み切るのは容易ではない。その『ペリー提督日本遠征記』には、ハイネが描いた数多くの絵画やスケッチが含まれている。

ペリー艦隊の来航時に起きた出来事と、それによって生じた歴史の一コマを、史実に基づいて書いた二編の小説がある。一編はリン・ゲストの『Yedo』であり、もう一編の傑作は島崎藤村の『夜明け前』である。両作品とも、ペリー来航という大激動を迎えた日本の日々の生活と、それに関連した人間模様を描き出している。本書の執筆にあたり、私はこれらの作品を大いに参考にさせていただいた。これらの作品なくしては、本書の内容の無味乾燥は避けられなかったものと考えている。

本書の執筆にあたって、多くのご支援をいただいた。特に、私の妻ベス・トラウトマンは終始援助をしてくれた。また、テンプル大学サミュエル・パリー図書館の貸出しでは、キャシー・ミーニイ、ベティー・デンキンス、リズ・ロマノの各氏が、多くの書籍と遠征に関連する記事を遠方の私に提供してくれた。また、サミュエル・パリー図書館の受付の方々は、丁重かつ積極的に私の質問や疑問点に応えてくれた。エリザベス・デラノ・ホワイトマン氏とマクスウェル・ホワイト氏は、ミルトン氏同様に、私の原稿を熟読して評価してくれた。また、有能な情熱家のデビッド・M・ネイヤー氏並びにテンプル大学図書館長のジェイムズ・N・マイヤー教授、解剖学教授のスティーブン・J・フィリップス氏は、私が彼らから大いに学ばせていただいたことを告げれば、きっと驚くであろう。

さらに加えて、次の方々に謝意を申し上げたいと思う。ペノブスコット海事博物館長のウィリアム・A・バイロイト氏、オールド・プリント・ギャラリー社のジュディス・ブレイクリー氏、ニューヨーク歴史協会図書管理者のマリー・カレー氏、米国海軍歴史センター・作戦文書保管支部長のバーナード・F・カバウカンチ氏、米国海軍兵学校博物館の上級管理者ジェイムズ・W・チーバース氏、フィラデルフィア海事博物館副館長のマイケル・ジャクル氏、海軍省図書館のスタンレー・カルカス氏、オールド・プリント・ショップ社のケネス・M・ニューマン氏、マリナーズ博物館助手のロイス・オーグルズビー氏、米国国立歴史博物館主任管理者のローダ・S・ラトナー氏、フィラデルフィア海事博物館管理員のドロシー・H・シュナイダー氏、ミスティク・シーポート博物館目録係員のマリー・C・シュローダー氏、米国国立芸術博物館のジョー・アン・トリプレット氏、ニューヨーク市立博物館出版物管理者のロバータ・ワデル氏、ウィリアム・L・クレメンツ図書館原稿管理者のガレノス・R・ウィルソン氏、セイラム・ピーボディー博物館絵画管理者のポール・ウィンフィスキー氏の皆様に、心よりお礼を申し上げる次第である。そして最後に、再び微笑んだ「芸術の九女神」に対しても感謝の気持ちを捧げる。

ここに紹介した皆様のお陰で、私はウィリアム・ハイネのために、日本遠征に関する彼の回顧録を読者の皆様にお届けすることができた。『ハイネの回顧録』は、一九世紀中頃の最も危険に満ちた航海と、未知の世界に挑戦した冒険家たちの物語である。彼らは、自らに課せられた任務を完遂した極めて勇敢な人々だった。

ハイネは、「神から健康と若き力を授かる限り、現役の厳しい義務に耐えなければならないし、公共のために役立つことを果たさなければならない」との言葉を残している。今日、そして将来において、冒険を志す人々が強靭な意志と健康を授かり、読者の皆様が、ペリーとハイネが切り開いた星のもとへ到達できますよう、心からお祈りする次第である。また、彼らが思い描くこともできなかった素晴らしい幸運があなたのもとを訪れ、それらが我々人類の財産となることを切に願っている。

序章　ハイネの生涯

貿易や条約の締結や、艦隊で海岸を守ることのほか、国の外で一体どんな仕事があるのか、と国王は尋ねた。

『ガリバー旅行記』
ジョナサン・スウィフト（梅田昌志郎訳）

１８４６年（弘化三）７月、米国の戦列艦「コロンバス」（２４８０トン）と帆走艦「ヴィンセンス」（７００トン）が浦賀に錨を降ろした。米国東インド艦隊司令長官のジェームズ・ビドル提督は世界半周の航海を終え、日本の中心都市がある江戸湾に来航したのである。その目的は、日本が二百年におよぶ鎖国を終えて外国と友好な関係を結び、通商を開始する意図があるのか、それとも頑なに鎖国を堅持して外国の悪魔を一蹴《いっしゅう》し、外国人《バーバリアン》たちを追い返すのかどうか、を調べるためであった。ところが、米国艦は、日本の兵士たちが乗船する多数の小型警備船に取り囲まれてしまった。正装に身を固めたビドル提督が日本の回答を得るために和船に乗り移ろうとした時、一人の衛士が提督の胸を突いて押し返す事態が起きた。浦賀奉行所はその非礼について謝罪したが、日本の回答は「早期に立ち去ること、そして再度の来航を認めない」というものであった。

江戸幕府は、それ以前にも米国船の入港を拒否していた。１７９１年（寛政三）に、皮革を扱う二隻の商船が交易を求めて日本〈紀伊大島〉へ来航したが、交渉を拒まれている。1837年（天保八）には、米国商船の「モリソン号」がオレゴン沖に漂着した日本の漁師を送り届けるため、宣教師を伴って江戸湾に来航した。しかし、浦賀奉行所は〈異国船打払令に基づいて〉無防備の「モリソン号」を砲撃して退去させた。こうした措置は、薩摩藩においても同様であった。それから数年後の1845年（弘化二）、米国の捕鯨船「マンハッタン号」が太平洋で漂流していた日本の漁師を引き渡すために、再び浦賀に来航した。当時の幕府は、1638年（寛永一五）以来の不動の鎖国体制を維持していた〈しかし、この度のマンハッタン号の来航では、幕府は老中筆頭であった阿部伊勢守《いせのかみ》の決断によって漂流民を受け取り、薪水《しんすい》・食料などの謝礼をしている〉。

一方、米国では二世紀にわたって閉ざされてきた東洋の謎の国、日本への関心が高まっており、この国を世界に向けて開かせようという声が強まっていた。1815年、国務長官のジェームズ・モンローは、日本と条約を結ぶための艦隊派遣を唱えるデビッド・ポーター提督の提案を前向きに捉えている。また、「明白な運命《マニフェスト・デスティニー》」（米国の西部開拓を天命とする思想）の主唱者であった上院議員のトーマス・ハート・ベントンは、1821年に米国が送るべき代表は欧州ではなく、東洋であると論じた。

そのような流れの中で、1835年に第七代大統領アンドリュー・ジャクソンが、日本との条約交渉を認可したのである。米国政府の指令を受けたビドル提督が1846年（弘化三）に江戸湾へ来航したが、屈辱的な結末を迎えている。1784年に始まった中国やインドとの貿易はすでに拡大をたどっており、時代の流れと共に、アジア海域における米国の存在は大きくなっていた。また、数十年にわたって米国の捕鯨船が北太平洋で活動しており、サンドイッチ諸島（ハワイ諸島の旧称）を母港とする捕鯨船団は、北太平洋の漁場に近い小笠原諸島《ボニン・アイランズ》か、もしくは日本本土に基地を求めていたのである。一方で、米国北東部から中国本土までは半年近くもかかる航海であったが、北西部のオレゴンから汽走船〈帆走併用の蒸気船〉を使用すれば二～三週間で中国に到達できる時代になっていた。当時、太平洋郵便汽船会社《パシフィック・メール・スチームシップ・カンパニー》はサンフランシスコから広東までの定期船を企画していた。ゴールド・ラッシュに沸く米国では交通網の開発が活発化し、汽走船の運航により、石炭の需要が激増していた。その結果、現地で採掘される石炭の確保が不可欠となり、北太平洋に位置する日本が、その候補地となったのである。日本の探索や実地調査、また海図の作成や遭難船の保護など、日本との修好は米国の大きな目標になっていた。

　鎖国時の日本は国外との交渉が御法度《ごはっと》で、オランダとの限られた貿易を除いて、西欧との関係は断たれていた。１８３７年（天保八）の「モリソン号」の失敗を文書にした米国商人のチャールズ・W・キングは、日本への遠征艦隊は開港と使節の受け入れを日本に認めさせ、領事館の設置を究極の目的とすべきであると提案している。同様に、米国の国際貿易機関の責任者アーロン・ヘイト・パーマーは、かねてより、軍事力に劣る日本を封鎖して開国を強要するよう主張していた。

　１８４９年（嘉永二）、米国艦「プレブル」の艦長ジェームス・グリン中佐は、日本に捕らえられていた米国人漂流民を救出するために長崎港へ進入した。当初、「プレブル」は日本側から妨害を受けたが、グリン艦長は断固とした姿勢を崩さず、軍事的応酬の可能性を前面に打ち出した。その結果、漂流民たちの全員が米国船に引き渡されたのである。これを機に、西欧は日本の自衛力が十分ではなく、数隻の軍艦すら退去させる能力がないことを確信した。前述のチャールズ・キングやアーロン・パーマーと同様に、グリン中佐と1851年に日本開国の任務を与えられることになるジョン・H・オーリック提督は、海軍力を背景にした日本の開国を米国政府に進言したのである。

1850年（嘉永三）、ミラード・フィルモアが米国第十三代大統領に就任した。フィルモア大統領は、米国の西部開拓は西海岸で終わりではない、という信念を持っていた。国益の拡大を目指し、地球の果てまでとは言わぬまでも、裏側の半球までは西進を続けるべきという考えであった。ところが、その実現を拒むのが日本の鎖国という厚い壁で、ついに米国は、大統領令をもって政策の変更を打ち出すことになった。

フィルモア大統領はダニュエル・ウェブスター国務長官と共に、太平洋を横断する政策に力を尽くした。汽走船を使えば、北西部のオレゴンと中国の間は二〜三週間の航程である。しかし、極東との貿易は相変わらず米国北東部が中心であったため、南米のホーン岬や、その他の航路を通して数ヶ月もの航海を強いられていた。ニューヨーク州選出のフィルモア大統領と、マサチューセッツ州選出のウェブスター国務長官の基盤は東海岸であり、両州の港は外洋船を派遣して貿易を営んでいたのである。英国との間に生じた中米沖の水路の争いを解決するために、フィルモア大統領とウェブスター国務長官は、モスキート・コースト（中米のホンジュラス）に軍艦を派遣している。次いで、米国政府はフランスと接触し、サンドイッチ諸島の解放、もしくは米国領とする交渉を推し進めた。米国は、諸島間の航路を確保し、島々を踏み石にすることによって、日本への進出を計ったのである。

承知のように、日本は二百年以上にわたって世界から国を閉ざしていた。1616年（元和二）に、徳川幕府は外国船の入港を長崎と平戸に限定したため、日本人から見た外国の悪魔たちは日本について殆ど知ることができなかった。1638年（寛永一五）当時、日本に在留していた西欧人はオランダ人だけである。1637年（寛永一四）に島原で起きた一揆〈島原の乱〉では、そのオランダ人たちが日本人キリスト教徒の征圧に協力した。また、彼らは他の西欧諸国との仲介役も果たしており、黒船艦隊が江戸湾に来航した際、ペリー提督は日本人が米国の事情をよく知っていることに驚いている。しかし、オランダ人が国内で活動を許されていたのは南西部の町のみであり、その町は長崎に近接した人工の島であった。「出島」と称するその島にはオランダ商館が設置されていたが、日本の主要都市からは遠く離れていた。出島について英国艦「トパーズ」の艦長は、「あそこは、オランダの貿易商たちが、二五〇年間にわたって鶏のように閉じ込められてきた場所だ。教会や牧師の存在さえ許されていない。この事実は、日本人がいかにオランダ人たちを粗末に扱ってきたかの証《あかし》である」と酷評している。江戸幕府はオランダ商館に幕府への献上物を強要し、江戸への参府《さんぷ》を命じていた。江戸ではオランダ商館長は終始へりくだり、つまらない芸を披露して、幕府の役人たちを喜ばせなければならなかった。

米国のビドル提督やグリン中佐を始め、その他の日本への来航者たちは、いずれも数少ない帆走船で、日本の港への侵入を試みていた。さらに、彼らは指令書によって「穏やかに振る舞い、米国への敵愾心《てきがいしん》や不信感を煽《あお》ることなく……」という固い枠をはめられていた。そのようなもとで、ペリー提督は新しい政権によって「合衆国東インド艦隊司令長官並びに特命全権公使」という権限を与えられ、日本への遠征艦隊を指揮することになった。ペリーに与えられた指令は、ビドル提督やグリン中佐への指令を超えていたばかりでなく、ウェブスター国務長官が想定した内容をも上回るものであった。ウェブスター長官は、ペリー提督の前任者であるJ・H・オーリック東インド艦隊司令長官に指令を出していたが、それは確固たるペリー提督への指令書に比べて腰の引けた指令であった。ペリー提督には、「穏やかな姿勢を保ちつつも、断固とした不動の対応」が求められたのである。この対応の変化こそは、遭難や座礁した米国人避難民に関する米国政府の明確な意志表示であった。しかし、軍事力については、艦隊や乗組員の自己防衛以外の行使は認められていなかった（ハイネはそれを「力には力で」と表現している）。まずは、「穏やかに」ということを前面に押し出し、日本の港に入港するための武力の誇示や日本当局への圧力の掛け方、また必要に応じた武力の展開などの判断は、全てペリー提督に一任されていた。この任務の一任は、ペリーにとって有難いものであった。ペリーへの指令は確固《かっこ》としており、見方によってはかなり挑戦的にも取れた。また、指令書の制限はペリーの判断による行動を除外していないため、ペリーは状況に応じて指令の解釈を変え、自らの判断で最善の道を選ぶことができたのである。ペリー自身は、状況に応じて、「武力を背景にした交渉」を行う決断をしていた。

指令書については、おそらくペリー自身が起草したものと思われる。というのは、1852年（嘉永五）にペリーが国務省に改案を提出して承認された時、国務長官のウェブスター氏は死を間近にして病床に就いていたからである。「商業上の利益を守るための海軍力の活用」は、ペリーの長年にわたる信念であった。また、その承認された指令書には、「日本は軍事的に弱小ながらかなり高慢で、米国の漂流民たちを野蛮に取り扱っており、そのため世界の敵になっている」という、ペリーの基本的な考え方が書かれている。さらに指令書は、日本遠征においては一隻や二隻の船ではなく、米国東インド艦隊の全容をその用に供することを設定していた。東インド艦隊は当時強力な艦隊であり、日本人に畏敬の念を起こさせて、米国の目標を推進させるための大きな存在であった。1852年10月に、ウェブスター国務長官が逝去した。そのためペリー提督への指令書を最終的に承認したのは、国務長官代行のチャールズ・M・コンラッドであった。その指令書自体は、おそらくペリー提督の提案が修正されずにそのまま手渡されたものと思われる。

1854年3月31日（嘉永七年三月三日）に日米和親条約（神奈川条約）が結ばれた時、東インド艦隊の全ての艦船が日本海域にいた訳ではなかった。日米両国の代表団は、八隻の米国艦船に二〇〇門以上の大砲と重砲、それに二〇〇〇名を越す米国兵のもとで調印したのである。こうした米国の砲艦外交が、日本側の条約承認を早めたのは確かであった。ペリー提督が日本に初めて来航した1853年（嘉永六）、彼は日本の責任者に対して艦隊を取り巻く警備船を直ちに解散させることを要求し、さもなければ武力で排除する、と警告した。また、幕府の代表者がフィルモア大統領からの国書の受諾をためらっていた時、ペリーは彼らに対して「しかるべき日本の代表者がその国書を受けとって将軍に手渡すこと、さもなければ自分が直接将軍に届ける」と宣告している。後日、ペリーは兵士を乗せた測量船を江戸湾に送り出し、「ミシシッピ」を江戸湾の奥まで侵入させた。〈久里浜での会見後〉江戸湾を一旦去るに当たって、ペリーは「翌年は、さらに多くの軍艦を連れて戻ってくる」と告げた。さらに、「これまで、貴国は異国船に対して傲慢《ごうまん》な姿勢を維持してきた。しかし、我々に対してその姿勢はもはや成り立たない。貴国は、これまでお互いに話してきた事柄を遵守しなければならない。これが我々の求める道である」と言い残していた。このように、ペリー艦隊は強圧的な姿勢や戦闘の可能性も視野に入れて日本の島々に侵入し、鎖国状態にあった日本を、国際的な大舞台に引っぱり出したのである。

それでは、何が米国をそこまで駆り立てたのであろうか？　米国最強の艦隊や砲艦、それに選《よ》りすぐった将兵を動員してまで遠征を試みた米国の意図は、何処にあったのだろうか？　米国民が日本への関心をより高めたとしても、米国の威信や権益を傷つけて、不利益をこうむる可能性は無視したのだろうか？　また、鎖国状態にある日本に敵愾心《てきがいしん》を起こさせかねない危険を冒したり、他国に干渉しない日本を放置しておかなかった理由は、一体何だったのであろうか？

鎖国中の日本が、米国人を含む異国人に非人道的な対応をしてきたのは確かであった。また、日本の港では、外国船が望む食糧や水、その他一切の取引が禁じられていた。キリスト教は禁じられ、教徒はひどい迫害を受けている。『ガリバー旅行記』の物語のように、日本に到着した異国人は、徳川将軍に対して「オランダ人に課せられる踏み絵の儀式」を免除して欲しいと請願している。日本側から見れば、米国人は欧州の帝国主義者と何ら変わることはなかった。一方、ビドル提督への屈辱や、モリソン号事件への対応により、米国民の日本に対する怒りはますます強くなっていた。当時の日本が交易していたのは、オランダや中国、朝鮮などの少数国に限られていた。他国との情報交換に欠ける日本は時代の流れに乗り遅れ、政策はいずれも内向きで敵対意識が強く、科学的な思考も欧米人に追いついていなかった。それに加えて、日本周辺の水路調査や情報の提供をも妨げていたため、外国船の航海に支障をきたしてきた。当時、対インディアン政策で人種的な偏見に満ちた米国人は、日本の姿勢と行動を看過できないと捉えており、自国の言い分は正しく、それらを主張する権利は当然のことと考えていた。

さらに、新生国家として国家権益の拡大を視野に入れる米国は、中国との貿易を拡大して、日本との通商の開始を求めていた。マニフェスト・デスティニー（米国の西部開拓を天命とする思想）の躍動は西海岸で終わることなく、日本の開国までも躊躇《ちゅうちょ》せずという勢いであった。米国の宿命は物質的な恩恵に止まらず、権益の拡大を目指して星条旗を掲げ、西方に通商の道を広げるということだったのである。

国旗の掲揚と通商が成り立てば、そこには当然聖書が伴うものである。汽走船と科学の進歩によって太平洋の横断が目前に迫っており、サンドイッチ諸島の宣教団の願いは日本への訪問であった。米国遠征艦隊による日本への入港は、おそらく日本の門戸を開くに違いない。これを強調していたのが法廷弁護士のアーロン・H・パーマーで、彼は1840年代（天保年間）から日本との交流を働きかけてきた。そのパーマー氏の周りには、彼の考えに同調する人たちが多く集まっていた。尊大ながらも優柔不断であったフィルモア大統領でさえ、〈アーロン・パーマーの提言を受けて〉日本遠征については、後代のセオドア・ルーズベルト大統領並みの意気込みを示した。このような時代背景の中で、日本開国の全てが、マシュー・C・ペリー提督に一任されることになったのである。

ペリーは、五八歳になって「駐東インド・中国・日本海域合衆国海軍司令長官」、並びに日本に対する「特命全権公使」という権限を付与された。振り返れば、ペリーの海軍人生は1809年に海軍士官候補生を志した時から始まっている。1812年の米英戦争に参加した後、ペリーは西アフリカ海域の奴隷貿易の取り締まりに携わり、米国の蒸気船海軍の創設や砲艦の近代化を始め、海軍士官の養成に尽力してきた。また、1846年に始まったアメリカ・メキシコ戦争（1846～48年）では、米国メキシコ湾艦隊を率いて勇猛な戦いを成し遂げ、一躍名声を博した。ペリーは、海軍士官として陸海両面で重職を全うし、華々しい成果を上げていたため、エリー湖の戦いで英雄となった彼の長兄、オリーバー・H・ペリーと混同されることもあった。ペリーの最後の任務となった日本遠征の目的の達成は、太平洋方面における米国の軍事力の伸展からして、米国西部を開拓したジョン・C・フレモントの業績を凌ぐものがあった。

万事において思慮深く、実務家としても優れたペリーは、学者や技術者、そして極めて清教徒的な顔を備えた海軍士官であり、必要に応じて宣教師もこなす愛国者であった。作家のワシントン・アービングによるペリーの描写や、彫刻家E・パルマーの半身像からは、彼の厳《おごそ》かでいかめしい顔立ちが浮かび上がる。さらに、ペリーの生真面目で、キリリと引き締めた口元からは、たわごとや冗談を容赦しない雰囲気が窺《うかが》われる。彼は論理を探求して事実を尊ぶと共に、学問を勧めて行動を重んじ、熱烈な正義感のもとで、軽薄な行動を忌み嫌う海軍士官であった。

1815年の地中海に向けた航海で、当時中尉であったペリーはスペイン語の独習に情熱を注ぎ、スペイン語で書かれた地中海に関する水路や航法、航海術を英訳してノートにまとめた〈このノートは現在もアナポリス海軍兵学校に保存されている〉。また、ペリーは古くて不合理な海軍教育を一掃し、近代的で体系的な教育を創設するために海軍兵学校の礎《いしずえ》を築き、海軍士官の教育法を改善した。さらに、ペリーは米国海軍の大砲や砲術を始め、砲弾や艦の装甲、その他の主要な諸課題に取り組み、それらの成果を自らニュージャージー州サンディー・フックに設置した試射場で審査している。これらの火力が、それから十数年後の日本遠征艦隊の威力となったのである。

江戸湾に停泊した黒船上のハイネは、大口径の艦砲を装備する軍艦を心の支えにしていた。黒船の最新式艦砲に恐れを抱く日本の役人たちが旗艦の「サスケハナ」を訪れた時、その帰り掛けに何かを尋ねたいという仕草を見せた。そして、艦尾に向かった役人〈与力の中島三郎助〉は海岸を射程に入れる艦砲を指差し、「あれはペクサン砲〈炸裂弾を発射できる最初の艦砲〉か？」と尋ねている。その役人は舷門近くにある大砲の発射装置も熱心に調べた。引き続く日本の代表者との交渉の中で、最も威力を示したのは黒船の火力であった。

この度の日本遠征で、ペリー提督は委任された二つの資格を最大限活用する局面に迫られた。それは地球の裏側での交渉に当たり、艦隊司令長官として如何に組織とその装備を活用するか、また、特命全権公使として如何にアジア人との交渉をうまく進めるか、ということであった。

米国を出港する前は、数ヶ月に及ぶ予算の編成や祝賀会、それに骨の折れる遠征準備が重なった。外交交渉を成功させるためには、貢《みつ》ぎ物が欠かせない。ペリーは、米国ならではの特産品と、先進的な工業製品を集めて船荷にした。それらは最新式の電信機や鉄道模型などであり、電柱・電線・線路・連結器に加えて、ボルト・ナットの一つ一つに至るまで船荷にした。その一方で、ペリーは絵画や写真、地図や書物などを介して、くまなく東洋や日本について調べている。同時に、東洋を訪れたことのある宣教師や船長、捕鯨船員などの話を熱心に聞いた。オランダの航海士たちからは、日本周辺の唯一の海図を高額な代価で仕入れている。このように準備には万全を期すのがペリーの常であったが、この度の遠征はまた格別なものであった。

日本遠征隊の士官には、有能で技能に優れた者が選出された。情報の収集と共にペリーを補佐し、艦隊の規律維持と、航海時の航法管理が、彼らに期待されたのである。提督付きの参謀にはヘンリー・A・アダムズ中佐が選ばれ、艦隊参謀長の権限を与えられた。また、ペリーの片腕として海軍士官の育成に尽力し、海軍兵学校の初代校長であったフランクリン・ブキャナン中佐を、アダムズ参謀長に次ぐ地位にすえた。両士官ともアメリカ・メキシコ戦争でペリーの部下として活躍し、この度の遠征ではアダムズ中佐が「ミシシッピ」、ブキャナン中佐が「サスケハナ」の艦長を務めることになった。アダムズ中佐はペリーの右腕として、またブキャナン中佐は優秀な右手として、ペリー提督を全面的に支えたのである。

ペリーは、メキシコ戦争時の旗艦「ミシシッピ」を日本遠征の旗艦にすえた。この汽走艦は、ペリーが蒸気船の改革に燃えていた1840年にフィラデルフィアの造船所で建造されたものであった。当時の米国海軍の最も有用かつ経済的に優れた外輪式汽走艦として、1850年に、ハンガリーの革命家コシュート・ラヨシュのオスマントルコから英国への亡命に携わっている。また、1852年までは、どの蒸気式戦艦よりも多い航海距離を記録していた。

この時代の米国海軍で最も輝いていた汽走艦「ミシシッピ」に、米国海軍を代表するペリー提督の司令官旗が翻《ひるがえ》った。その後、ペリーは自身の旗艦をその時々の状況に応じて替えている。フィラデルフィアで建造されたもう一隻の汽走艦「サスケハナ」は、1851年にノーフォークで艤装《ぎそう》を終え、一足先に中国の基地に向けて出航していた。残る艦船も、それぞれ中国で合流する計画であった。ペリーと共に日本遠征に向かうはずの汽走艦「プリンストン」は、ノーフォークに逗留していたが、この艦が日本遠征に参加することはなかった。「プリンストン」は、設計的に最新型のスクリュー式汽走艦として大洋を高速巡航できるはずであったが、ボイラーの故障を克服できなかったのである。日本との交渉の成功をめざして、一隻でも多くの艦隊編成を願っていたペリーだが、「ミシシッピ」一隻で長い航海へ出航せざるをえなかった。そのため、江戸湾への二回目の来航では、ペリーは東インド艦隊の全容を、日本に見せつけることができなかったのである。その全容とは、日本の防衛力を無力化して、幕府を条約締結に追い込むための艦隊の絶対的な威力を意味していた。

また、ペリーは東洋のあらゆる情報収集を重要なテーマにしていた。古代ローマの時代から遠征や重大な使命を遂行する場合、指揮官や参謀たちは、手元に莫大な情報を積み上げてきた。ペリーと艦隊の幹部たちは、ローマ帝国のユリウス・カイサルが送った言葉、「Veni, vidi, vici.（来た、見た、勝った）」よりも、さらに実のある功績を成し遂げようとしていたのである。すでに時代は、科学に基づく業績が求められる時世となっており、すべての学問や文化・知識の分野において、観察や研究、測定・数・鑑定・標本・説明・記録などの実績が伴わなければならなかった。日本遠征は海軍と外交の両面が基盤であったが、ペリーは士官たちに、その他数多くの価値ある物を蒐集《しゅうしゅう》するよう指示している。

帰国後に紆余曲折《うよきょくせつ》を経て完成した『ペリー日本遠征記』は全三巻から成っており、その重厚な遠征録は、そう簡単に読み通せるものではない。数百ページにわたる内容には「条約の写し」を始め、版画や原画通りの色で刷られた絵画や、水路図、気象データ・地図・海図・政治的状況・自然科学や天文・地理・航法・通商・民俗学・歴史・宗教学や純文学などが含まれている。

英国のジェームズ・クック船長（1728～79年）は、科学や軍事面を含んだ遠征報告書の基礎を作った。また、フランスのナポレオンは軍事作戦に科学をからませながら、合理的な戦争の前例を残していた。エジプトでは、フランス陸軍の科学調査隊が、古代の遺物や地理、自然歴史学上の重要遺産を大量に蒐集している。その中で、1799年に、ある技術将校が古代エジプトの象形文字の読解の手引となる碑石（ロゼッタ石）を発見したのである。その数年後、この調査結果の公表をナポレオンが認めたことを機に、いわゆるエジプト学なるものが開始された。英国の自然学者チャールズ・ダーウィンは、海軍測量船の「ビーグル号」に乗り組んで1831年から1836年まで世界を航海し、生物の「進化論」の研究のために資料を十分蓄積した。また、ペリーの友人であった南洋探検隊指揮官のチャールズ・ウィルクスは、1838年の遠征隊に画家と文民の科学者を同行させている。

ペリー提督による「艦隊司令長官通達」の第一号は、情報収集に関する指令であった。それにより、各人が得た情報のすべてを厳格な取り調べの対象とし、許可のない文通や、新聞への投稿を固く禁じた。その上、日記やノート、日誌、メモなどのすべてを、管理者に提出する義務まで課している。こうした予防措置は保安の面ばかりでなく、適切な通知や情報が、遠征の価値ある資料から抜け落ちないようにするためであった。

　日本遠征において、ペリー提督は「科学者たち」の同行を望むことなく、同時に、文学や科学的な要素も排除している。その理由は、「これらの人々は軍人と異なる価値規準をもち、階級を無視して艦隊活動を妨害する。また、陸上では問題を起こして軍隊組織の規律に支障をきたす」ということであった。いずれにせよ、海軍士官たちは情報収集の優れた能力をもっており、従軍牧師のジョージ・ジョーンズ師は地質学と天文学の学者でもあった。ペリー自身も植物学や貝類学に精通しており、遠征隊の士官たちは水深測定や測量、探索・地図作成などの実務経験を通して、情報の収集に事欠かなかったのである。ペリーは、「発見した情報を、国内の科学者たちに教授できるほどである」と常々自負していた。

　ところが、ペリーは遠征艦隊に何名かの民間人の同行を余儀なくされることになった。国務長官のエドワード・エバレット氏が、農学者のジェームズ・モロー博士を指名していたのである。また、ペリー自身もマカオで中国語に長けたサミュエル・ウェルズ・ウィリアムズと、上海でオランダ人のアントン・ポートマンを通訳として雇っている。当時、日本の学識経験者はオランダ語を学んでおり、ポートマンの採用は、日本遠征時の会話をオランダ語によって成就《じょうじゅ》させるためであった。さらに、報道機関に対する艦隊の広報官として、米国の若い文筆家ベイヤード・テイラーを上海で雇った。テイラーは、海軍の軍属として小笠原諸島のピール島（父島）に関する探検報告書を作成し、他の兵員と同様に日誌を検閲官に引き渡している。

しかし、テイラーや当世のホメロス的な存在の作家がいたとしても、遠征記録を言葉だけで残すのは不十分であった。すでに小冊子のみによる報告は時代遅れとなり、世は挿画《そうが》などの視覚によって伝達する時代になっていた。英国人画家のジョン・ホワイトは、天文学者のトーマス・ハリオットと共に新世界（アメリカ大陸）の探検に向かい、ハリオットの書いた歴史書、『バージニアの新開地の状況と実情の報告（１５９０）』には、ホワイトが描いた〈インディアンや彼らの生活などの〉挿画が多く含まれている。ジェームズ・クックの第三回目の航海では、彼は語り口調を主にした日誌を書いたばかりでなく、画家のジョン・ウェッバーを航海に同行させ、専門的で緻密な風景画を描かせた。前述したように、クック船長はその後の科学的な探検の基盤を作った冒険家である。

１８１９年に至って西欧諸国は探検航海にその国の著名な画家を参加させ、画家たちは、引き続く探検報告書の作成で多大な貢献をした。ペリーが日本遠征隊を組織した１８５２年（嘉永五）当時、遠征艦隊に画家が同行する習慣はすでに定着していた。遠征の報告書には文章による叙述ばかりでなく、挿絵の入った遠征記が、国や政府から大きな期待を寄せられていたのである。

そこでペリーに選ばれたのが、ウィリアム・ハイネとエリファレット・M・ブラウン・Jrであった。二人とも一級の腕前をもつ専門家であったがあえてそれまでの経歴を捨て、冒険を通して大きな収穫を目指す、野心に燃えた若者たちであった。もし、遠征自体が十分価値の高いものであれば、軍属として奉仕する二人の芸術家たちに、大きな幸運がもたらされることになるだろう。

ハイネはすでに米国で名の知られた画家であったし、将来を嘱望《しょくぼう》された若者であった。一方のブラウンは精密画や絵画を専門とし、銀板写真家の草分けでもあった。日本遠征でブラウンは絵画も描いているが、主として銀板写真に専念している。ハイネは動物学の標本を集め、その多くは鳥類であったが、それらを描いて記録に残した。ハイネとブラウンは探検家や地図の作製者たちと多くの時間を共にし、ハイネがその分野の絵画や精密画を描く中心となった。彼らは世界航海と日本開国の厳しさを共に分かち合い、その中で友情が深まっていった。１８５５年に米国へ帰還したブラウンは、ハイネが米国の永住権を取得する際の保証人になっている。

ハイネに与えられた任務は、遠征中の事柄を可能な限り絵画に残すことであった。そのためにハイネは、記憶するに値するものや、記録すべき対象は、いずれも詳細に描き留めている。この度の日本遠征の重要性からしても、これらの記録が自分の名を高める原動力になることを十分認識していたのである。この絶好の機会こそ、世の中から注目を浴び、歴史に名を残す好機であることをハイネは確信した。当世の人々から認められるばかりでなく、後世の人々も、自分の記録を通して米国の偉大な事業を呼び起こすことになるだろう。すなわちそれは、将来において貴重な歴史的過去を思い起こさせる力になるのである。記録文献は、これらのことが、ハイネに絵を描かせた動機になったことを繰り返し述べている。ハイネは、あらゆる視点と角度から絵を描こうとした。彼は数百におよぶイメージを作り上げ、それらを油絵や水彩画、ペンや鉛筆のスケッチ画として描き出した。後に、それらが石版画や版画、板目木版画を通して謄写されたのである。

ここで特筆すべきことは、ハイネが日本遠征の隠れた記録者であったことである。彼は、ペリーの「司令長官通達」による検閲を巧みに逃れていた。もともとのマスターズ・メイト〈航海科士官付きの下士官〉という従軍画家としての契約の範囲を越え、ハイネは遠征の記録を明白に書き残していたのである。その後に起きた南北戦争（1861〜65年）の以前において、絵画や版画がもつ表現力が、そこまで活かされた出来事は米国に見当たらない。

ハイネは故郷のドレスデンにある王立芸術学院に入り、ジュリウス・ヒュブナー教授のもとで絵画を学んだ。その後パリに出て、三年間絵画の勉強を続けている。そこで学んだ絵画の技法が、ペリーの遠征で活かされることになった。また、パリ留学で習得したフランス語とフランス文化の知識は、後にハイネがパリで領事館員として働く際に大きな力となっている。ハイネは一時期、ドレスデンのロイヤル劇場の絵師として働いていた。

1848年にヨーロッパ各地で〈君主制国家に対する〉革命が起きた時、ハイネは革命派に混じって活動していたと思われる。と言うのは、1849年にニューヨークに亡命した革命派の一団があり、その中の一人にハイネがいたからである。ニューヨークで、ハイネはアトリエを構えて絵画を教え、本の挿絵を描いたり、ブロードウェイ515で絵を描いたりしていた。専門は風景画であったが、同僚のジュリウス・H・クンマーは、風景画とニューヨークの風俗画を描いていた。ハイネは、画材の探求と冒険をかねてナイアガラの滝や五大湖、さらに当時英国のハドソン湾会社が所有したウィニペグ湖などを訪れ、そこで毛皮を扱う猟師たちを描いている。

ハイネが、米国の考古学者で外交官でもあったエフライム・ジョージ・スクワイアに出会ったのは、1851年の頃と思われる。中央アメリカの代理公使に任命されたスクワイアは、中米の古代人遺骨の研究を志し、彼が書く本の挿絵をハイネに依頼したのである。その時に米国で手間取ったスクワイアは、ハイネを一足先に中米へ送り出した。ハイネは、そこで植物や鳥類、爬虫類を蒐集している。また、ニカラグアを横切る主要水路を訪れて、『中央アメリカからの絵日記旅行』を書いた。さらに、スクワイア代理公使に代って、「中米諸国と米国間の通商の同意書」を米国政府に伝達している。

ハイネがワシントンを訪れた主な理由は、日本遠征隊に加わって世界を航海し、東洋を自分の目で確かめてみたい、という願望があったからである。彼は、フィルモア大統領に中央アメリカの文献を差し出すと共に、日本遠征への参加を要請した。大統領は、ハイネを遠征隊司令長官のペリー提督に紹介した。

1852年9月、念願かなったハイネは、ペリー司令長官が座乗する遠征艦隊の旗艦「ミシシッピ」に乗艦した。汽走艦「ミシシッピ」は、アナポリスとノーフォークへ寄港した後に、大西洋を横断している。その後、アフリカの西岸を経てインド洋を越え、マラッカ海峡を通過して、中国へ到達した。ハイネは、そこで絵やスケッチを描くと共に、船上の生活や、寄港した各地の風景の様子などを叙述した。ハイネが上陸して歩き回ったのは、マデイラ諸島のフンシャルやカナリア諸島、セントヘレナ島や南アフリカのケープタウン、それにインド洋のモーリシャス、セイロン、シンガポールなどで、1853年4月に香港に到着した。この活気に満ちた航海の様子が、ハイネの色彩に富んだ絵画や言葉で表現されている。

その後、中国から日本に向かったペリー艦隊は、米国の東インド艦隊としては最小の編成であった。航海の目的は、米国政府から一任された日本との条約締結である。この条約締結は、「閉ざされた国・日本を近代世界に引き出す」という、米国の年代記に新しい一ページを加える画期的な大仕事であった。ハイネは、この世紀の一大イベントの一部始終を自分の目で確認し、それらをスケッチや絵画で表現すると共に、叙述をしている。このように、ハイネは幅広い目で歴史の出来事を見つめていたのである。

ペリー提督が香港に入港した時、そこに停泊していた米国艦は三隻だけであった。帆走艦「サラトガ」と「プリマス」、それに帆走補給艦「サプライ号」の三隻で、ペリーに約束されていた一三隻の姿は無かった。帆走艦は三本マストに正方形の帆を張ったスマートな艦であったが、すでに汽走艦の時代を迎えて、それらは時代遅れの存在となっていた。ペリーが頭に思い描いていたのは、蒸気船を見たことのない日本国民を威圧するために、燃え立つ火花と煙を巻き上げて、大音響を放つ巨大な汽走艦であった。外輪式汽走艦の「サスケハナ」は、当時中国で吹き荒れていた「太平天国の乱」のもとで、中国在住の米国商人たちを保護するために、上海へ赴いていた。ペリーは、暫くの間、香港で「サスケハナ」の帰港を待った。今後の航海における艦隊の兵力を考えれば、「ミシシッピ」級の汽走艦は一隻でも欠かせなかったのである。その後、ペリーの艦隊は上海で合流し、当時ルー・チューと呼ばれていた琉球へ向けて出航した。当時の琉球王国は、中国と日本による煩雑な影響を受けていた。ペリーは、那覇に基地を確保して琉球の各地に探索隊を送り、琉球の情報を収集させた。その目的の一つは現地で石炭を探し出すことであり、また書物や聞き取りから学んだ日本訪問の足掛かりとして、琉球で準備を整えることであった。遠征準備が整うまでの間、ペリーは特命公使としての業務と、艦隊司令長官としての任務に専念した。午後八時には自室に退き、未明の一時に起床するという多忙の日々であった。早朝は、報告書を命ずるなどの公使としての仕事を行い、その後に、遠征艦隊司令長官の任務をこなしたのである。

１８５３年６月９日（嘉永六年五月三日）、ペリーが乗艦する旗艦「サスケハナ」は、「サラトガ」を曳航して小笠原諸島《ボニン・アイランズ》に向かった。小笠原諸島は、かつてペリー自身が米国の商船と北太平洋の捕鯨船の根拠地として主張していた諸島である。ここであれば、米国海軍の警護のもとで、避難港や石炭・食糧の補給港として利用することができる。ペリーは海岸の地図を作成して情報を収集し、島の一部を艦隊の根拠地として確保した。その後、琉球に戻ったペリーは、那覇に補給艦の「サプライ号」を港湾や陸上の利権を護持するために残留させ、日本本土に向けて出航した。汽走艦の「サスケハナ」と「ミシシッピ」は帆走艦の「サラトガ」と「プリマス」をそれぞれ曳航した。本国から一任された務めを遂行する時が、間近に迫ったのである。

水平線に黒々とした煙を見せながら江戸湾に進入した四隻の米国艦は、１８５３年７月８日（嘉永六年六月三日）に浦賀沖に錨を降ろした。江戸湾の入り口にある浦賀は、湾の奥に位置する日本の首都、江戸を守るための要所であった。幕府は黒船の出現による大狂乱を治めるために、米国艦に役人を送る決断をした。当時の日本人にとって、黒船はそれまで見たこともない軍艦であり、比類のない巨艦であった。また、これらの巨艦は火と煙を出すにもかかわらず船が燃え上がることもなく、しかも帆も張らずに、向かい風と潮流に逆らって進んできた。その恐怖感は別として、黒船が探求心の旺盛な日本人に、新たな疑問と知恵を吹きこんだことは確かであった。日本人がペリー艦隊を黒船と呼んだのは、米国艦の黒色の船体と、吹き出す黒煙によるものである。浦賀では黒船から投棄されたビンなどが岸に流れつき、役人たちは迅速な対応を余儀なくされた。

浦賀沖に停泊するペリー艦隊は、夜明け前の暗闇にいるような状況であった。それはペリーの果たすべき目標が、「世界の新しい時代を日本に伝え、鎖国開始以来の長い眠りから目を覚まさせる」という、未知の世界だったからである。果たして、我々の陣容や旗印が日本の要人に接触をうながし、世界の国々に影響を与えることができるのであろうか？

日本人は歴史的な重要性に目を向けるというよりは、むしろ、整然と動き回る黒船艦隊に気を奪われていた。それらはそれぞれ二隻の汽走艦と帆走艦、それに六六門の艦砲と九七七名の乗組員から成る、日本の開国を迫る使節団であった。日本人の中には、荷物を担いで丘の上に避難する人々も多くいた。その一方で、黒船の兵力と異国人たちの無謀な行動を想定し、この状況に適った日本の国益を論ずる者も現れた。いずれにせよ、日本国内の議論はますます過熱し、混乱を招いて人々を惑わせたのである。

国内の議論とは、おおよそ次のようなものであった。

――もし我々（日本人）が、分をわきまえずに行動に出た場合、米国人は武力をもって日本の開国を迫るのであろうか？

――それとも、我々が非力を認め、乱暴な侵入者と認めつつも、避けて通れそうにない米国人を受け入れるべきなのであろうか？

――そもそも、鎖国を守り続ける価値があるのだろうか？　鎖国体制は、今後とも望まれるものであろうか？

これらについて、幕府の要人たちが喧々諤々《けんけんがくがく》と議論を進める中で、海防の担当者たちは旧態依然とした防備体制を固め、その一方で、外交担当者たちは異国の悪魔たちと会見をもつ準備をひそかに進めていた。

一方の黒船からは、浦賀の港で刀剣や小銃や拳銃、槍や矛などをもつ警備兵たちが慌てふためき、小舟に群がっている様子が望見できた。数千名からなる日本の警備兵たちは、黒船に半ば好奇心を示す一方で挑戦的でもあった。米兵たちは銃に弾丸を装填《そうてん》して、サーベルを磨くと共に、靴をきれいに磨いてズボンにプレスをかけている。戦闘か、もしくは平和的解決の、いずれにも対応できる準備であったが、当然望むのは発砲ではなく会談であり、流血ではなく条約の締結であった。

両者の間には小競り合いや駆け引き、また大事には至らない衝突などがいくらか生じている。

やがて、久里浜での会見が実現した時、上陸した制服姿の水兵と海兵隊員たちは数千発の実弾で武装していたばかりでなく、銃弾を詰めた弾薬箱も携帯していた。このように、ペリー艦隊はいかなる武力行為にも反撃できる態勢を整えていたのである。

会見当日は発砲などの不祥事はなく、海兵隊がコルトの威力を見せるために余興として行った射撃だけが唯一の例外であった。ペリー提督と幕府代表者の会見が行われ、ペリーは日本の皇帝〈将軍〉に宛てたフィルモア大統領の国書を高官に手渡している。その内容は、日米の修好と通商、米国船への石炭や食糧の補給、そして条約に基づく米国難破船の保護であった。これらフィルモア大統領の意志と要望を、ペリーが日本に伝えたのである。開国を促す米国の要求は、幕府内で話を尽くす必要があったため、即答は不可能であった。ペリーはその事情をよく理解していたため、「来年再び来航して、回答をいただく」という言葉を残して、中国へ引き上げた。

幕府の高官は真剣に議論を重ねたが、結論までには多くの時間を要した。米国の要求に応じるか、それとも戦争か？　困惑する高官たちが至った合意は、時間を稼いで、とりあえず国内の防備を固めることであった。一方、江戸から離れた諸藩では様々な噂が飛び交い、藩士たちの江戸への往来が激しくなった。ペリーの黒船が中国へ一旦引き上げた後、「ペリーが浦賀を去る日まで、地方から江戸の藩邸に向けた大砲の輸送がまったくなかった。江戸で何か起きているに違いない」とか、「木曽路（中山道）を通る絶え間ない大名の往来は、一体何なのであろうか？」などという風評が生じた。こうした風評は、時によって手に負えない混乱を招いた。

さて、それらの混乱の源は一体どこにあったのだろうか？　ペリーは条約を要求しており、武力を誇示した後で、「来年はさらに強力な艦隊を伴って訪れる」という言葉を残していた。とりわけ、ペリーは再来航の時に日本との条約締結を期待していた。そして、これらが幕府内の紛糾と騒動を招き、日本中を大混乱に陥れたそもそもの原因であった。しかし、その一方で日本に混乱を引き起こしたのは、黒船の来航が万事ではなかったのかも知れない。それらを裏付ける資料や事実、そして究極の原因が明らかになっている。日本の混乱の背景には、この国の社会体制や幕府の状勢を始め、歴史認識や人々の考え方、国が進むべき目標などに起因する、日本国内の複雑な事情があったのである。

国民の実状を見ると、誰が彼らの統治者なのかがぼんやりしており、国の目標についても不明確であった。一二世紀以来、歴代の将軍が国を治めることになり、1615年（元和元）からは徳川将軍が天下を統治していた。将軍は階級制度の中心であったばかりでなく、武士集団の代表者でもあった。しかし、いかに幕府の政治と経済に関する統制が強固であっても、日本の全国的な体制は盤石《ばんじゃく》とは言えなかった。一方、朝廷の勢力は衰えたとしても、名目上の帝《みかど》としての存在は維持されていた。たとえ将軍といえども帝に付随した存在であり、実態はともかく、帝は常にしかるべき地位に置かれてきた。十数世紀に及ぶ血統によって帝が国家への影響を維持する中で、帝は世襲にもとづく神式の統率力を守り続けてきた。帝は太陽の女神（天照大御神《あまてらすおおみかみ》）の子孫としての神威《しんい》を築き、日本の信仰の礎となってきたのである。このように、日本の実際の統治体制は、古くから二つの核をもつ楕円のような形をしていた。

　歴代の徳川将軍家は、日本に威圧的な態度をとる西欧諸国を自国の体制に害を及ぼすものとして入国を拒否してきた。声高に近代化を謳《うた》う西欧諸国は、あまりにも拙速に開国を推し進めたため、幕府体制の混乱を招く大きな圧力になったのである。暫くの間は百姓階級の治安も良く、幕府の統治も安定していたが、米の収穫が不調になると、百姓一揆が頻発するようになった。一方の将軍は、時代の進化、特に科学と技術力が国の利益に結びつくことを認めざるを得ない状況になっていた。そこで、幕府に大きな影響を与えたのがオランダ人たちである。幕府内に改革的な変化が緩やかに生まれつつあり、オランダ人たちが西欧との架け橋になっていた事は、オランダ人画家たちが描いた絵画にも見ることができる。しかし、問題は天皇と将軍の間の微妙な関係であった。誰が日本を統治し、諸外国との関連を如何にするかという核心で、双方の立場が分かれていたのである。ペリーの黒船が来航した時、「天皇が権力を掌握して、西欧との新しい関係」を唱える集団や、「異国の知識は取り入れるが、異国人たちの入国は認めない」と主張する人々がいた。このように二極化された最高指導層の特殊な体制は、外国人にとってはあまりにも複雑であった。ペリーが最初に江戸湾へ来航してから十日後に第一二代将軍徳川家慶《いえよし》が没した時、ペリーは日本の帝が亡くなった、と捉えていた。また、ペリーが将軍と日米和親条約を完結した時には、彼は帝と条約を結んだと思っていたのである。ハイネ自身も、ペリーと同じ誤解をしていた。

　これら日本国内の特殊な事情にペリーの強硬な姿勢が重なり、幕府は難局に陥って、混乱した。

特に、幕府の外交関係者の戸惑いは尋常でなかった。果たして、あの重装備をした黒船艦隊を、これまでのように追い払うことができるのであろうか？　もしできるのであれば、それは何時《いつ》、またどのようにして実行できるのか？　ということであった。

1854年（嘉永七）の初期に水戸藩主の徳川斉昭《なりあき》（権中納言《ごんちゅうなごん》）は、意見の統一を図る幕府の老中たちに対して同意しないことを言明した。斉昭は、「異国人たちを追放せよ、さもなければ、侵入者たちは乱暴を働いて略奪を重ね、日本を呑み込んでしまう」と主張したのである。すでに英国はインドや中国を侵略しており、老中首座阿部伊勢守（正弘）と他の老中たちは、清国のアヘン戦争と、英国がそこで何をしたかをよく知っていた。しかし、彼らは徳川斉昭の異国排斥論に与《くみ》しなかった。老中たちの考えは、「幕府は戦わなければならない。だが、今はその時ではない。もし戦端を開けば、日本は米国の侵略者たちによって倒されてしまうだろう」というものであった。

日本の絵描きたちは、黒船艦隊をよく観察して絵巻物を作成している。米国の強さを強調したそれらの絵巻物は、江戸で披露されて大きな反響を引き起こした。人々の声は、「今戦って日本を滅ぼすべきではない」、「米国人を受け入れて、貿易や交流を始めようではないか」、「彼らから軍事演練や戦術を学ぼう」、「軍備を整えるために、国外に出よう」などと様々であった。要するに、「それから宣戦布告をしても、決して遅くはない」と考えていたのである。

ペリーは、7月に再来航することを宣言していた。ところが、〈他国の動きを懸念したペリーは訪日を早め〉1854年2月13日（嘉永七年一月一六日）に江戸湾へ来航した。他の列強諸国が日本との条約を望んでいたのは確かであった。中でも、英国がかなり積極的で、彼らはフランスやロシアの動きを危惧していた。ペリーは、いずれ他国も結ぶであろう条約の条件を熟慮した上で、他国に先駆けて和親条約の早期締結を望んだ。フィルモア大統領の国書は、「日本国内に一つの港を開港し、そこでの米国民に対する良好な取扱いの確約を得る」ことであった。しかし、ペリーが要求したのは「五つの港の開港と、明確に表現された条約」であり、もし日本がこの要求に応じない場合、さらに強力な姿勢で臨む、と主張したのである。

幕府は、一時的ながらもペリーの申し入れを受け入れる決断をしていた。一方のペリーは、どうあっても条約を締結させる、という強い決意を見せていた。幕府の関係者たちは、ペリーの力の誇示と、厚かましいほどの強引さをよく知っていた。いずれにせよ、幕府の受け入れの決断によって、日本は暫くの間平和を維持することができるであろう。ところが、ここで幕府内における意見の統一が長引き、さらにペリーの早期来航と強引さが加わって、日米両国の不信が深まることになった。

日米両国は、こうした状況への対応をうまく講じている。幕府の外交責任者は握手の手を差し出しつつも、片方では拳を振り上げていたのである。〈1854年3月31日（嘉永七年三月三日）、日米和親条約の調印の日〉、幕府の代表団は幾重にも囲まれた諸藩の警備体制のもとで、横浜応接所《トリーティーハウス》においてペリー提督と対面した。甲冑《かっちゅう》をまとった武士たちと、馬上の武士たちの刀は磨き抜かれており、槍《やり》の矛先がきらめいていた。一方のペリーは、「サザンプトン」・「ミシシッピ」・「サラトガ」・「ポーハタン」・「マセドニアン」・「サスケハナ」・「バンダリア」・「レキシントン」からの、数百名にわたる将兵を引き連れていた。すべての兵士がペリー提督に従い、緊急事態が生じた場合は日本人を払いのける態勢であった。ペリーの脳裏には、おそらく「モリソン号」の屈辱がこびり付いていたことだろう。

ペリー提督の上陸は、提督の威光を誇示する式典と、護衛兵の華麗な行列を伴っていた。サーベルを抜いた海兵隊のゼイリン少佐が先頭に立ち、五百名余りの護衛兵は正装に身を固めて、銃には実弾を装填《そうてん》していた。横浜応接所での条約署名は無事終了し、その二日後の米国艦の艦上では兵士の前で軍律が読まれ、海兵隊が銃砲で教練を行っている。

日米和親条約〈神奈川条約〉は、日米双方の疑心と、米国の砲艦の威力のもとで調印されたと言える。この条約の締結によって食糧などの補給港が米国に開港され、遭難した漂流民に対する手厚い対応が具体的に条文化された。また、下田における米国領事館の創設が認められている。この条約の締結は、同時に近代世界に向けた日本の道が開かれた時でもあった。幕府による画期的な第一歩の踏み出しは、引き続く西欧諸国との会談や交渉の道筋を実現させ、さらには米国によるアジア進出の起点になっている。長年にわたった鎖国の門戸が開かれ、日本の聖地に足を踏み入れることが可能になったのである。まさにこれは、無防備の米国船「モリソン号」に対する幕府の理不尽な砲撃という問題が、ここで一挙に解決された瞬間でもあった。

ペリー艦隊は、艦砲に砲弾を装填して江戸湾に進入していた。ある日本人の論客は、「今こそ、条約に調印しようではないか。その後、いつでも戦争を宣言する時間があるだろう」と語っている。さらにこの論客は、ペリーに三門の大砲の譲渡を求めた。その依頼は、大砲が米国本土から日本へ送られることを意味していた。またこの論客は、「いつか数百倍のお返しをしましょう」と付け加えている。「時が訪れたら日本は米国に艦隊を送り、ペリー来航のお返しと、数百倍の大砲の贈呈を行う」という論理であった。

重責を果たしたペリー提督は過労と関節炎の症状が重なり、香港に帰港して遠征艦隊の任務から離れた。その後、米国への帰還には最も負担のない旅程を組んでいる。〈香港で民間の旅客船に乗り込んだペリーは〉、「ミシシッピ」がかつて中国への往路で使った航路を一部航海し、そこからエジプトのスエズを経て欧州を横断、大西洋を越えてニューヨークに帰着した。一方のハイネは、「ミシシッピ」に乗艦して太平洋を西から東に航海し、戦艦として初めての太平洋横断に加わった。それは、香港からサンドイッチ（ハワイ）諸島を経て、サンフランシスコへ向かう航路であった。サンフランシスコのゴールデンゲイト海峡に入港した「ミシシッピ」は民衆の大歓迎を受け、ハイネが描いた様々な絵画は絶賛された。西海岸の人々の熱狂は、目的地であるニューヨークでの大歓迎を予測させるものであった。

サンフランシスコからは、パナマ、チリ中部のバルパライソ、チリ最南部のプンタ・アレナス、ブラジルのリオ・デ・ジャネイロを経由して、ニューヨークへ向かう航海であった。「ミシシッピ」は、1855年4月にニューヨークに到着した。歓迎の波の中に、すでに1月からニューヨークで生活していたペリー提督の姿があった。「ミシシッピ」は、ペリー提督の日本遠征に係わる様々な荷物を積んでいた。それらは、遠征の記録や記念の品々、また航海日誌や乗組員たちの記録や手記、それに「艦隊司令長官通達」の第一号で検閲管理された各種の日誌や日記帳などであった。ペリーは、遠征時の通訳で中国学者のサミュエル・ウィリアムズの手記を称え、彼を招いて手記の編纂《へんさん》というさらなる協力を依頼した。そして、『日本遠征記』の編纂はペリーの監修のもとで、カルベリー教会牧師のフランシス・L・ホークス師（名誉神学博士・法学博士）が担当することになった。その助手には、文学的才能に恵まれたロバート・トームズ医師が選ばれ、ハイネもこの作業に参加している。

日本遠征の概要を公開するには、遠征での数々の真実が内容に含まれることが不可欠である。しかし、『日本遠征記』はかなり読解が難しく、多くの人々の興味を引くものとは言えなかった。その中で、終始人々の好奇心を呼んだのが、ハイネの画集である。ただし、『日本遠征記』自体は内容が充実した価値のある遠征録であり、科学や技術の進歩と米国の発展を基盤に、西方への拡大を目指した遠征そのものをよく表していた。

『日本遠征記』の編纂の背景を見ると、そこには様々な矛盾があった。一つは倫理や道徳・公正さなどについて、無節操や不節制に対する嫌悪を含め、プロテスタントの倫理感が基本となっていることである。もう一つは、カトリック主義に相対する声明や、当時のマルクス主義に近い用語を駆使した経済の困窮や、財政の不平等についての反論が含まれていたことである。

『日本遠征記』の序論については、当時の米国内の状況から見ても、理解し易い内容になっている。しかし、それに引き続く内容は、おそらく多くの著述家たちによって書かれたものであろう。道徳や倫理やプロテスタント的な考え方は、ホーク師とペリー提督によるものと思える。監督教会派の敬虔な信者として洗礼を受けたペリーは、従軍牧師が不在の艦上では牧師の務めを果たしている。またホーク師は、キリスト教の聖職者と指導者の神髄を究めた人であった。助手を務めたロバート・トームズ医師が、マルクス主義に傾注していたことは確かな事と思われる。

ペリー提督の『日本遠征記』と、『ハイネの回顧録』は、その主題と発刊された時期がほぼ同じであった。しかし、それぞれの表記が英語とドイツ語という点はさておき、両書の共通点はここまでである。ペリーとホーク師は道徳観に関する隔たりはなかったが、ハイネは、ペリーとホーク師が避けた言葉や絵画を、彼の回顧録に使用している。その一つは、下田の男女混浴の画である。概してまとまりを欠く『日本遠征記』に比べ、『ハイネの回顧録』には簡潔で有益な情報が含まれており、その内容や表現が読者の関心を深めた。どちらの記録も、遠征の全容を網羅したり、特別な内容を強調したりするものではないが、日本との交渉については『日本遠征記』が多くの頁を費やしているのに対して、『ハイネの回顧録』は簡潔な言葉でそれらを締めくくっている。『日本遠征記』には会談の内容が長く書かれているため、読者を退屈させてしまうところがある。一方、ハイネの場合は、芸術家の力を発揮してそれらを自分の言葉で切り出し、話題の輪郭を定めて価値を見極め、重要な内容を強調している。また、一つの語句や言葉遣いによって全体的な内容を表現し、重要事項を巧みに浮き上がらせている。特に、ハイネは人々や動物・言語・歴史・風俗習慣・建築物・風景・野生生物・草木・天候などを深く観察し、活気溢れる冒険的な若者の、貪欲で好奇心に満ちた観察眼と心遣いを存分に発揮している。遠征を通して、ハイネが直接目にしたり、聞いたり、臭いをかいだり、味を見たり、感じたりしたことが、興味深く語られているのである。言い換えれば、『日本遠征記』の記述が全体の出来事に重点を置いているのに比べ、ハイネの場合は彼自身の印象が主流となっている。すなわち、『日本遠征記』は米国民を対象にした公式な記録書であり、『ハイネの回顧録』は個人的な記録であるとも言える。そのため、『ハイネの回顧録』では遠征に参加者した人たちが何を考え、何を実感したかを、私たちに教えてくれる。

ハイネは、各地を歩き回って買い集めた物を詳しく観察し、食べ物を味わい、また絵を描いて想像をめぐらし、散策や狩を楽しんだ。時には、現地の泥棒を追いかけて捕まえたこともある。また、そこに住む人々の喫煙や食事、就寝風景などもこっそり観察した。その他にハイネは、塩漬け豚肉や塩水、ハリケーンと台風の強風や豪雨、ジャングルや野生のヤギ、砂漠と珊瑚海、そして船積みのビスケット食などの、様々な体験を語っている。それらの心躍る体験ばかりではなく、時には退屈極まる状況も書き残した。当然、遠征の任務とホームシックの間で揺れる、ハイネ自身の心の動きも隠していない。各地の人間社会をしっかり観察し、マカオや小笠原諸島では多くの人々に会って、仕事と言うより人間的な興味で彼らに接した。

『ハイネの回顧録』は、公式の出版物である『日本遠征記』の不足を補い、そこに書かれていない内容を詳しく書いている。最初に琉球を訪問した時の、島の探索内容などがそれである。『日本遠征記』からは、「バンダリア」のウィリアム・B・ホワィティング大尉が島の探索を指揮していたことは分からない。同様に、琉球王朝の首里城の門が、何故閉ざされていたかも知りえないのである。さらに、ペリー艦隊が江戸湾に進入した際、艦上に現れた役人たちが切腹の危機にあったことも、『日本遠征記』からは読み取れない。場合によっては、役人たちが腹を切ることも有りえたのだった。また、ハイネが『日本遠征記』に書かれた内容を文字にしていない事柄もある。例えば、日本の力士が、六〇キロ近い米俵二俵を軽々と持ち上げたことなどである。ハイネがここで残したのは、彼だけが成しえた、その力士たちを描いた絵画であった。

アジアから米国への帰途、ハイネは鳥類や生物学上の標本を正しく分類して整えた（中には西洋では初めての標本もあり、一部はスミソニアン博物館に収められている）。また、スケッチや絵画を完成させ、およそ五〇〇点に及ぶ作品を残した。そして、これらの作品の多くは、すぐさま博物館や個人蒐集家の所蔵となった。『日本遠征記』と『ハイネの回顧録』を始め、他の作者に引用された書籍は引き続き複製されて現代に引き継がれている。

１８５０年代のサロニー＆メジャー社やカリア＆アイヴズ社が、ハイネの油絵や水彩画を石版で複製した。様々な会社、特にオアやロバーツとリチャードソン＆コックスは、ハイネのスケッチを板目木版や彫刻で複製している。それらは、『日本遠征記』や他の回顧録の複製で使用された。後年のハイネの出版関係者は、それらの使用を容認したのである。ハイネの描いた原画の質をそれなりに保持した板目木板や彫刻は、『日本遠征記』の主要部や末尾に飾り絵などとして華を添えた。今日では、ハイネの水彩画と油絵の原画や複製は、益々高価なものになっている。それらの内の何点かは、現代西洋絵画と共にアジアに渡り、それらの絵にゆかりのある東洋の地に舞い戻ったのである。ハイネのお陰で、その当時の出来事をカラーで表現した芸術作品は、これら以外に存在しない。

当時の米国では、日本遠征の絵画とその説明会が、人々の興味の的となった。その反響があまりに大きかったため、ハイネは『日本遠征の画集（1856年）』を手早く作成しなければならなかった。それまでの米国にハイネの作品を凌ぐものはなく、欧州の優れた作品と比べても、決して引けを取らなかったのである。ハイネの作品は日本がどのような国であるかを紹介し、遠征時の日本の姿を描くことによって、米国人の日本と東洋全般への関心を飛躍的に高めた。また、それらの作品が西欧人の東洋芸術に対する関心をも高め、支那風の品々や屏風、東洋文化や日本の漆器類、日本の文化や絵画などを、世界に広く紹介したと言っても過言ではない。東洋の豊かな風情が、画家のドガやウィスラーやヴァン・ゴッホ、またゾラやゴンクールなどの関心を呼んで刺激を与え、彼らに引き続く画家たちにも大きな影響を与えている。

米国議会は、ペリー提督の日本遠征の一翼を担った報奨として、ハイネへの五〇〇〇ドルの交付を認めた。絵を学ぶ人々や関係者が、ニューヨークのブロードウェイ806に集まり、ハイネはそこで絵を教えたり、風景画や本の挿絵を描いたりしていた。また、ワシントンで1857年、58年、59年に開かれた芸術協会主催の作品展にも出展している。その頃ハイネは、『北太平洋探検隊の記録』を編集してドイツ語で著しているが、ペリー遠征隊での探索や、海図作成の経験が、この翻訳の源にあったものと思われる。彼は、日本遠征の回顧録をすでにドイツ語で発刊しており、『北太平洋探検隊の記録』の翻訳に併せて、読者が日本遠征の回顧録に関心を向けることを期待していたのかもしれない。ハイネの『中国、日本、オホーツク海への旅（1858〜1859）』は初版を改編したものであり、描写に制約を受けないハイネは、参加した人々のスケッチや彼自身の経験談を加えることによって、より一層内容を深めている。

ハイネは、斬新的な絵画のモチーフを求めて北アフリカを訪れた。その後、ドイツに戻ったハイネは北アフリカの画集『トリポリへの夏の旅（1860）』を著し、また貴重な文献『日本とその住民たち（1860）』を上梓《じょうし》している。ハイネは、ベルリン地理学会が活動を開始する前から、ドイツが他の西欧列強の例（遠征）を見習うよう力説していた。プロイセンの先導によるドイツ経済連盟は、ここで、極東に対する外交と、商業上の国益追及を決議したのである。他の列強が黒船を送るならば、プロイセンも黒船を送ろうではないか、ということであった。

ハイネは、迷わずプロイセンの東アジア艦隊に参加した。彼の役目は、画家兼写真家、東洋訪問の経験をもつ通信記者、日本における絵画描写の責任者、そしてドイツ新聞社の特派員であった。ハイネは、日本の首都を初めて訪れるドイツのコルベット艦「アルコーナ」を江戸湾に先導している。また、中国を二度にわたって訪れ、北京を二回訪問した。ハイネの意図は、そこからモンゴルとシベリア大陸を経て、ドイツに戻ることであった。ところが、1861年（文久元）に米国で南北戦争が勃発したため、ハイネは急遽米国へ渡ることになった。彼は、1856年にアメリカ国籍を取得したばかりでなく、米国人の妻と娘をニューヨークに残していたのである。ハイネが米国を離れた時、彼女たちはまだ新妻と乳飲み子であった。数年の時を経てニューヨークに戻ったハイネは、わずか半日を家族と過ごした後、北軍のポトマック軍へ入隊するために、メリーランド州へ向かった。

メリーランド第一歩兵連隊に配属されたハイネは、1862年の日々を地形担当の技術大尉として過ごした。日本遠征時に探索や地図の作成、風景のスケッチなどを担当し、高い評価を得ていたからである。1862年4月26日、当時、ニューヨークに基盤をおいた政治雑誌の「ハーパーズ・ウィークリー」が、発売禁止になる出来事があった。それは、ヨークタウンにおける北軍の防衛体制をあまりにも詳しく暴露したという理由からであり、ハイネは拘束されて告訴されたのである。ハイネは、自身の潔白を証明するために何通かの手紙を書き、その内の一通はリンカーン大統領に宛てたものであった。結局、チャールズ・ウォレットと「ハーパーズ」の編集者ジョン・ボナーが前面に出ることになり、ウォレットがスケッチを描いて提出したことが判明した。さらに1862年6月、ハイネは南軍の騎馬隊に追い詰められて捕虜となり、投獄されて厳しい扱いを受けた。ハイネは、その年の12月に北軍を退役して民間に戻った。

その時、彼はすでに軍役に耐えられる身体でなかった。負傷した肩の治療ができずに悪化していたのである。ハイネは混雑した北軍の病院を避け、治療のためにドイツへ帰国した。そこで、プロイセンの東アジア遠征隊の回顧録『東アジア遠征と北半球への旅（１８６４）』を執筆している。１８６３年に米国へ戻ったハイネは、陸軍大佐として再び北軍に復帰し、三回にわたって指揮官を務めた。それらは、ニューヨーク第一〇三部隊、バージニア州バミューダ・ハンドレッド防衛とジェームズ軍の第一旅団、そしてサウス・カロライナ州フォーリー島の合衆国陸軍・基地司令官であった。１８６４年に起きたハイネの命令違反に関する事案では、リンカーン大統領への手紙を含み、彼が書いた複数の手紙が功を奏している。１８６５年、ハイネは軍での功績と米国への貢献を認められて陸軍准将に昇進し、南北戦争で最も名を成したドイツ人将校の一人として、米国陸軍を退役した。

しかる後、ハイネは数カ国語を操る能力、特に優れた英語の筆記能力と芸術家としての才能を認められ、米国のパリ公使館やリバプール領事館で公務についた。第一八代大統領ユリシーズ・グラント政権の腐敗と、公共サービス改革の必要性は、彼がパリ公使館へ赴く前から潜在していた。グラント大統領とハミルトン・フィシュ国務長官に宛てた手紙から、不正と管理のミスがパリ公使館の機能を麻痺させていたことが分かる。ハイネは公使館を訴え、批難の応酬という腹立たしい状況の中でパリを去った。

さて、ハイネはその後米国へ戻ったのであろうか？　もともと米国民であった妻はすでに世を去り、一人娘は独り立ちしていた。ハイネが米国に帰化してすでに二〇年の歳月が過ぎていたが、彼の故郷はドイツであった。また、ドイツにいる母親は老齢で身体も弱っていた。その上、ハイネ自身も米国外交館員時代の苦労が重なり、ハイネの米国に対する愛着は、もはや過去のものとなっていた。

ハイネは、三〇年前に離れたドレスデンに近いレースニッツに戻ったのである。そこで、彼は作家とわずかな収入に甘んじる絵画講師となり、米国から支給される月々二〇ドルの年金を基に、細々とした生活を始めた。

西欧諸国の日本に対する興味と関心は相変わらず続いており、特に、ハイネの絵を挿絵にした書籍が人気を博していた。しかし、プロイセンの『極東遠征報告書』では、一千枚の銀板写真に対して、八百枚の自作の絵画を提供したが、それらが採用されることはなかった。

そこで、ハイネは五〇枚の絵画を手元に残し、読者が満足して興味を奮い起こす本を作り上げた。それが、『日本、この国と住民ついての知識と貢献（1873）』で、豪華なフォリオ版で一〇センチの厚さがあり、本文と印刷された鋼版画は、当時の西欧における最高の日本研究書となった。また、それは著者ハイネの功績と印刷技術の進歩、それに絵画芸術の素晴らしさを表していた。

1876年（明治九）、日本の大きな変革を機に、日本への国際的な関心が高まった。この年、ハイネは『随想録、そもそもの江戸』を刊行した。この書物にはハイネの二度にわたる江戸訪問が、四〇頁にわたって記載されている。その中に、プロイセンの東アジア遠征時に写した銀板写真が綴じ込まれており、五枚の写真を一組にしたパノラマは、当時の江戸を最も大きく映した写真として、ハイネの最後の作品となった。

この作品が刊行された年は、ハイネが最後に日本を訪れた時から、すでに一五年の月日が流れていた。黒船が日本にもたらした変革によって、日本の姿は大きな変貌を遂げていたのである。さらに、1885年（明治一八）頃になると、米国内の戦いが全てにおいて影を落としていた。かつて、欧米の人々はハイネに「日本について知りたい」と要望していたが、今や「米国内の戦争、とりわけ奴隷解放のための戦いはどうなったのか？　君は米国にいて、その戦争に参加しただろう？」という時代になっていた。ハイネは、相変わらず日本についての作品を追求したが、時代は大きく変わって、彼が描いた日本の絵画はその場限りのものとなり、かつての日本の出来事への関心は失われていた。

ハイネは二度にわたって世界一周を体験し、世紀を代表する多くの出来事に参加した。ペリー提督の遠征時に描かれた代表的な絵画に記されるハイネの名前とイニシャルは、ペリーの名声と共に不滅であろう。ペリー提督がどのように見えたのか、また遠征がどのようなものであったのか、ハイネが絵画に表わしていなかったとしたら、今それらを思い浮かべることは困難に違いない。様々な絵画と珍しい品々、また書籍や説明書と共に、ハイネはどの西欧人よりも黒船遠征を記録に留め、日本の開国を導く手引きをしたと言えよう。

当初、ハイネは若き日の貴重な体験を文字に著わしていた。しかし、いつの間にかハイネにとって回顧録が全てという時が訪れ、彼はすでに年老いて体力を失っていた。ハイネがペンをもち、絵筆を握れる時に、彼は思い出の中で文章を書き、絵を描いた。ハイネが米国に年金の増額を申請した際、彼の主治医は、ハイネの症状は南北戦争時の負傷と、心臓肥大による進行性の麻痺性痴呆症であると診断した。かつて大木をよじ登って崖に上がり、北軍の軍服に身を固めた壮健な男性は、今や体重一三五キロの巨漢となり、太ももは水腫症で常に多量の水が溜まっていた。医師たちは、ハイネはもはやかがむことも歩くこともできず、手の施しようがない病人であることを認めている。そして、ハイネはすでに年金増額の申請書を書くこともできない身体になっていた。彼にできたのは、その申請書にかろうじて署名することだけであった。署名の欄には、「ウィリアム・ハイネ、米国陸軍准将・退役」と震えた筆跡で書かれている。しかし、その筆跡は殆ど読み取れなかった。それから間もなくして、ウィリアム・ハイネは五八年の生涯を終えたのである。

かつて新開の地であったこの国は、今や立派な帝国へと姿を変えた。しかし、豊かな土地と栄華を誇るこの帝国は、鎖国政策によって適応性を狭め、国としての未熟さとその閉鎖的な理念を益々強固にしている。

ジョージ・ヘンリー・プレブル　『日本の開国』より

〈米国海軍のジョージ・ヘンリー・プレブル大尉は、帆走艦「マセドニアン」でペリー艦隊の日本遠征に参加した。彼は、極東における一八五三年から五六年にかけての詳細な日記を残している〉

第一章　ハイネ、日本遠征隊に加わる

日本遠征艦隊の目的と目標――遠征艦隊司令長官ペリー提督――遠征艦隊参加の難しさ――マスターズ・メイト――汽走艦「ミシシッピ」の乗組員として――ニューヨーク港から出航――チェサピーク港に寄港――アナポリスとフィルモア大統領の見送り――ノーフォークへ――海軍工廠――艦隊生活と規律

私が放浪画家として『中央アメリカの旅』を描いていた頃、この地に深く興味をもつ読者の方々に様々な場所を紹介した。その後、ニカラグアのレオンからグラナダまで馬上の旅を楽しんだ私は、フロリダ州のセント・ジョンズ川を渡り、再び北の方向に足を向けた。そして、私が中央アメリカに向かう前に、米国の各新聞が日本遠征計画について度々報道していたことに触れておこう。私は、その計画への参加を心から望んでいた。

その主な理由は、多くの旅行者の手記に語られた極東の地の、霧で覆われた海岸を自分の目で確かめてみたかったからである。アメリカ大陸の古代史を学ぶにつけ、私の気持は益々極東に引きつけられていった。それは、「アメリカ大陸の先住部族は、伝説的な東洋の帝国を出発して、西半球の地に住み着いた」という言い伝えがあったことによる。すでに神秘的な太平洋に関心を深めていた私は、米国遠征艦隊にぜひ参加したいという気持ちを抑えることができなかった。ジパング（日本）は、そもそもコロンブスが胸に思い抱いていた探索の最終的な目的地であった。

しかし、五月の中旬に私がまだ四五〇〇キロも離れたこのニカラグアのレオンにいるとすれば、どうして、五月出航予定の遠征艦隊に加わることができるのであろうか？　私は、一体何処に要望を伝えればよいのだろう？　頼みとするかつてのワシントンの旧友たちが、今もそこにいるとは限らない。また彼らにしても、もはや私の頼みを聞く立場にないかもしれない。米国では政府職員の交替はよくあることだ。結局、私の遠征艦隊に加わりたいという願望は、荒唐無稽なのかもしれない。しかし、私はどうしてもこの大冒険を諦め切れなかったのである。

レオン駐在の米国公使サミュエル・カール氏は、グアテマラとサンサルバドル（エルサルバドルの首都）との貿易協定を取り纏《まと》めていた。そこで、私がカール氏の書類をワシントンの米国政府へ届けることになったのである。船がニューヨーク港に着いた時、イースト・リバーに遠征艦隊の旗艦「ミシシッピ」が停泊しているのが目に入って一安心した。その数日後、私がフィルモア大統領に遠征艦隊への参加希望を伝えた時、それが受けつけられる余地があることを知って心躍る思いであった。大統領は、私を海軍長官のジョン・P・ケネディー氏に紹介し、ケネディー長官が遠征艦隊司令長官のペリー提督に、私を送り込んだのである。ペリー提督は、暫く前から遠征艦隊司令長官の任務に就いており、彼の指揮のもとで、担当者が参加者の調整をしていた。

米国海軍の歴史を顧みれば、ペリー兄弟の存在があってこそ、その重みが増している。すでに国民的な英雄であったマシュー・カルブレイス・ペリー提督は、１８１２年の大英帝国に対するエリー湖での海戦から軍歴を踏み始めていた。私が、１８５２年７月29日に遠征艦隊への参加を願い出た時、その老練な提督は、私の燃える情熱に水を差している。それは、「日本遠征は純粋に軍事的なものである」という、ペリー提督の信念に基づくものであった。多くの科学者が遠征に志願していたが、彼らが受け入れられることはなかったのである。

当時のこのような状況下においても、ただ一つ遠征隊に参加する道が残されていた。それは過去の歴史によるものだが、新制の共和国が短期間で海軍力を創出する場合、軍艦ができ上がる前に、まず士官の養成が必須であった。そのため、商船の多くの船員たちが、「マスターズ・メイト（航海科士官付きの下士官）」という位置付けで海軍に入隊した。こうして入隊した彼らが、海軍士官に昇進するためのワンステップであった。この制度は、海軍兵学校の創設によって事実上途切れていたが、書類上では継続されていた。日本開国という特殊な任務を担うペリー提督は、自らの判断によって、六名のマスターズ・メイトを採用したのである。このようにして、冒険を志す若者たちが、従軍画家や科学者として採用された。民間の画家であったハイネが、遠征艦隊の従軍画家として錨《いかり》のボタンが付いた制服を身に着けた始まりであった。そして、自らの姓名の下にはUSN（米国海軍）というタイトルが加わったのである。

マスターズ・メイトという名称は、一般的には馴染みが薄いと思われる。言うなれば、マスターズ・メイトを志した若者たちは、もともと報酬や軍隊での階級を意識しない連中であった。彼らの上官は、船の操艦や艦内の日常業務などを管理する航海科の士官たちであり、マスターズ・メイトは航海での様々な組織的活動に従事した。例えば、甲板長のもとで雑役をしたり、見張りや航海日誌の記述、さらには飲食物と酒の貯蔵庫の管理や、グロッグ酒の適切な消費の見守りなどであった。戦闘状態に入った時には砲弾の分配や、状況に応じて、艦隊士官配下の兵の指揮も任されている。極東への航海が始まった当初、ペリー司令長官はマスターズ・メイトのそれらの業務を免除した。そのため、ハイネが海軍の服装をしていても、それまでの放浪画家のような生活を送ることができたのである。

極東に向かう「ミシシッピ」に乗艦した士官たちを見ると、ペリー司令長官の直属の部下ばかりではなく、中国の米軍基地で任務に就く人たちもいた。また、銀板写真家のエリファレット・ブラウン・ジュニアと、電信技師のウィリアム・B・ドレイパーも同乗していた。艦上における五カ月間にわたる私の仕事場《スタジオ》は、後甲板に張られた小さなテントであった。寝床は、二つの鉄のフックに吊るされたハンモックである。収納スペースは、私の仕事場の物入れの他に、小ぶりの引き出しが一つあるだけで、そこに衣服や肌着類、各種のスケッチや画材を入れた。乗馬の旅で何度も馬の鞍袋《くらぶくろ》だけに慣れていた私は、収納スペースの不便さをまったく感じていない。いずれにせよ、中国に着けば、このような不便さから解放されることになるだろう。そう思いながら、私はそこで排水量三八〇〇トンの「サスケハナ」の艦上に、私専有の仕事場が設けられることを期待した。ペリー司令長官はすでにそれを約束してくれており、結果的にその約束は守られることになった。さらに、我々はマスターズ・メイトの集会所を与えられ、命令はペリー司令長官から直接受けることになった。これにより、我々から海軍生活の無駄な時間がはぶかれて、煩わしさから解放されたのである。

ここで、話を「ミシシッピ」の米国出航前にいったん戻そう。すべての準備を整えた私たちは、出航を心待ちにしていた。ところが〈1852年の夏に、米国東海岸北部のカナダ沿岸海域で〉米国と英国の間に漁業権をめぐる突発事件が発生した。カナダ南東部のノバスコシア沖に戦艦の派遣を決めた米国政府は、当分の間、ペリー提督と「ミシシッピ」を日本遠征の任務から外したのである。私は、この機会を利用してニューヨークで航海の準備と描きたかった絵を描いていた。

1852年10月22日、いよいよ出航の日がきた。その日の朝、「ミシシッピ」の前部マストに出航の信号旗が翻ったのである。すべての士官が艦上に整列し、キャプスタン（錨の巻き上げ装置）を担当する兵士が、鼓笛隊《こてきたい》のドラムと横笛に合わせて錨をガラガラと巻き上げた。ハドソン川の湾口では祝砲の轟音が響き渡っている。見送りの群衆は小舟や埠頭から帽子やハンカチを振って別れを惜しみ、マンハッタン区のトリニティー教会から人々の心に響く鐘の音が流れた。「ミシシッピ」の艦上で軍楽隊による「ヘイル・コロンビア（米国愛国歌）」が演奏される中で、乗組員たちは嬉々として沖合へ向かった。

この出航は、とりあえずアナポリスまでの航海であった。そこで、我々はボルティモアで準備中の汽走艦「プリンストン」を待つことになった。

当初、私の気持ちは意気揚々としていたが、その一方で、何かもの淋しい気持ちもあった。それは、私が文明社会の米国にいながら新しい友との交わりがなく、平和で穏やかな生活を楽しむ機会もなかったからである。このような状況の中での、新しい冒険を求めた遠い国への旅立ちであった。

しかし、時間の経過と共に、私の淋しい気持ちも次第に薄れていった。洋上のすがすがしさが私の心を和ませてくれたのである。行く先には、夢溢れる日本が待ち受けていた。我々は順調な航海に心を傾け、幸運が訪れることを祈った。「ミシシッピ」は、バージニア州のヘンリー岬沖からチェサピーク湾に向かい、アナポリスの沖合九キロの海域で投錨した。

四週間にわたる黄色く濁った海上での停泊では、空は灰色で海風が冷たく、兵士たちの口から不満がもれた。「ミシシッピ」の狭くて息苦しい居室も含め、兵士たちは一刻も早い出航を願った。この長い停泊は、まさに兵士たちの忍耐力が試されるようなものであった。私には、実際よりも二倍ほど長い時を過ごしたように思われた。

アナポリスの沖合では、何の楽しみもなかった。ところが、暫くするとチェサピーク湾の澄んだ海流が流れ込むようになり、海鳥たちが「ミシシッピ」の脇を飛び回るようになった。アナポリスの小さな港町と新設された海軍兵学校の存在が、単調な生活を送る我々に多少の息抜きを与えてくれた。しかし、そこには米国の新興都市に見られるような商店街もなく、華やかさとはおよそかけ離れた町であった。その反面、独立戦争前の街並みや建物からは歴史がにじみ出ており、今にも各家の玄関から１７７５年（米国独立戦争）当時の、かつらを着けた植民地開拓者が顔を出しそうな雰囲気であった。

水兵たちが、船上でじっとしていられないのは当然のことである。彼らは禁止されたウィスキーを求め、こっそりボートを出して波止場地区から上陸した。

海軍兵学校は高い壁によって区切られていた。建物内部には、教室と三〇〇名の士官候補生や教官たちの宿舎があり、広々とした三面の区域に、軍事訓練場や体育教練場が設けられていた。湾に向かう一面には、円形に囲まれた砲台と重砲が訓練用に設置され、フェンシング競技場もあった。また、メキシコ戦争で戦死した二名の見習士官の記念碑が、演習場の中央に建立されていた。建物の中に入ると、米国の様々な記念品が展示されており、初代大統領ジョージ・ワシントン将軍の遺品も祀《まつ》られていた。本館には多くの旗が並べられ、その中の大きなブルーの旗は、我々の司令官の兄であるオリバー・H・ペリー提督がモットーとした言葉、「断じて艦を見捨てるな」を意味していた。１８１３年の「エリー湖の海戦」で、そのブルーの提督旗を掲げたオリバー・H・ペリー提督が、大英帝国の海軍を打ち破った印であった。

11月12日、フィルモア大統領と随行員一行が停泊中の「ミシシッピ」を訪問した。一行は、大統領とケネディー海軍長官を始めとする、ワシントンの多くの閣僚とその奥様方であった。訪問客を祝う数々の旗が艦上に翻り、正装の士官と帆桁《ほげた》の末端に整列する水兵たちが一行を出迎えている。また、「ミシシッピ」の一七発の祝砲が一行の来艦を祝った。そして軍楽隊の「ヘイル・コロンビア」の演奏のもとで儀式が行われ、一行は「ミシシッピ」の艦内を見て回った。その後、艦上で昼食会が催され、彼らは午後遅くまで艦上で時を過ごしたのである。

11月18日、遠征に加わる予定の汽走艦「プリンストン」がようやく到着した。我々は直ちに「プリンストン」と共にチェサピーク湾の東を経由し、バージニア州の港湾都市ノーフォークに向かった。ところが、このスクリュー式汽走艦の新しいボイラーに欠陥が見つかったのである。結局、「プリンストン」は日本遠征の航海から外されることになり、その代替となったのが「ポーハタン」（排水量三〇〇〇トン）であった。これに伴って「ミシシッピ」の士官の交替があり、我々の指揮官であったウィリアム・J・マックルーニ艦長が「ポーハタン」に移り、シドニー・S・リー艦長が「プリンストン」から「ミシシッピ」の艦長になった。

ノーフォークでは、食糧や飲料水などの積載のために多くの日数が費やされた。その間、私はおよそ人口三万のノーフォークの町を散策することができた。ここでは、ディスマル湿原を貫く水路が大洋につながり、鉄道がバージニア州の州都リッチモンドとノーフォークの繁華街の間を往復している。川の右側のゴスポート郊外には、大きな機械工場や作業場を持つ海軍工廠が広がり、さらに造船用の材木や船の索具を収納する長大な格納庫が連なっていた。大きな池には沢山の材木が保存されている。また、ある場所では、多数の錨がそれらを支える枠組みに列を成して立てかけられていた。大小ある中で、大きい錨は五トンあまりあるように見えた。ドライドックでは二隻の戦艦が建造中であった。花崗岩のドライドックの建造には百万ドルの費用と一〇年の歳月が費やされたが、この巨大ドックのお陰で大型船の建造が可能になったのである。その目を見張るようなドライドックの中に、無数の木材の梁で支えられた「プリンストン」の姿があった。

この川で、大型帆走艦の「コロンブス」と「デラウェア」が解体され、その他、それぞれ二隻のフリゲートやスループ、ブリッグも終末を迎えていた。その一方で、一隻のフリゲートとブリッグが建造中であり、新型の装甲汽走艦「ウォーター・ウッチ」がアマゾンへの航海に備えて改装中であった。また、砲艦「ペンシルベニア（帆走艦・砲一四〇門装備）」が、水兵の募集と水上宿舎を兼ねて停泊していた。この「ペンシルベニア」は現役艦として水兵補充のために停泊しているが、この艦は永久にこの川面に止まるように思えた。

ここまで私は、航海初期の生活について述べてきた。次に、今後数年間にわたって私が過ごす家となる、「ミシシッピ」について紹介しようと思う。「ミシシッピ」の幹部の人員構成は、艦長と五名の士官、海兵隊の大尉と六名の士官候補生（候補生と候補生合格者）、パーサーと三名の軍医と従軍牧師、主席機関士と八名の助手、甲板長と砲撃手、船大工と縫帆手《ほうはんしゅ》、それに艦長並びにパーサー付きの事務員である。

ペリー提督自身は「ミシシッピ」の運航には無関係で、艦長がその指揮権をもっていた。言い換えれば、提督は彼の幕僚や秘書・事務員、それに（不釣り合いの私を含んだ）三名のマスターズ・メイトと共に、「ミシシッピ」の乗客のような存在であった。そして正規の水兵たちに加えて、三五名の海兵隊員と四八名の機関兵たちが乗り組み、総員三八〇名の陣容であった。たかだか積載量二〇〇〇トン級の艦に、蒸気機関や大砲を始め、航海に不可欠な物資の保管スペースを割いた状況を見れば、乗組員の数はかなり過剰と言えた。

艦長の副官ウィリアム・L・モーリー少佐が、「ミシシッピ」の乗員の選定と各々の役割を決めている。戦闘状態に入った場合はモーリー少佐が甲板の責任者となり、甲板長が航海を監督し、艦長が戦術全般を指揮した。その他の士官と候補生たちは、それぞれの部署の艦砲を指揮するのである。砲撃手と縫帆手《ほうはんしゅ》は、それぞれの担当区域に応じて船首から船尾までの間に配置された。砲弾の運搬は楽団員や料理人、伝令員たちの担当になっていた。軍医は、船尾の最下位にある診療室で怪我人の手当を行うことになる。また、ペリー司令長官と幕僚たちの執務室は、船尾にある大きな船室であった。海兵隊員は三つの分隊に分かれて様々な部署に配置されていた。

続いて、食事の話をしようと思う。乗組員たちは通常一〇人ほどの単位で食事室に集まり、食事を楽しんだ。その中の一人が交替で食事係を担当し、食材を料理人まで運んで、調理された食べ物を仲間に分配するのである。食器具などを洗うのも彼の役目であり、衛生面を確かめて、食糧庫の中に食材と共に収納した。士官たちには、階級によって定められた食事代を、毎月の給料の中から支払う義務があった。艦長は、専用の部屋で食事をするのが一般的であった。しかし、「ミシシッピ」にはその部屋がなかったため、ペリー提督や彼の幕僚たちと共に食事をしている。上級士官たちの食事室は、提督の秘書やパーサー、主席機関士、軍医、甲板長、その他の士官たちで占められていた。士官候補生と事務官たちの食事室は操舵室の右舷側にあり、機関室の要員用は左舷側にあった。砲撃手や掌帆長《しょうはんちょう》、船大工や縫帆手たちの食事室は、士官食事室の前方にあった。旗艦が「サスケハナ」に移った後、我々マスターズ・メイトはそれぞれ分かれて食事をすることになった。

港では夜明けに朝の号砲が響きわたり、ドラムと横笛で「総員起こし」を知らせる。その後、掌帆長の号令によって、一斉に甲板洗いが始まる（朝の号砲は航海中はないが、甲板洗いは日常のことである）。乗組員たちは、ハンモックをしっかり巻き上げてロッカーにしまい込む。その後、人力ポンプで海水を汲み上げ、同時にバケツとモップを用意する。艦上で朝の七時まで聞こえる音は、ブラシで甲板をゴシゴシこする音や人の荒い息づかい、ポンプのきしみ音や甲板をこする砂岩のジャリジャリいう音だけであった。ロープで引き寄せられた一〇〇キロ近い砂は、甲板を横切りながら一面にまき散らされる。水兵たちは裸足でそれらを甲板上でこすり、人力ポンプで汲み上げた海水で洗い流す。七時を過ぎると甲板洗いの音は殆どなくなり、甲板を乾かして真鍮《しんちゅう》の金属部を磨き、箒《ほうき》で最後の仕上げを行う。そして、朝の八時に艦旗掲揚となるのである。

その後、ドラムの音でグロッグ酒の配分となる。酒倉庫の管理を担当するマスターズ・メイトが、グロッグ酒を後甲板に運ぶ（通常、この嫌な役目は候補生の上級生が務める）。朝食の笛が鳴ると前甲板にテーブル用の防水布《オイルクロス》が張られ、ブリキ製のボウル、ナイフやフォーク、スプーンなどの騒がしい音が交錯する。引き続いて、お茶やコーヒーが大きなヤカンからそれぞれのボウルに注がれる。掌帆長のピーという笛の合図で朝食は終了である。朝食の時間はわずか三〇分であった。

甲板洗浄が終了した午前九時、ドラムの合図と共に水兵たちが各自の配置につく。それを待って士官が各部署を点検し、規則通りの状況にあることを確認して、艦の副官に報告する。毎週火曜日には乗組員全員に呼集《こしゅう》がかかり、全員が揃って訓練を行う。その他の日々は、各部署が、それぞれの任務に応じて訓練を実施するのである。

艦の料理人は、正午前に担当士官に昼食のサンプルを届け、乗組員への昼食の許可をえる。甲板長は太陽の高度を天測し、「正午《メリディアン》」の時を副官に伝達する。直ちに、正午を告げる時鐘《じしょう》が鳴り、「食事始め」の笛で、乗組員は一時間余りの昼食を取ることになる。

海兵隊は、状況に応じて午後に戦闘訓練を行う。訓練がない場合、彼らは艦の修理などに時間を費やすのである。午後二時になると、パーサーに従う給仕係が翌日のための食糧を料理室に分配する。それらは、塩漬けの牛肉や豚肉、大豆やエンドウ豆や小麦粉、それにお茶やコーヒー・砂糖・シロップ・ピクルス・乾燥リンゴなどであった。一日に一ガロンの水が貯水槽から汲み上げられ、それですべてを賄《まかな》った。また夕食は、午後四時〜四時半の間であった。それから日没までは自由時間となり、その後にハンモックを取り出すのである。午後八時に船首部の明かりが消え、午後九時には監視所や信号室の明かりが消える。その他の場所の照明は甲板士官の許可が必要で、武器を身に付けた先任下士官が艦内を巡回して、各部署の「消灯」を確認した。

天候が穏やかな航海では、四分の一の水兵たちが甲板で夜半まで監視の役につく。もちろん、状況に応じて、全員が上甲板の見張りにつくこともある。士官や部下たちは、四時間交替で当直につくのが慣例であった。午前四時と八時、正午、午後四時と八時、そして夜中の一二時が交替時刻である。艦の時鐘は零時から三〇分ごとに鳴らし、八回鳴らすと、また一回から始めるのである〈これは、当直時間を基にした四時間単位になっている〉。この鐘《かね》を基準にして、「初夜当直《ファーストウオッチ》」（午後八時〜午前零時）の「二点鐘《しょう》」、「三点鐘」、「四点鐘」などと、区切りをつけるのである。また、「夜半当直《ミドルウオッチ》」は午前零時から午前四時、「朝当直《モーニングウオッチ》」は午前四時から八時までの務めであった。さらに、日々の四時間の当直制度に変化を添えるために、午後四時から八時の間は短い二時間の交替制とし、午後六時からの当直は「海坊主対策《ドッグウオッチ》」などと呼ばれている（そのため、二四時間の当直制は六交代制ではなく、七交替制となっている）。

船首にいる士官候補生は当直士官に加わり、三〇分ごとに測程器を海面に投げ入れて、船の速力を観測する。その結果は、風・潮流・気圧・水温・気温・その他の観測した数値と共に、『航海日誌』に記載された。

各士官から規則違反の報告を受けるのは副官である。案件によって副官での対応が不可能な場合には、艦長の判断を仰ぐ。米国海軍では、「鞭打ち刑」はすでに禁止されていた。処罰は責任のある士官の判断により、鉄具による足かせの刑や、営倉《えいそう》入りなどがあった。その他、パンと水のみが与えられる監禁や重労働、生活空間の制限や、三〇キロの弾丸を定められた時間持ち堪《こた》える刑などがあった。士官に対する処罰は免職後に身柄を拘束され、所定の期間はグロッグ酒の権利が剥奪された。また、甚《はなは》だしい違反の場合は、軍法会議で判決が下された。

日曜日の午前九時に総点検が行われ、艦長と副官が全艦をくまなく視察する。その後の一〇時は、総員点呼の時間である。水兵たちは後甲板に集合し、各々の上官に現在員を報告する。この点呼では、過去一週間における譴責《けんせき》処分が各部署で行われた。

午前一一時、「ミシシッピ」の艦上で英国教会の礼拝が始まる。讃美歌の斉唱と祈りの言葉、聖書の詩篇の朗読があり、最後に聖職者の短い訓話があって礼拝が終わる。この礼拝は、大海原の航海の中で「ミシシッピ」の勇士たちが祈祷のために寄り集まり、創造主に彼らの保護を委ねる時間でもあった。深淵《しんえん》で感動的な雰囲気が、乗組員たちの神への崇敬《すうけい》を深めたのである。

米国海軍では、伝統的に日曜の礼拝がしっかり守り続けられている。神への冒涜《ぼうとく》や暴言は禁じられており、私は神聖を汚《けが》す言葉を殆ど聞いたことがなかった。

海軍の規律が陸軍と比べて一層厳しいのは、艦隊勤務は一人一人に最大限の努力が求められていることと、任務の終了後に全員が同じ場所で過ごす、という生活環境があるためである。士官たちは、このような環境の中で、とりわけ厳しい自己抑制が求められた。すべての面にわたって感情の抑制が必須となり、衝動的な行動を避けつつ、常に水兵の目を意識して自らの行動を律した。水兵の士官に対する尊敬がなければ、海軍の規律は維持できないのである。

我々は艦が耐えうる限界の暴風雨に遭遇し、もし規律が守られていなかったら、海の藻屑《もくず》と消えてしまう経験をした。それは、〈日本遠征からサンフランシスコへの帰途の〉１８５４年10月７日（嘉永七年八月一六日）のことであった。午前七時における強風は、すでにビューフォート風力階級の10（暴風）に達し、その後長時間の風力11（烈風）が続いて、午後には最大風力の12（ハリケーン）となった。

私は、その時の戦慄《せんりつ》を決して忘れることはない。その時、「ミシシッピ」の艦首は風上に向かっていた。大檣《たいしょう》（トップマスト）と帆桁は早朝に降ろされており、残るは操舵用のスパンカー（最後方に掛けた三角帆）に張られたストームトプスル（暴風雨用の帆布）のみで、これだけが唯一の頼りであった。甲板上を前に進むためにはロープにしがみつかなければならず、舵輪担当の四名の操舵手は、舵輪に取りすがらなければ波に洗い流されてしまう状況であった。波のうねりが激しく、彼らはたびたび操舵室の六メートルの上段に避難を強いられた。波が艦首で裂けて前甲板を洗う。はじけ飛ぶ波しぶきが我々の目を痛めた。数多くの帆柱や帆桁、それに小さな小屋などが破壊され、それぞれ寄ったり離れたりしながら甲板上を行き来した。時には巨大な荒波が我々を襲い、甲板がほぼ三五度も傾いて右舷側の舷檣《げんしょう》（波よけ板）の三分の一を破壊した。荒波はまた、七トンもある一二〇ポンド砲の一つをその台座からもち上げ、左舷側に転がった砲が、回りの構造物を壊して下段に落下した。午後四時までに舷檣部のほとんどを失い、左舷側の二隻のボートも荒波に流されて、他の二隻も危ういところであった。艦長の食事室であった左側の操舵室や、理髪室、舷門などが破壊されて見るも無残な姿となった。

「ミシシッピ」はこうした状況下にあっても、米国海軍を代表するにふさわしい戦艦であった。蒸気機関と外輪はいかなる海にあっても推進力を産み出し、大波の頂上や、逆巻く波の谷間に下り落ちても働き続けた。

こうした時に人は己の無力さを知るばかりではなく、精根尽きた際の心をいかに鎮《しず》めるのかをも悟るである。大海の大渦巻きの中に一人身を置けば、全ての努力は皆無に等しいことを知る。渦巻きの力は、いかに達者な泳ぎ手でも海底の墓に引きずり込んでしまう。そこには、人間の必死の努力の跡形も残らない。暴風雨の残酷なうねりが、人間の死の叫び声さえ打ち消してしまうのだ。しかし、「ミシシッピ」の経験豊かな乗組員たちは、身に迫る危険を冷静に見つめ、メガホンを通して、次々と明快で適切な指示を下していった。数人の檣楼員《しょうろういん》（マストでの見張り員）や前檣《ぜんしょう》員《いん》が船の損傷を防ぐために身体を張り、ゆるんだ個所を固定するために危険をかえりみず働いた。

日没が近づいて、風がいくらか弱まった。翌朝、嵐が過ぎ去った艦上に太陽がまぶしく照りつけ、至る所に飛散した残骸を浮き彫りにした。それはまるで、華やかな女性たちの乱痴気舞踏会の夜明けに見る、髪や装いが乱れた姿に似ていた。また、その魅惑的な香りに満ちた舞踏場も、この朝はびっくりするほど荒れ果てていた。しかし、「ミシシッピ」にはしっかりした規律が根づいており、暴風雨の危機を乗り切った後で、時を置かずに、乗組員はすべてを正常に戻したのである。

さて皆さん、私はたびたび苛立つこともありましたが、米国旗のもとでの楽しい日々を振り返ってみて、大変幸せ者だったと思っています。不便や苦難はすでに過去のものとなり、私の心は日本遠征時の航海の夢と冒険心で溢れています。私はその気持ちをぜひ皆さんにお伝えしたいと思い、この小冊子をしたためた次第です。

第二章　琉球へ――最初の訪問

琉球高官との最初の接触――いざ上陸！――英国人宣教師――那覇の港――城郭――町並み――摂政の公式訪問――琉球内部の探索――地方の自然と特徴――琉球の農業――見張り人――琉球王朝の首都・首里――米国人たちの宿舎――暖かい島民たち――島の地質と地勢など

1853年5月27日（嘉永六年四月二〇日）、琉球王国の二隻の小型船が那覇港を出て旗艦の「サスケハナ」を訪問した。二隻の小型船には、総理官の摩文仁按司《まぶにあんじ》からの贈り物である二頭の雄牛や数百個の卵、それに野菜やリュウキュウイモなどが搭載されていた。ところが、我々の艦隊には、それらと同等の価値のある物を贈呈しなければ、現地の進物を受け取らない、という定めがあった。結局、琉球からの贈り物を受けたのはペリー提督の副官ジョン・コンティ大尉と通訳のサミュエル・ウェルズ・ウィリアムズで、彼らが摩文仁按司と会見して、ペリー提督からの贈呈物を認めさせた後のことであった。27日は、コンティ大尉とウィリアムズの二人だけが那覇に上陸した。

その間、我々数人はボートで「サスケハナ」を離れて湾を囲むサンゴ礁を見て回り、海中の美しい色をした魚の群れを見ることができた。それらの何匹かを採取したところ、魚が死んで美しい淡青色の色は消えてしまった。こうした我々の様子を、港にいる多くの漁船が遠くから窺《うかが》っていた。

28日は日曜日であったため、ペリー提督は我々に上陸の許可を与えた。もちろん、私を含め多くの者が、嬉々として那覇の地を踏んだのである。

琉球には、1816年（文化一三）に、英国海軍のマレー・マックスウェル艦長やその他の士官たちがすでに上陸していた。彼らは英国に帰還した後、この遠隔の地である琉球に宣教師を送る基金を設立した。英国海軍伝道会の宣教師が琉球に到着したのは1846年（弘化三）のことで、それは英国人医師のバーナンド・ジャン・ベッテルハイムとその家族であった。彼らは、ゴツゴツした岩の脇にある地元の小さな寺院（波之上の護国寺）で七年近くを過ごした。その大きな岩は錨《いかり》などを巻き上げる装置によく似ていたため、キャプスタンと呼ばれていた。

1846年4月30日（弘化三年三月二四日）に、英国の小さな帆走商船「スターリング号」が那覇に到着し、ささやかな荷物をもった数人の英国人を上陸させて去っていった。海岸に残されたのは、ベッテルハイム夫婦と彼らの二人の子どもたちであった。見知らぬ島に着いた彼らは、何処に行って何をするのか、皆目分からなかったのである。途方に暮れた家族は近くにある寺へ向かい、少量の食べ物で一夜を明かした。ところが、その夜押し寄せた荒波が海岸に残した彼らの荷物をすべて洗い流してしまった。その時、一家に心温まる援助をしたのが、フランス人のマチュー・アドネット神父であった。このフランス人神父も那覇での滞在はさほど長くはなく、那覇の反対側の約五キロ離れた地区に住んでいた。不幸なことに、彼自身もベッテルハイム一家に与える物を殆ど持ち合わせていなかった。そのため、ベッテルハイム一家は、小さな寺でみじめな数日間を過ごしている。暫くすると近くの小さな寺が空き、一家はそこで細々と過ごすことになった。たまに寄港する外国船が、彼らに少量の生活必需品を譲り与えている。１８４９年（もしくは１８５０年）に英国の汽走船「レイナード号」が、香港にいたジョージ・スミス主教を連れて那覇を訪れた。この時から、琉球王朝の摂政がベッテルハイム一家の面倒を見ることになり、一家はそれまでの妨害や不便さからかなり解放された。しかし、現地のキリスト教への改宗者はまったく現れず、ベッテルハイム師の那覇の市場や通りでの布教活動はまるで功を奏さなかった。琉球の人々のキリスト教への偏見は、日本本土と変わることがなかったのである。事実、密偵が常に琉球の人々を監視しており、異国から来た伝道者の話をあえて聞こうとする者はいなかった。

那覇は、その大琉球列島の貿易の中心地であり、琉球とも呼ばれた沖縄本島の最南西に位置している。那覇の内陸につながる川は深さがなく、せいぜい中国の小型帆船《ジャンク》が入れる程度であった。石で築かれた長い防壁が港を防護しており、これらの石は多角形の大きな珊瑚岩の塊で、漆喰《しっくい》を用いずに積む工法は、古代ギリシャの石積み法に似ていた。防壁の高さは一メートル二〇センチ余りで、幅は九〇センチほどであった。防壁の角に張り出した小さな塔に隙間はあるが、見張り人が入れるほどの大きさはなく、それらは外部の監視用に使われたものと思われた。

我々の艦隊は、那覇の港の沖合に停泊した。内湾の陸上側は海岸線に沿って半月形になっており、海側には珊瑚礁が連なっている。それらの珊瑚礁を抜ける三つの水路があり、海上交通には、最も南側の大きな水路が使用されていた。海岸の脇に町が広がり、小さな川が内湾に注いでいる。おそらく、那覇には二万人位の人々が、街路に沿った四千軒ほどの家屋に住んでいると思われた。その街路の道幅はかなり広く、大きな珊瑚の敷石が敷かれている。富裕層が多く住む地区では道路に沿った石垣が多くあり、その裏側の立派な表門から小道が各家に繋がっていた。

我々外国人に対する人々の態度はよそよそしかった。しかし、その反面、壁や木々の裏側、また横道の隅々から、我々の様子を盗み見する群衆の目があった。我々が軽い気持ちで彼らに近づいたり、遠くから声をかけたりすると、彼らは一目散に逃げ去ってしまった。

我々の通訳が現地の責任者を交えて数回の会合をもち、なぜ我々が琉球に来たのかを説明した。その後、我々は琉球王朝の総理官から正式な招待を受けたのである。総理官が「サスケハナ」に来艦した時、我々は艦上に整列して彼を出迎えた。その時に祝砲が放たれると、轟音に驚いた側近の数名が危うく腰を抜かすところであった。我々は総理官をワインや正餐《せいさん》でもてなし、艦の隅々まで案内した。由緒ある高貴な総理官（我々はそう聞かされていた）が、一二歳の琉球王が元服するまでの間、すべてを取り仕切っていた。

側近たちの多くは、総理官と同じように、あごひげを長く伸ばした老人たちであった。頭髪は頭のてっぺんでねじって結い、それを冠《かんむり》の結び目の中に入れて、二本のかんざしで前後から止めていた。男性の着衣は、上質の布でできたカフタン（トルコ人などが着る帯の付いた長袖の長衣）によく似ていて、たもとが広がっていた。彼らは腰の帯に扇子をさし、小さな煙草入れと短いパイプをもっている。そのパイプの火皿は、裁縫用の指抜きより少し大きい程度であった。身分の高い人は長衣の下に肌着をまとい、膝まで届くズボンと綿で編んだ長靴下《ストッキング》をはいている。その長靴下は、親指の部分が他の部分と分かれていた。彼らは艦上を長靴下で歩き回ったが、おそらく礼儀を重んじて、履物を小船の中に残してきたのであろう。後で気づいたことであるが、彼らは艦内を自らの家屋と同じように取り扱っていたのである。

総理官に対する儀礼は、まずまずの形で終了した。そこで、ペリー提督は島の奥地に探索隊を送り込み、島の様子や資源などを調査することにしたのである。探索隊の隊長は従軍牧師のジョージ・ジョーンズ師で、その他はアーサー・ライナ軍医、文筆家のベイヤード・テイラー氏、それに画家の私という顔ぶれであり、全員が「サスケハナ」の所属であった。さらに、それぞれの艦から二名の水兵が加わり、二名の中国人の運搬人も同行した。我々は、各自が使うテントと八日分の食糧を携帯した。その他に、カービン銃や猟銃などの武器を少なからず装備し、いかなる妨害も武力をもって撃退するつもりであった。5月30日（旧暦四月二三日）、那覇に上陸した我々は、直ちに内陸へ向けて歩き始めた。

町の北東の斜面から耕作された土地が広がり、その田畑の中を、琉球王朝の所在地である首里に向かって街道が走っている。およそ一キロ半進んだ所で、我々は泊《とまり》という小さな町（住民は三千～四千人）を流れる川を渡った。川の流れは近くの那覇の内湾に注いでいた。橋の近くに、厚い壁で囲まれた寺院のような建物があり、寺か、あるいは身分の高い人の屋敷のようであった。いずれにしても、あまり使われていないようで、壁の先にある三カ所の入り口は閉ざされていた。街道は、丘の谷間にある水田の中をたびたび通っている。また、幾つかの丘もあった。季節はまさに田植えの時期で、多くの人々が水田で働き、場所によっては棚田《たなだ》が造られていた。要《かなめ》の灌漑《かんがい》用水路には豊富な水が流れ込み、水田は沼地のようにたっぷりと水が張られている。高台にある細長い溝に水が引かれ、それが低地へと導かれているのだ。早春の水田の隅に種子をまくと、そこに新芽が出て苗が育ち、程よい時に水田全般に移植するのである。我々は、苗の植え付けを見ることができた。また、ある畑では早くも苗が十分育っていた。

街道の大部分は並木道になっており、適度な日陰が至る所にあった。幅六メートルほどの街道は多辺形の石の塊で舗装され、しっかり整備されている。

那覇の町を出ると、いつの間にか、年取った男性一人と若者二人が我々の後にぴたりと付いていた。一人の若者は上背もあって屈強な体格をしている。この三人は、一般の人々と明らかに違っていた。それ以降、彼らは我々から片時も離れることはなかった。しかも、かなり積極的な姿勢を見せ、我々の一人が列を離れると、彼らの一人が必ず付き添うという具合であった。我々は、彼らが我々の行動を記録し、夜にそれらを検討していることを知った。この三名の見張り人が、我々異国人の行動を探ろうとしているのは明らかであった。

行程の半ばで、運搬人の中国人が荷物の重さに音《ね》を上げた時、見張り人は現地民に荷物を肩代わりさせた。現地民は田畑で働く農民たちであったが、彼らが疲労すると次々に交替させている。

農作業中の農民たちは、見張り人の指示に素直に従った。見張り人は、我々に鶏やリュウキュウイモ、その他の野菜や食料品を絶え間なく提供してくれた。しかし、彼らはその代金を決して受け取ろうとしなかった（代金の問題は、六日後に那覇へ帰着した時に解決した。彼らは掛け値のない良心的な料金を記録しており、ベッテルハイム師による通訳を介して、我々は相応の代金を支払ったのである）。

我々一行が歩き始めて、およそ五キロを経たところで首里に到着した。この琉球王国の首都は那覇の町とよく似ていたが、より雄大な風景を見せていた。坂道を上った高台にある城郭の要塞が、町を見下ろしている。見張り人は、町の門の近くで我々に茶菓をもてなすために足を止めた。

この手の休憩ができる宿屋（現地民は「クンク・クア」と発音した）は、どの町においてもそれなりの旅人に部屋を提供している。訪問客は、木々と花壇で囲まれた中庭を通り、建物の角にある玄関の間《ま》に入る。建物はごく一般の木材建造物である。柱で支えられた幅一メートルほどの廊下が建物の周りを囲み、薄い木製の板戸がその回廊を覆っている。宿の四方を廊下から見渡すことができるように、廊下の角の部分を除いて、板戸の全てが開閉できるようになっていた。天候が良くない時は、油紙を張った窓が板戸の代わりに使用される。各部屋の板敷きの床の上には、縦二メートル、横一メートルほどの大きさで、五センチ位の厚さをもつ畳《マット》が敷かれていて、その上で横になると至極快適である。琉球の宿と客のもてなし方について、我々は、島内のどこを訪れてもよく似ていることを知った。

宿屋の入口には大きな木製の樽が置いてあった。客は、そこから水をすくって手足や顔の汚れを落とす。それから玄関で靴を脱ぎ、靴下のままで床に上るのである。我々を出迎えてくれた男性は、おそらくこの宿の支配人であろう、我々に深々と頭を下げて両手を叩くと、数名の女中が顔を出した。女中は、我々の一人一人に竹細工が施された木製の煙草盆と磁器を用意した。その磁器の中に炭火が熾《お》きていて、竹細工は煙草の灰の受け皿と思われた。支配人がまた手を叩くと、女中が小さな茶碗に入ったお茶を運んできた。この茶には、中国と同じ様に砂糖やミルクが入っていない。私は、この身体を刺激して心地よく温めるお茶が大変気に入った。

この宿でしばらく休憩した後、我々はそこを離れた。ここでも、相変わらず前後に見張り人が付いていた。我々は米国旗をはためかせ、荷物を中央にして縦列で町を通り過ぎた。家の玄関戸は閉まっていて、通りに人影はなかったが、あらゆる所から我々を好奇の目で窺《うかが》う視線を感じた。

琉球の城《グスク》については、すでに説明をした。我々は今その城を通り過ぎたところであるが、二メートルあまりの立派な壁が続き、いくつかある門は、町の家々同様に固く閉じられていた。見張り人がこの場所を案内したのだが、我々は、歩みを止めずにそのまま通り過ぎなければならなかった。すでに首里の町を離れ、島の北東の海岸に向けて歩みを進めていた。

やがて、かなり高さがある場所に出た我々は、そこから数キロ先まで見渡すことができた。ほんの小さな区画であっても、耕作できる所はしっかり耕されているのが目に入る。しかも、中国よりさらに綿密で集約的だ。丘と丘の間に棚田が遠くまで広がり、高い段から下に向かって水が流れて、下方に豊富な土地が開けている。遠くに連なる山々は、おそらく三〇〇メートル位の高さがあるだろう。

我々は、日が暮れるまで、滑りやすい泥道を歩き続けた。その夜は野営のためにテントを張り、旗を掲揚して見張りを立てた。夕食の支度では、燃え立つ火の上で食材がグツグツと音を立てた。食材は、我々が艦から運んだ米や豚肉、茶などに加え、道すがら射止めたハトや、土地の人たちが分けてくれた鶏肉・ニンニク・玉ネギなどであった。その間、我々を見守ってきた三人の見張り人は、素早い手つきで葦《あし》を使った小屋を作り上げ、テントから三〇歩ほど離れた場所で夜を過ごしていた。周囲では、現地民の群衆が我々の様子をじっと窺っていた。

それから六日間をかけて、我々は島の探索を行った。初めの三日間は島の東海岸で、残る三日間は島を横切って那覇の港への帰投であった（提督に提出した我々の報告書は詳細に及んでおり、それらは予定に沿って公表されることになると思われる）。我々は、島の北東の端の南側四〇キロをまっすぐ横切り、最も好ましい経路を経て、那覇の港に帰着した。西側の海岸で多少の時間を費やしたが、殆どの日程は内陸の探索であった。島民の居住地は島の北側の海岸沿いに存在し、島の内部は樹木の濃い丘や山岳地帯になっていた。南に来るほど木材の値段が高くなるのであろうか、この辺りの家屋では、あまり木材が使われていなかった。島民の親切心と温かさは素晴らしく、どこへ行っても我々を楽しませてくれた。それは食材についても同様で、鶏肉や卵、活魚に塩漬けの魚を始め、キュウリ・カボチャ・塩漬けの玉ネギ・米・サツマイモなどの食べ物を快く提供してくれた。支払いは、三人の見張り人が立て替えている。前述したように、我々の帰還後に、彼らは遠慮しつつも代金を受け取ってくれた。

　この探索で、我々は最初の一夜を除いて、他の夜は現地の宿で過した。これらの宿の多くは景勝地にあって、風景・宿所共に素晴らしかった。まったく文句を言う余地がなかったのである。宿の中庭や庭園は良く手が行き届き、美しい白砂利が敷かれていた。樽一杯の水が玄関に用意され、到着した客は、そこで手足や顔を洗うことができた。また、島では食事の前後にも手を洗う習慣が固く守られていた。蚊を除いて、虫の被害をまったく受けなかったことは極めて幸せなことであった。

　島の中央付近で、我々は墓地を見つけた。墓地の周囲はほとんどが壁で囲まれていた。入口の壁の近くに、綺麗に加工された石の腰掛けがあり、山腹と岩山にまとめて掘られた墓が並んでいた。しかし、それらの墓はすでに使われておらず、らせん形をした内部は、まるで古代エジプトの「テーベの遺跡」を思い起こすものであった。私は、この空になった墓地を、現在使用されているものと比べてみた。現在の墓地は中国のものとよく似ているが、古い墓地との繋がりは見られなかった。琉球の人々が、今流の墓地を選んで古い埋葬法をなおざりにしていることは、私なりに驚きであった。私は、この背景を現地の人々に尋ねてみたところ、彼らが言うには（または通訳を介した言葉は）、かつての古いほら穴は悪鬼たちの墓跡だ、ということであった。

　我々が次に訪れたのは、極めて印象的な城と要塞の跡〈中城城址《なかぐすくじょうし》〉であった。驚くほど厚い城壁が、二一〇メートル近くもそそり立っている。この城の外壁は、明らかに他の城と異なっていた。

典型的な凸状の部分に凹状の壁があり、逆に凹状の部分に凸状の壁があるのである。また、大きな重い石で出来た何カ所かの表玄関には、アーチ型の部分がほとんど施されていなかった。この城の主は、はるか昔に途絶えたと言われる。果たして、その城主はどのような人だったのだろうか？　また、城を築いた人々や、彼らの人種はどうであったのだろう？　この地の歴史や人々との関連については、私の推測や思いつきではなく、はっきりした見解がもてるまで意見を控えようと思う。

次は、島の地質や生物の調査である。我々がまず出会ったのは砂岩であり、北に進むにつれて粘土質岩《ねんどしつがん》や花崗岩《かこうがん》、さらに片麻岩《へんまがん》や石英《せきえい》などが現れた。しかし、北限の境を前にした我々は、残念ながら指令に従って、引き返さねばならなかった。島の周囲を珊瑚礁が取り巻き、海岸には珊瑚を始め、様々な色や形の貝殻が豊富に存在する。のこぎり型の海岸線には、船の停泊に適した海域が数カ所あった。また、極めて商業価値の高い大王松が、至る所で繁殖していた。その数は、北に行くほど多くなっている。畜牛は少ないが、豚は極めて多かった。また、羊や家禽《かきん》類は豚の数ほど多くない。調査中に天候が崩れたのは二、三日で、気温は摂氏二四度から三二度の間であった。そして、幸せなことに、どこを訪れても生水を飲む事ができた。

6月4日（旧暦四月二八日）の午後三時、我々は那覇の海岸へ到着した。星条旗を掲げた旗艦と信号が目に入り、間もなくすると、迎えのボートが海岸に着いた。ペリー提督は、「サスケハナ」に帰還した我々を固い握手で迎えてくれた。

提督は、我々が持ち帰った標本と報告に大変満足したようであった。およそ一七〇キロの距離を、カラスが飛ぶが如く、六日間で踏破した探索であった。さらに左右への回り道を加えれば、その距離は倍もあったことだろう。我々は、島の半分を越える素晴らしい探索をすることができた。さらには、島の中部〈現・中頭郡中城村大垣《なかがみぐんなかぐすくそんおおがき》〉の高台にある岩〈現・ペリーの旗立岩〉に星条旗を掲揚し、万歳を唱えて小銃の一斉射撃も行った。何はともあれ、我々より先にこの琉球を訪れた、いかなる海洋国をも凌ぐ成果を残すことができた。我々は、本島の至る所を探索し、多くの人々と出会うことができたのである。

第三章　ペリー提督、琉球王朝へ公式訪問

首里城への行軍命令――王宮訪問――歓迎式典――総理官邸での饗宴――犬のスープ――琉球料理のあれこれ

1853年6月6日（嘉永六年四月三〇日）、艦から多数のボートが降ろされて、午前八時までに艦隊による援護体制が敷かれた。こうした中で、王宮へ行進する将兵の先遣隊が無事に上陸を完了した。私とベイヤード・テイラーは、命じられた通り九時少し前に、提督用の椅子カゴとその担ぎ手を最初の短艇《カッター》に乗せた。その後、ペリー提督がこの短艇の後部近くに乗船した。我々が上陸すると、二組の砲兵の一団と、海兵隊の二個中隊が提督を待ち受けていた。また、軽度の武器類がすでに陸揚げされており、ペリー提督は、そこで首里への派遣隊の観閲を行った。

いよいよ、首里城への行軍である。先頭に立つのは琉球王朝の二人の役人で、日傘を運ぶ二人の青年が彼らに従った。次に、ベント大尉とその補佐役ジョン・W・ベネット配下の砲兵が続き、それぞれの大砲の脇には士官候補生たちがついて、その後ろに星条旗をもつ操舵手の下士官が進んだ。それに続いたのは「サスケハナ」の軍楽隊と、海兵隊少佐が率いる中隊であった。その列に中国人たちが担ぐ椅子カゴに座ったペリー提督と、総理官邸への贈呈品を運ぶ中国人たちが続い

ている。艦隊を代表する二六名の士官たちは次の列であった。その後に「ミシシッピ」の軍楽隊が続き、最後尾は海兵隊大尉に先導された中隊が列をなしている。首里城へ続く街道に軍楽隊の演奏が響きわたり、ドラムや横笛による軽快な行進曲のリズムが、将兵の愛国的な雰囲気を高揚させた。

首里の門前で、琉球王の代理である総理官がペリー提督を出迎えた。総理官の威厳は、古《いにしえ》のベネチア共和国の総督にも劣らない重厚さであった。彼は大きな日傘の下で我々の方へ歩いてきたが、総理官の高い位階が如実に表れていた。四名の臣下が彼に従い、全員が頭部に紫の絹を付けていた。その他多くの側近たちの頭部の絹は紫ではなく、黄色や赤になっている。その中でも黄色の絹は上位者で、赤の絹は低位者を示していた。

王宮の入り口で、我々の予測していなかった事態が起きた。総理官は、自らの屋敷でペリー提督に応対しようとしたのである。英国艦「レイナード」の士官たちが首里を訪れた時、彼らは王宮に招かれたはずであり、それを知るペリー提督は同じ対応を要求した。我々派遣隊は、最後の兵士に至るまで王宮前で待機していた。ここに至ってついに王宮の門が開かれ、愛国歌「ヘイル・コロンビア」の演奏が流れる中、ペリー提督が幕僚たちを従えて王宮の門をくぐったのである。

王宮に入ると、そこは外側の庭園になっており、高い壁をもつ要塞があって、その壁は門の右側へと続いていた。そちらの方から小川が流れ、壁の半分ほどの高さから澄んだ水が新鮮な緑の草木の中へ流れ込んでいた。表門を越えると、正面の所に広い門を通した階段があり、その階段を二〇メートルほど上がると、その先に広々とした中庭が開けていた。その数段上には広場があり、中庭の両際にある石が敷かれた歩道で繋がっていた。その中庭を取り囲むように、大きな建物が建っている。庭の奥の建物には寺院風の広い広間があり、その先にさらに広い庭があるように見えた。しかし、この広大な王宮は、もはや使われていないようであった。そのせいか、総理官の側近や数人の付き人を除いて、兵士や警備人の姿がまったく見当たらなかったのである。

〈皇太后と王子に代わる数名の高官との〉接見は、二段目の中庭から左側の離れた所にある大広間で行われた。ペリー提督は、総理官に琉球を訪れた経緯を説明し、米国はこの遠く離れた琉球王国に親善と友好の意をもっていることを伝えた。数々のお辞儀を繰り返した後に、提督は総理官に贈り物を進呈した。ペリーは、この大広間でお茶や生菓子などを振る舞われている。一行は、間もなく王宮を後にして、総理官の屋敷に招かれた。そこで、ペリーと士官たちは貴賓席に座らされ、豪華な料理でもてなされた。ペリーたちが饗宴《きょうえん》でもてなされている間、兵士たちは小銃を三角錐状に立て、大砲を彼らの脇に固定して、特別の贈り物であるコップ酒を楽しんでいた。

広間の宴会席は、士官たちの地位によって三つの席に分かれていた。中央が主賓席で、その他の席が左右に設けられていた。主賓席には四卓のテーブルがあり、その内の二卓が上席で、残る二卓がそれに次ぐ席であった。最上席の右側にペリー提督が座り、その左側に総理官が座った。ペリーの士官たちは階級に従って席に着き、総理官の役人たちも同様であった。その他の参加者はそれぞれ左右のテーブルか、他の場所にあるテーブルを使用した。

各テーブルには、大きさ一〇センチほどの皿が沢山並べられていた。ずらりと並んだ琉球の料理を、私は上手に表現することができない。きれいに盛られて美味しいのであるが、あまりにも繊細に調理されているため、我々のような粗野な船乗りにはうまく表現できないのである。給仕人たちが、小さな器に入れたお茶をもち、我々の側でサービスしてくれた。お茶には砂糖やミルクは入っていないが、我々外国人を配慮して、砂糖を入れた小さな器がテーブルに用意されていた。これらの美味しい料理や飲み物、また華やかな歓迎会はこれに止まらず、それから引き続く饗宴の序章に過ぎなかった。というのは、琉球王朝の正餐《せいさん》は、一二のコース料理で成り立っていたからである。しかも、その一二のコースは、国王の食事に匹敵するものであった（コースの数は客人の身分によるもので、それぞれ三、六、九コースなどがあり、一二コースは最上級のもてなしであった）。各種のスープは、受け皿ほどのお椀《わん》に入っていた。一二のコース料理は、輪切りにした肉や魚、野菜やゆで卵などである。すべてが美味しいものであったが、その中でも特別に美味しいと聞かされたのは、犬の新鮮な肉であった。我々一同は一瞬戸惑ったが、どうする術《すべ》もなかった。饗された犬は最高級の種類であり、特別に飼育された若い犬であったに違いない。結局、私が、このように柔らかくて風味のある肉を口にしたのは初めてのことであった。いかに口うるさい美食家であっても、この美味しい肉料理を否定することはできなかったであろう。

ペリー提督は後に、「あれは本当に犬だったのだろうか？」と語っている。実際のところ、琉球を探索した数日の間に、私は犬が屠殺《とさつ》される現場を目にしたことがなかった。あの時の料理は、本当に犬の肉であったのだろうか？　ここで、あの会食を共にした琉球の男性に尋ねたことを通して、私はその答を明かすことができる。男性は私の質問を誤解したり、あるいは私の描いた絵を変に曲解したかもしれない。また、私をごまかそうとしたことも考えられる。しかし、私はあの料理は間違いなく犬の肉であったと思っている。その結論に至った経緯を説明しよう。あの料理の食材が何か分からなかったので、私はスケッチブックに一匹の犬と子牛を描いた。私はその絵を指差して、その男性に身ぶり手ぶりで聞きただしたのである。「この料理に入っているのは、どちらの動物ですか？」と。その質問に男性が指差したのは、間違いなく犬の方であった。

美味しい一二コースの食事の後で、お茶と酒がふるまわれた。酒は糖質分のある米を蒸留したもので、中近東諸国の蒸留酒・アラックによく似た上等な酒であった。酒は徳利《ティーポット》に入れてテーブルに出され、我々が飲む器は裁縫の指貫《ゆびぬき》大の小さなコップ（盃《さかずき》）であった。そのため大きな器に慣れた我々は、何度もつぎ足さなければならなかった。酒は大変美味しく、私は盃で一五杯ほど飲んでしまったが、特に酔うこともなかった。しかし、私の考え方や動作が少なからず普段と違うことは意識した。料理もそうであったが、酒の入った徳利は絶え間なく次々と運ばれ、大酒豪の私が、「もう、これまで！」と告げるまで運ばれ続けた。

食卓には、箸《はし》と言われるものが置かれていた。中国のものとよく似ているこの小さな木の棒は、前菜を食べる時に使われる。使用する人は親指と中指で箸を支え、人差し指で方向を決める。私は見よう見まねで、なんとか上手に使うことができた。スープには小さな磁器のスプーンを使用し、私は粗野な作法ながらもスープ類を片づけた。また、蒸しダンゴや肉の小片は、楊枝《ようじ》で突いて口に入れた。

最初（実際は二回）の乾杯で、ペリー提督は「琉球の総理官のために！」と発声し、引き続いて「総理官の臣下の皆様と、米国民の親善を祝して！」と挨拶した。それに応えた総理官は、「米国に対して、そしてその使者であるペリー提督と士官の皆様に！」と乾杯を返した。

およそ一時間後に、我々は総理官の屋敷を後にして帰途についた。総理官の招待は誠意に満ちていて、我々は誉れある待遇に浴すことができた。酒やウィスキーやパンチと様々な料理を楽しみ、琉球の人々との温かな交感は、我々の意気を大いに高めた。星条旗を掲げて停泊地に帰る道すがら、我々は丘をこえて、新緑の野原を横切り、楽隊の演奏を楽しみながら、綺麗な松の日陰の中を行進した。今回、この行軍に参加できなかった士官や海兵隊員・水兵たちの多くが、道の途中で我々を出迎えてくれた。丘の上の並木道で待機していた彼らは、我々を見ると帽子を振りながら歓呼の声を上げた。琉球の人々との友好な相互関係が結べたことを知って、彼らの喜びは一段と高まった。この親善関係の創設が、今後の幸先が良いことを意味したのである。また、日本に貢物《みつぎもの》をする王国から温かく迎えられたことも大きな成果であった。我々は、琉球王国の友好的な歓迎を通して、これが日本との交渉の成功の前兆であることを確信したのである。

私は、島の内陸を探索した時と同様に、この王宮訪問においても興味深い様々な場面を描くことができた。私の画集が、スケッチで一杯になったことを大いに満足している。首里へ向かう道

琉球王朝からの帰途（ハイネ画　1853年6月6日）

では、あざやかで自然に満ちた田園風景が格好の画材となった。また、帰りの道で我々を出迎えた水兵や海兵隊員たちとの連携には、我々の活力ある団結の成果が示されていた。

1853年6月9日（嘉永六年五月三日）、我々の「ポーハタン」は帆船の「サラトガ」を曳航して那覇の港を離れ、公海上を東に進路を取ったのである。これは、軍艦の乗組員だけがもつ第六感であるが、私は艦の行く先が小笠原諸島《ボニン・アイランズ》で、そこに数日間滞在することを予感した。次章は、その小笠原諸島の話である。

第四章　小笠原諸島（ボニン・アイランズ）

小笠原諸島の位置——最初の入植者——島々の美しさと豊穣さ——ロビンソン・クルーソーを追う原望——父島の二見湾（ポートロイド）を訪れる外国船——弟島（ステープルトン）での狩猟——帰艦

１８５３年６月16日（嘉永六年五月一〇日）——父島二見湾の海上

１８５３年６月14日（嘉永六年五月八日）、夜明けと共に水平線上に小笠原諸島が現れた。小笠原諸島は北緯二七度線のすぐ南に位置し、日本の首都・江戸とほぼ同じ東経一四二度の経線上にある。つい最近まで、北太平洋の捕鯨船団だけがこの諸島を時折訪れていた。捕鯨船団はこの素晴らしい港に停泊し、上陸して新鮮な食料や水を補給した。１８３１年（天保二）、ナサニエル・セーボレーという英国人船員が数十名の同僚を伴って父島に上陸した〈ナサニエル・セーボレーはマサチューセッツ生まれの米国人で、英国人を長とする英米人グループと、ハワイ島先住民の十数名と共に、父島に入植したと言われている〉。彼らは森に入り、船が過ぎ去った後に、ロビンソン・クルーソーのような生活をこの島で始めたのである。その当時から、島の土地は肥沃《ひよく》で新鮮な水が豊富にあり、サトウキビやサツマイモや豆類、そしてレモンやタバコなどの農産物が満ち溢れていた。多くの小さな湾では魚がふんだんに獲れ、月夜の晩には沢山の亀が卵を産むため海岸の砂地に上陸した。セーボレーたちは豊富な食料を楽しんだばかりでなく、様々な植物を育てている。また、時折訪れる捕鯨船と道具類や種子、豚や鶏、その他の品々を物々交換した。豚は野山で際限なく増え、かつて他の島に放された羊は野生化してその数が倍増した。入植者たちは、それらの肉の塩漬をふんだんに保存したのである。

時の流れと共に最初の入植者たちは島を離れたが、セーボレーは島に留まった。多くの住民が入れ替わり、ある者は去り、ある者は残っている。その後に、数人の男女がサンドイッチ諸島（ハワイ諸島の旧称）から到着した。今のところ、この小笠原諸島の住民の数はおそらく四〇～五〇名位であろう。

1827年（文政一〇）に英国船が父島のポートロイド（二見湾）に入港し、その翌年にはロシア船が訪れた。1838年（天保九）、帆走艦「サルファー」で英国のサー・エドワード・ベルチャー海軍提督が小笠原諸島を訪れている。ベルチャー提督はこの海域を探索し、最も大きな島（父島）の港はポートロイドであることを海図に示した。海図では、ピール島（父島）とバックランド島（兄島）、それにステープルトン島（弟島）の三島が小笠原諸島の主な島となっている。その位置は父島が南にあって、その北側に兄島と弟島がある。これら三島の周囲には小島が多くあり、いずれの島も岩肌や砂州、岩石が自然の姿を見せていた。

小笠原の入江に広がる自然は、私の画材の宝庫となった。我々は、正午少し前に二見湾の西側に投錨した。その瞬間、私はドイツのバイエルン州の湖か、オーストリアのザルツブルグ市の周辺にいる錯覚に捕らわれた。そそり立った岩が広大な美しい湾を取り囲み、そこに程よい大きさの入江が開かれて、内部が円形になっている。このような絵に適する美しい光景はそうあるものではない。湾の中央に突き出た雄大な円錐形の岩は、まるで縮小した地中海の港町・ジブラルタルを見ているようだ。ここに数門の重砲を設置すれば、ジブラルタルと変わらない堅固な要塞となるだろう。

広い帯状のいくつもの畑が、港から、高い木が生い茂る丘に向かって広がっている。その風景が、目の前を取り囲むように立ち広がり、壮大なスケールの背景を形作っていた。入植者たちの集落は丘の上にあり、住居はいずれも平屋建てである。高い木々がそれらの住居を覆い隠し、その周りにサトウキビやサツマイモ・タバコ・メロン、その他の農作物が植えられていた。

木が生い茂る丘と緑豊かな畑、湾を囲む灰赤色の花崗岩と細長い白砂の海岸、そして目の覚めるような群青《ぐんじょう》の海は、他の地の風景とはまったく異なる独特なものであった。波が海岸の岩を削り流し、岩の中に空洞を作っている。太陽の光で明るく照らされたこの岩屋風のドーム型アーチは、私の故郷のゴシック様式の荘厳な大聖堂を思い起こさせた。視線を転じると、キラキラ輝く白い貝殻が、海岸のあちこちを綺麗に色づけている。冷たい海中を覗いて見ると、大きな無数の岩に、沢山の小さな生き物が群がっている。その周囲を覆う美しいサンゴ礁が、紺碧の海面下の魅力を覆い隠しているように思われた。

私は、ボートの船べりに身を寄せて数時間も海の中を覗き込んでいたが、決して飽きることはなかった。そこには、神による所産のような神秘が見出され、思わず祈りたくなるような気持ちに誘われた。海中の景観に見飽きたらどうするか？　私は顔を上げて、亜熱帯特有の浜辺に広がる植物に目を向ける。夕日で金色に染まる植物をじっくり鑑賞し、心癒される気持ちに包まれながら、自然の奇跡を実感することができた。やがて、太陽が広大な海原の果てに姿を消し、海面や岩や丘が漆黒《しっこく》の闇に包まれた時、水平線の果てを眺めてみよう。世界の縁《ふち》のはるか彼方から、ほのかな赤い光に包まれた月が海面に浮かび上がる。それはユーピテル（天空神）が天から地球に向かって送り届けてくれる、鮮やかで魅惑に満ちた光なのである。私は、宇宙の不思議を眺めて感動を心に刻みつつ、言葉にならない畏敬の念を抱いて大空を見上げた。

これまで、私はアレキサンダー・セルカーク（遭難後に無人島で四年間過ごしたスコットランド人水夫）の話を理解できなかった。ロビンソン・クルーソーの元になった彼の物語は、世界の若者たちをとりこにした。セルカークは南米チリ沖にあるファン・フェルナンデス島の魅力に取りつかれ、この島から離れることができずに滞留した人であった。

小笠原諸島に滞在中、父島の周辺を歩き回った私は、数多くの素晴らしい場所を発見した。この島こそは、私の滞留する所とも思えた。美しい森がある丘の谷間に、私が特に魅せられた渓谷があった。源流を異にする二つの小川がこの渓谷で合流し、そこからボートが浮かべられる清流になっている。この父島では、カナカ人の二つの部族（それぞれがタヒチ島、あるいはマルケサス諸島に祖先をもつ）が、互いに離れた場所で平和に暮らしていた。私がこの楽園の楽しみを味わう機会をもてたのは、あたかも魔法の力に引き寄せられたかのように思われた。私は任務を解任された自分を思い浮かべ、この島に住み着く姿を想像したのである。父島は平和と静穏、それに安定に満たされた聖域ともいえる所であった。しかし、現実を顧みた私は、すぐさまこの願望を心に収めた。それは、天なる神が私に健康とみなぎる力を与える限り、私は現役の義務を果たさなければならず、公益に力を尽くさなければならないことを、再認識したからに他ならなかった。

6月16日（旧暦五月十日）

我々父島探索隊の一行は、日が昇る前に湾の南東側の海岸に上陸した。この度の責任者は、文筆家のベイヤード・テイラーである。隊の編成は志願者と若手の士官たち、それに付き添いの二名の水兵と海兵隊員から成っていた。我々は上陸地点の近くにある小屋を訪れ、そこで案内を依頼したが叶わなかった。仕方なく道を進むと、この道は低木の茂みに続いていて、やがて途切れてしまった。そこで、我々は山から湾に続く小川に沿って南東へ進み、丘の上を目指して歩いたのである。露に濡れた植物の茂みが、我々の進行を妨げた。さらに加えて、植物のツルや、柔らかくて滑りやすい土壌が行く手を妨害した。群がったヤシの樹冠《じゅかん》が天をふさいで、太陽の光が届かない。薄暗くて神秘的な茂みの中を、やっとの思いで進んだところ、二〇歩先も見通せない深い密林の中に入ってしまった。我々は、密林を回避して二つ目の小川に沿って山を下ると、そこは四方を高い頂に囲まれた谷になっていた。谷底に近づくにつれて、植物は益々茂みを増し、鋭いトゲのあるパンダーマスの木と野生のパイナップルの木に阻まれて、身動きができなくなってしまった。

残された道は、小川を横切るだけであった。小川をなんとか渡った我々がしばらく進むと、突然、そこに開墾された畑が現れた。畑にはサツマイモやカボチャ・サトウキビなどが栽培されていて、前方にヤシの葉でできた二軒の小屋が見えた。その小屋の住民を呼び出すために、銃声と大きな叫び声を上げると、少し間をおいて一人の男性が姿を現した。その顔半分に青色の刺青《いれずみ》があり、赤銅色の皮膚をした男性の一族は、マルケサス諸島のヌク・ヒバ島から来た移住者であることが分かった。小川の幅が広がって、カヌーが浮くほど水深のある低地に出ると、彼の仲間たちがそこで亀を切り裂いており、その廃物をやせた六匹ほどの犬が喰い争っていた。ここに来て、ようやく現地人のジャッジという男性が、我々の案内を引き受けてくれることになった。

ジャッジの案内で東に向かって歩みを進め、我々は山の背の最も高い所まで来た。そこには野生化した豚の多くの足跡と、土中に掘った深い穴があった。案内人の犬たちが野豚の気配に興奮し、にわかに飛び出した一匹の豚を我々も追いかけたが、犬たちが競って豚を追い詰めた。およそ一キロ半も走ったであろうか、果敢な犬たちが、遂に豚を狭くなった平地に追い込んだのである。我々の百歩先を走っていた若手の見習士官が、丘のたもとで犬と格闘している豚の近くに回り込んだ。すると、豚は突然犬に背を向けて、我々の方に突進して来た。一瞬、我々の方を見た見習士官は、豚に向けて銃を発砲した。しかし、その銃弾は外れて私の足元近くに着弾した。私は、我々の方に突進して来る豚の眉間《みけん》を一撃して仕留めたのである。

ここで、小休止となった。我々はランチバッグからパンを取り出し、酒瓶の酒を一飲みした。その後、再び歩行を開始し、丘を越えて谷間に出た。

島の南東の外れにある海岸の岩場にたどり着いた時、我々はかなり疲れていた。時は丁度正午で、昼食の時間であった。我々は火を起こし、仕留めた野豚の肝臓や心臓・腎臓などに加えて、艦から持参した食材を料理した。これこそ、狩猟家だけが味わえるご馳走である。朝から骨の折れる作業や、湾での一仕事が我々の食欲をそそり、野生のニンニクやトマトの味が料理の美味しさを倍加させた。文字通り、我々は腹一杯食べまくったのである。食べ過ぎて腹が膨れた我々にとって、帰り道の、最初の二時間に及ぶ上り坂はみじめであった。島の南にある丘にたどり着いた時は、すでに午後九時を回っており、我々は信号を送ってボートを依頼した。午後一〇時に「サスケハナ」に帰還した我々は、疲労の極に達していた。

その翌日、私と「サスケハナ」の士官が、「サラトガ」に乗艦する二人の士官からステープルトン島（弟島）で行う狩の誘いを受けた。我々一行は、父島に住む二人の老人が漕《こ》ぐカヌーで弟島に向かった。二見湾を出るとカヌーはすぐに北の方向へ向かい、父島と兄島の西にある、幾つかの大きな岩々の横を通り過ぎた。これらの大きな岩々と、起伏に満ちた弟島の風景が刻々と変化し、まるで万華鏡を見ているかの様であった。私たちの前に、目を見張る素晴らしい光景が次々と現れ、その美しさを益々深めていった。この雄大なパノラマは尽きることなく広がり、二見湾と弟島を結ぶ一三キロの海路は、まるで絵本を次々とめくるような景観であった。

我々は、弟島の小さな入り江から上陸し、足早に、険しい岩山の高所に登った。なぜなら、我々がこの島に近づいた時、その岩山の頂上に野生のヤギを発見していたからである。ヤギは、岩山を覆い隠すほどまで群れていた。

我々は、さらに高い場所まで一気に駆け上がり、左翼の私を含めて、全員が横一列に並んだ。そこから百歩ほど先の低地に、二匹の子ヤギを含む、二五～三〇匹の群れが見えた。私はとっさに小銃をそちらに向けたが、なぜか引き金を引くことができなかった。私は、二匹のどちらを撃ったらいいのか、迷ったのである。それは、獲物を初めて目にした時の心の動揺であった。この迷いは、岩場を急いで駆け上ったことや、獲物を仕留めることだけが頭を占めていたせいかも知れなかった。私は、とりあえずその場に座り込んで冷静さを取り戻し、次の行動に出た。その直後、私は一匹のヤギに狙いを定めて発砲した。しかし、銃弾は外れて、ヤギの頭上一五センチほど上の岩に当たった。私はまるで稽古《けいこ》を忘れた子どものように、再びそこに座り込んでしまった。メェーと一声上げたそのヤギは、私を物ともせずに静かに去っていった。

私の右横にいた現地人が、見事に太った雌のヤギを仕留め、これが当日の豪華な夕飯となった。ヤギの肉を玉ねぎと一緒に焼いたものは、驚くほど美味しかった。酒を一杯飲んで海岸の平らな石の上に横になったり、香りのよいお茶で柔らかい肉を楽しんだりした。

弟島の海岸には難破船の残骸があり、その壊れた木材はかっこうの薪《たきぎ》となった。船の桐の木や真鍮の釘は、いずれも中国人が使うものではなく、私はその難破船が日本の船であることを確信した。江戸は、ここから五〇〇キロほどの距離であろうから、私の考えは間違っていないと思う〈東京と小笠原諸島間の距離は、約一〇〇〇キロである〉。

多くの海亀が上潮《あげしお》に乗って砂浜に上り、沢山の卵を産みつけている。我々は明るい月夜のもとで三匹の亀を捕らえ､甲羅を下にして動けないようにした。最も重い亀は一〇〇キロ以上もあり、その重さは計量の限界を超えていた。この大亀を陸に引き上げて逆さにするのは、六人がかりでも至難の業であった。

弟島での一仕事が終わるとすでに夜が更けており、我々はそれぞれ毛布にくるまって眠りについた。疲労のために、夢を見ることもない無我の眠りである。翌日の夜明け前、一杯のお茶で身体を温めた我々は、新たな方向にある、高い岩山を目指して出発した。私は最も高い岩場に登ることを決め、一歩一歩踏みしめながら上を目指した。かなり苦戦した後、青々とした植物帯を越えて、頂上に続く腐食土の傾斜地を上り切った。そこには、風雨にさらされた花崗岩《かこうがん》の壁があって、鉄分を含む地層の境界線ができていた。それをさらに上るのは困難で危険を伴ったが、私は銃を背負い、両手両膝を駆使して、なんとかよじ登ることができた。それは、太陽が海面に顔を出す少し前のことで、遠くまで続く広大な光景を眼下に見下すことができて心が躍《おど》った。眼下には、群青色に染まった海の中に多くの小島が散在し、金色《こんじき》の太陽光がそれらを浮き上がらせていた。近くには、弟島の絵に描いたような丘と、亜熱帯の植物群が広がっている。丘には、一千匹を下らない野生のヤギの群れがひしめいていた。

夜明け前のうっすらとした明りが、下の方にある谷を覆っていた。朝日に輝いているのは、岩山の頂上だけである。一年前、私は南米ニカラグアのレオンにいて、由緒ある大聖堂の尖塔《せんとう》から、南米大陸の太平洋側を熟視していた。その時ふと、私の心に一つの思いが浮かんだ。それは、私はペリー提督の遠征に参加できるのであろうか、ということだった。その一年後に私が地球の四分の三を航海し、太平洋の反対側から彼方を眺めることなどは、想定外のことであった。こうした過去を振り返りながら、私は数々の情景を思い起こしたのである。そして、今後の日本遠征の成功の可能性は明るい、と感じた。このような中で、私が生粋のチロルの楽しいヨーデルを力強く歌うと、周りの岩肌から一斉にそのこだまが響きわたった。

ヨーデルは、私の鬱積《うっせき》した気分を和らげてくれた。その時、下に見える灌木《かんぼく》が震え動き、長くて黄色い二本の角をもつ、一匹のヤギが現れた。このヤギは、集団の長《おさ》としての風格があり、弟島の平和を乱す狼藉者《ろうぜきもの》をこらしめるかのように、その角をさわやかな朝日の中に突き出していた。ヤギとの距離はおよそ一五〇歩ほどであろう、私は銃に弾を込め、ヤギを狙って発砲した。ヤギは一度大きく跳ねて、丘の下へ転がり落ちていった。

あたかも、私の銃声が戦闘開始を告げたかのように、バーンという一発の銃声が、近くの高台から聞こえた。引き続いて、バーン、バーンと銃声音が鳴り響き、やぶの中からいくつかの白煙が立ち上った。ヤギの群れを狙った我々は、一瞬にして四匹のヤギを仕留めたのである。一人が一匹を引きずりながら、我々はカヌーに引き返した。間もなくして、他の場所からも銃声が聞こえ、五匹の雄ヤギと四匹の雌ヤギがこの度の狩の成果となった。

我々は、皆で歌いながら海岸に戻った。目の前に広がる美しい海で泳ぎを楽しみ、ヤギの美味しい朝食に舌つづみを打ったのである。その後、カヌーに乗って正午までに旗艦へ戻った。一隻のボートが、我々の狩の成果を「ポーハタン」に運んでいる。夕方までには、九匹のヤギと四匹の海亀が艦上に引き揚げられた。

その翌日〈6月18日〉、我々は小笠原を出航し、6月21日〈旧暦五月十五日〉に琉球へ戻った。そこでは、ペリー提督が契約した石炭補給船のバーク型帆船、「キャプリス号」が我々を待ち受けていた。「キャプリス号」は公文書送達船の一隻であり、上海から郵便物を沢山運んできていた。それらの郵便物は英国の陸上郵便局を介して、はるばる中国の港まで移送されてきたのである。

第五章　再び琉球へ

こっそり那覇の町へ――建物の形――不謹慎な行い――市場にて――初めて出会った日本人――琉球の人々の特徴――艦上での楽しい一時――古代遺跡の訪問――琉球の歴史――いざ日本へ！

我々は那覇の港で八日間過ごし、薪水《しんすい》の補給と荒天で壊れた艦の修理をした。私はこの期間を利用して、本来の絵画の仕事に没頭することができた。那覇港の周辺では、ここぞという絵になる場所は見当たらなかったが、島の南部では画材に適した場所が豊富にあった。橋や建物の形状や色彩は素晴らしく、特に、松の木立はレバノンスギのように雄大であった。また、島の人々の顔つきや衣装も、私にとっては何とも言えず魅力的であった。

銀板写真家のブラウンは、撮影道具を持参して独自に活動していた。彼は天候や環境の違いをすぐに克服し、住民たちを記録する上で、銀板写真は極めて重要な手段となった。那覇の人々は大喜びし、出来上がった肖像写真と自分の違いを見て大笑いした。この気の良い人たちが常に、また我々がいくら努力をしても、我々外国人に対する物怖じを克服できなかったのは誠に残念なことであった。例えば、我々が町に来ただけで、那覇の家々の玄関口や窓が固く閉ざされた。特に、女性たちは我々を見ると驚いて逃げ去っている。

ところが、その後、我々は警戒されることなく、日常生活が営まれている場所にたどりつく機会に恵まれた。私と電信技士のウィリアム・B・ドレイパーは、狩りのために陸上で一夜を過したが、蚊のためにほとんど眠ることができなかった。早朝、シギを狙う我々は、川に沿ってその鳥の後を追った。結局、那覇の町をぐるりと回り、日が昇った頃には、町の反対側の地区に来ていた。その一帯は一段と高くなっていて、豊かな人々の居住区のように思われた。もちろんのこと、早朝の町に人気はなかったが、公園の門と中庭の出入口は開いていて、家の戸も開いたままであった。当時この恵まれた地区では、泥棒という存在自体がなかったのかも知れない。

中庭には典型的なツゲの木の垣根があり、綺麗な花壇が家の敷地と通りを区分けしていた。その中庭は、三メートル近くの石壁で囲まれている。その中にある一つの門が、人々の出入口になっていた。庭の一方の側に家があり、それは木造建築の落ち着いた建物であった。各部屋の壁の部分は板戸によって仕切られており、一つ、もしくは幾つかの出入口がある。これらは取り外しが自在で、庭に面する板戸は通常外されている。油紙を張った窓については、先に述べた。それらも取り外しができて、天候が悪い時に取り付けられる。夏の暑い日には、縁側の上に板すだれが下げられた。板すだれの構造上、家の中から外を見渡せるが、外から家の中を見ることはできなかった。

この朝、我々はこの一帯で人の気配をまったく感じなかった。そこで、私とドレイパーは、ある家の庭に入り込んでみたのである。その庭は、中国のものと比べて小さくまとまっており、美しい花が整然と植えられて、その配列が大変洗練されていた。庭の中央にある小池では金魚が泳ぎ回り、貝殻や、様々な色の石が池の周りを囲っていた。我々が静かに家の後方に回ると、部屋の開いた板すだれを通して、中の様子が見えた。そこは畳が敷かれた部屋で、薄い寝巻を着た三人の女性と二人の子どもが熟睡していた。もし、昔のコンスタンティノーブル（現・イスタンブール）の旅で、このような形で女性を覗き見して捕まったとしたら、我々の命は跡形もなく消え去っていたことだろう。しかし、ここでは事情が少し異なる。我々のふとした好奇心の結果が、静かに寝ている女性たちの恐怖を招くに違いない。彼女たちを驚かせてはいけない――。こう判断した私とドレイパーは、ここに入り込んだ時と同じように、そっと静かに後退した。厚顔無恥な二人の異国人が、琉球の善民から恩赦を乞うような事態にあえて踏み込んだことを、誰も気づいていないことを願いつつ……。

我々が、再び坂を下って低地にある区域を横切ると、そこからかなり活気ある雰囲気が漂い始めた。そこには市場が開設されて、多くの人々で賑わっていた。数百人の女性の売り子たちが、カゴや物置台の後ろに座り込んで、豚や鶏肉を始め、様々な野菜などを売っていた。野菜は、豆類や琉球イモや玉ネギ・キュウリ、その他様々であった。我々を見た数人の女性たちが驚いて逃げ去ったが、じっと動かない女性たちもいた。しかし、一時逃げ去った女性たちは、我々が無害であることを知ると戻ってきた。そこで、私はおいしそうなスイカを一つ買い求め、朝食としてその美味を楽しんだ。私が特別気に入ったのは、まろやかなチーズである。このチーズは、ベルギーのリンブルガーチーズと同じ大きさの塊であり、そのまま食べても、炭で焼き上げても私の舌を喜ばせてくれた。食事を終えた私とドレイパーは、湾に向かって帰途についた。

　我々が那覇の港で停泊した八日間の間に、和船の一六～二〇隻がこの港に入港し、その多くが錨を降ろしていた。ここで、我々は初めて日本の正真正銘の武士を目にしたのである。武士は、腰に二本の刀を差していた。頭の一部はきれいに剃られ、残る髪が頭の上で形よく結わえられている。薄い髭を生やしたその武士は、何処から見てもすきがなかった。彼は、透き通るような薄い布で作られた長い着物を身につけ、着物は灰色と白の縞があって、袖口が広く開いていた。その着物の上に、スコットランドの格子縞《こうしじま》の肩掛けに似た、もう一つの着衣（裃《かみしも》）を着けている。それは胸と肩を被う特有の形をしたもので、布ではあるが、私には鎧《よろい》のように見えた。帯には二本の刀とその横に扇子を差し、絹製の小さな煙管《きせる》入れと煙草入れを下げていた。また、手には、黒色に漆塗《うるしぬ》りされた日傘が握られている。武士は我々に目をくれることもなく、面前を素通りした。我々も、その武士と同じ姿勢を示したことは言うまでもない。この時目にした二本の刀こそ、我々が琉球で見たことのなかった、初めての武器であった。

　我々は、その日本の小船の一隻に訪れる機会があった。日本の乗組員たちは、茶と酒で我々をもてなしてくれた。彼らは多少おどおどしていたが、我々に対して終始温かく友好的であった。

　その翌日、我々は銀板写真機をもって、首里の町に向かった。そこで、私は夕方までに沢山の絵を描いている。その中には、町の広場や通りでたむろする人々もおり、また整然とした木陰で、塑像《そぞう》のように寡黙に煙草を吸う人もいた。これらの光景は画家として恰好の対象であった。また、写真撮影で現地の人にお願いする時、私はその人の手を丁寧に取って、良好な場所まで移動してもらった。協力してくれた人はきちんと姿勢を取り、まるで石のような不動の姿勢で応じてくれた。その姿勢は、「私がもう終わりましたよ」と感謝の言葉をかけるまで続き、その後、その人は丁寧なお辞儀をして去って行った。

他の国でも似通っていたが、写真撮影の対象となるきつい仕事は身分の低い人々に限られる、と思われた。それというのも、身分の少し高い人たちは木陰で優雅な時間を過しており、煙草を吸ったり、お茶や酒を飲んだり、持参した食べ物を楽しんでいたりしたからである。食べ物が入った箱（重箱）は小さめのきれいな漆器で、幾つかの段重ねになっていた。

琉球の人々は、私の目に穏やかで親切な上に行儀のよい人々として映ったが、正直なところ、キリスト教への改宗が、彼らに幸福をもたらすかどうかは疑問に思えた。それは、私の滞在中に訪れた地域や町で、罪を犯す人や乱暴を働く人、また喧嘩をする人の姿を見たことがなかったからである。

6月28日（旧暦五月二二日）、ペリー提督は送別会と称して、「サスケハナ」の艦上に琉球の総理官を招待した。聞いたところによると、前の総理官〈尚大謨〉は我々を首里城に招いて宴を張ったという理由で、王宮の命令により、高位から退けられたということであった。この噂の真偽については、私はよく分からなかった。しかし、彼の更迭《こうてつ》は確かであったと思われる、その理由は、聡明そうな若い高官〈尚宏勲〉が、後任の総理官として「サスケハナ」を訪れたからである。

琉球王朝の客人たちは、我々が提供した食べ物を貪欲に平らげた。海亀のスープや野菜類、各種の肉を混ぜたホワイトソース煮（フリカッセ）や薄切りの肉類、それにサラダや焼物、ジャム・パイ・ケーキ類など、テーブル上のすべての料理に、彼らは舌つづみを打っている。しかし、シャンパンを除いて、ワインにはあまり興味を示さなかった。彼らの好物は甘味のリッカーや、さっぱりした蒸留酒などであった。特に、マラスキノ酒（ブラックチェリー酒）を好んで口にしながら、陽気に楽しんでいる。やがて、宴会が終わって琉球王朝の客人たちは艦を離れていったが、彼らは千鳥足《ちどりあし》気味であった。

この第二回目の琉球滞在中、私は琉球古代の城を調査する機会に恵まれた。過去の文明で栄えた琉球の莫大《ばくだい》な遺跡が、時の流れと共に消滅している現状を、私は自分の目で確かめたのである。この調査では、数人の人々が私に協力してくれた。しかし、古《いにしえ》の城への道が今一つ不明であった。我々が、那覇の河口から東方に五キロ近く川を上ると、起伏する石灰岩が丘陵部を覆っている場所や、森林が所々に現れた。それらの間に水田が広がり、曲がりくねった川が、木の茂った二つの島を取り巻きながら流れている。この美しい田園風景には、それぞれ対称に耕された棚田があって、チェス盤のように十文字の形に区分けされていた。このような中で、のどかな村の風景が、時折、竹やぶの陰から忽然《こつぜん》と姿を現し、私の目を楽しませてくれた。また、風化して奇妙な形をした石灰岩の層が、人造の防壁の残骸に見えることもあり、思わず心が惑わされてしまった。ともあれ、諦めずに探索を続けた結果、遂に、我々は目的の古城にたどり着いたのである。

そこは、川が急激に蛇行している所であった。半島上の、一〇〇メートルもある断崖の上から古城の領域が広がり、それは、まるで絵のように見えた。陸地の方向に向かうと、そこに斜面が続いていた。斜面には、三つの湾曲した壁跡がはっきり残されていて、破壊こそしていたものの、瓦礫の堆積状況から、容易に元の形を想像することができた。川に向かって岩壁が垂直に切り立ち、まさに難攻不落の、自然の要塞であったと思われた。それは、この面の出入口の防壁が一つのみということからも明らかである。この防壁は、城の中央の城壁を除いて、最もよく保存されている。私は首里城の特色を前に述べたが、この古代城跡にも同様の傾向を見出すことができた。その一つは、城壁の外に向かって突き出た角の部分は通常凸型であるが、ここではそれらが凹型になっていることであった。

城門の左右に向かって、第二番目の円状の壁が大きく崩壊していた。また、城門の大きなアーチも崩れ落ちたと思われる。瓦礫の中から出ている木の根が、そのアーチの一部を支えていた。城跡のこれらの部分と、そこから垣間見える川や町の目新しい光景が恰好の画材となった。

城の最も内側の城壁が、生い茂る木々や灌木を取り囲んでいた。しかし、何故かそこは廃墟に似つかわしくなく、他の廃墟と趣を異にしていた。保存された木の門が固く閉ざされていたので、私はその門をよじ登って中へ入った。すると、そこには一メートルほどの盛り土があって、その上に縦六メートル、横一メートルあまりの石版が載せられていた。その石版にはいくつかの漢字が彫り刻まれ、中国人が祈祷する時のような線香の残りが、石版の横にある棒状の物に付着していた。また、狭いながらもしっかりした小道が門からここまで続いている。線香の残りや、足で踏み固められたこの小道を考えると、ここは祈祷師や殉教者たちが祀《まつ》られている聖なる場所かと思われた。

ここで少し、琉球の歴史について振り返ってみよう。琉球は大小三六の島々から成っていて、ルー・チューやルー・キュー、またリュウ・キュウやリウ・キウなど、様々な呼び方がある。日本人からリュウ・キュウと呼ばれていたこの王国は、〈1322〜1429年にかけて〉三つの王統が並立し、北部の山北（北山《ほくざん》）と中部の中山《ちゅうざん》、そして南部の山南（南山《なんざん》）の三山《さんざん》に分かれていた。彼らは、中国の明朝や日本に対して帰属を約することなく、ひたすら恭順の意を表しつつ、貢物《みつぎもの》を捧げていた。1719年（享保四）に、琉球を訪れた中国の使節・徐葆光《じょほうこう》が書き記した『中山伝信録』が、当時の様子をよく伝えている。また、1817年（文化一四）に、那覇を訪れた英国艦「アルセスト」のマクスウェル艦長による航海記は、琉球王国を好意的に表現して、庭園や人物像の挿絵がそれに含まれている。

琉球もしくはリュー・チューの始祖は、この世がまだ混沌としていた神話の時代によみがえる。それによれば、琉球の始祖は二人の男女から成り、天の最高神から島に遣わされた夫婦の神の名がアマミキョ〈とシネリキョ〉で、二人は三男二女をもうけた。長男の天孫（天の子孫）が、初代の国主になっている。次男は諸侯の始祖になり、三男は〈百姓の始祖となって〉、その後の一般大衆を生みだす末裔《まつえい》の元祖となった。その兄弟たちが、二人の姉妹をどのように扱ったかは神話で触れておらず、三男が他から嫁を娶《めと》ったかについても謎のままである。上の娘は君々（高位の神女）となり、下の娘は海の神〈祝女〉となった。天孫は亡くなるが、その子孫の天孫氏による統治は一万七千八百二年の長期に及び、二五代の王朝が続いたとされている。〈およそ一二〇〇年頃に〉新しく王位についたのが、〈実在の人物として琉球の歴史に登場する〉舜天《しゅんてん》である。琉球の人々はこの伝説的な話を信じており、事実、その話は大切にされて、固い信念の下で守り続けられている。

一方、琉球には現実の話も伝わっている。七世紀に至って、琉球は他の諸国から注目される存在であったようだ。650年（白雉元《はくち》）頃、中国の隋《ずい》の皇帝・煬帝《ようだい》は、ルー・チュー〈現在の台湾とされている〉に対して人的な貢《みつ》ぎを要求した。ルー・チューがこの要求を拒むと、煬帝は一万の兵士を動員し、艦隊を廈門《あもい》と福建《ふっけん》から出陣させた。ルー・チューに上陸した隋の兵士たちは一戦を交え、この国の国王と、多くの臣僕たちを殺害した。王都を焼き払った彼らは、五千人のルー・チュー人民を奴隷として本国へ連れ去ったのである。また、1291年（正応四）には、中国・元朝の世祖クビライが福建で艦隊を組織し、ルー・チューの征服を目指して台湾まで押し寄せた。

1372年（応安五）頃、琉球国は内乱の結果を受けて、三つの小さな王国（北山・中山・南山）に分かれていた。1372年、中国明朝の太祖・洪武帝《こうぶてい》は、琉球の中山《ちゅうざん》を治めていた察度《さっと》王に使節を送った。その使節は明の外交使命を上手に果たし、琉球の中山が明朝への進貢国になるよう説得している。それに応えた察度王が、朝貢の使者〈弟の泰朝〉を明に送ると、温かい歓迎を受けた彼らは、溢れるほどの土産を携えて中山に帰朝した。その結果、南山と北山の両王国も、明への進貢国として仲間入りしたのである。明から三〇家族が現在の那覇に移住し、彼らは書物や中国の文字、孔子の教えなどを琉球で広めた。琉球王族の子弟たちは、国王のもとで南京に留学し、そこで教育を受けている。尚巴志《しょうはし》が〈1429年〉三山を統一して、遂に、一つの王朝を成立させた。ここから始まる琉球王国は中国と日本との関係を継続し、先進的な貿易関係を享受した。それ以降、琉球は一つの王国を維持し続けたのである。

しかし、著名な日本の支配者であるタイコーサマ〈豊臣秀吉〉が、琉球の領有に興味を示した。その後、琉球王朝の三司官の一人である謝名《じゃな》親方は、薩摩島津氏の干渉と命令を拒否した。これを機に、島津氏は琉球に征討軍を送ったのである。〈琉球を攻略した島津氏によって〉琉球王〈尚《しょう》寧王《ねいおう》〉は江戸に連行された。しかし、琉球王は将軍に立派な態度を示したため、幕府は威厳を示しつつ、彼を（称賛と畏敬の念を込めて）琉球に帰した。

後に、中国は満州族による清王朝へと変わった。ここで、中国に対する琉球の進貢にも変化が生じ、琉球の使節は隔年毎に北京へ詣でることになった。この変化に対応した摂政の羽地朝秀《はねじちょうしゅう》は、琉球の威厳を固く守っている。

私には、琉球の宗教的行事に接する機会がほとんどなかった。およそ一千年前、外国からの大きな影響によって、ルー・チューに佛《ほとけ》（釈迦）への信仰が伝えられたと言われ、それが現在まで保たれてきた。ところが、一般民衆の間では、琉球に土着した神道が定着しているように思われる。その理由は、幾つかの寺院は廃寺となり、古い仏像も無視されて、その他諸々の物と一緒に放置されているからである。私は、それらの一部を新たに切断した跡も目にした。

琉球では一夫多妻制が認められていたが、それは形骸化されている。国王は三つの王侯の内の、いずれかの家の娘を王妃としなければならない。王族の家系は他にもあるが、国王がそこから妃《きさき》を選ばないのは、血統の入り混じりが認められていないからである。王位と貴族は世襲制であり、それに耐え得る男性でなければならない。間違いを犯した王族は、その身分を剥奪されている。国王の歳入の一部は私有地からの収入であり、その他は、塩や銅、錫《すず》・硫黄などの税金が収入源となっている。国王は、その歳入を国務や自らの家系の維持に使用するのである。

この琉球に関する歴史については、J・マクラウド軍医が著した琉球紀行〈『英国艦「アルセスト」、朝鮮・琉球島航海日記、1817年』〉に基づいている。この本には、琉球王が亡くなって、次の国王が王位を継ぐ時の儀式の詳細が記述されている。私は、あえてそれらについては触れていない。

琉球の名称は、それぞれの国の地図によって異なっている。正式な名称の書き方については、今も論議を呼ぶところである。日本人は琉球、英国人はルー・チュー、もしくはリウ・キウで、バジル・ホール艦長はリュー・チューと書いている。また、フランスの地図では、リウーキューが採用されている。我々は、最終的にこの島をルー・チュウーと書くことにした。

翌日、艦隊は再び外海に向けて那覇を後にした。いよいよ、最も重要な目標地である、日本に向けての出航である。

第六章　江戸湾へ——最初の訪問

日本の海岸線——美しい眺め——江戸湾へ——浦賀港——日本人との最初の接触——日本人の容貌と服装——警戒——湾の計測——海岸の要塞——敵対行動——警笛の効果

1853年7月2日（嘉永六年五月二六日）、ペリー艦隊は那覇を出航した。帆走艦「サラトガ」を曳航《えいこう》する旗艦「サスケハナ」が先陣を切り、汽走艦の「ミシシッピ」が帆走艦「プリマス」を曳航して四〇〇メートルの間隔でその後に続いた。7月8日の夜明けには、日本の海岸線が目に入ると期待されていたので、私はその日の夜明け前に「サスケハナ」の甲板に出た。

当日は、あいにく濃い靄《もや》に包まれて、日の出が少し遅れている。我々は度々日本の帆船を目にしたが、いずれの船も、我が艦隊を見るとすぐに姿を消してしまった。和船は、構造がしっかりした八〇～一〇〇トンの帆船で、殆どの船が一本マストに大きな木綿の帆を張り、順調な走りをしていた（中には、前部と後部のマストに特別の帆を広げた船もあった）。中国や琉球の帆船が明るい色で塗られていたのに比べ、日本の船は木材の色そのままで、銅板の付属部分が塩水で緑色に錆びていた。

7月8日（旧暦六月三日）午前六時、我々は、江戸湾の南西に点在する小さな島々の近くを通り過ぎた。九時になると、海上に横たわる霧の上に、日本の山々〈伊豆半島〉の頂《いただき》が姿を見せ始めた。我が艦隊は命令一下、既定の方針に従って戦闘体制に入り、水兵たちは艦砲に実弾を装填した。艦隊は山々の頂がはっきり見渡せる海域に入り、全員が戦闘配置についた。我々は、いつでも戦闘行動が取れる態勢になったのである。

目の前に絵のような山脈が広がり、傾斜のある岩肌が水辺に迫っている。やがて、森林に覆われた高台も見えてきた。穏やかな傾斜地や、そこに開けた高原には、美しい野山や牧草地が浮かんで見えた。

近くの山々は、二〇〇〇メートル前後の高さがあると思われた。すでに午前一〇時となり、それらの山々の向こうに、富士山の山頂が見えるはずである。雄大な富士山までは、五〇〜七〇キロの距離がある、と我々は考えていた（しかし実際には、富士山までは一八〇キロの距離があった）。やがて、火山の特徴である富士山の円錐状の頂が遠くに浮かび上がり、艦上から見ると、噴火口の周囲が中心から一五メートルほど上の位置に見えた。うっすらと見える縞《しま》の一部は、雪あるいは白砂であろうか？　海霧とかすみに邪魔されて、どちらであるかの判別はできなかった。

午後二時、我々は江戸湾の外湾（現・東京湾入口）に達した。丘陵がある地形の中に開けた湾は小高い崖に囲まれ、遠くに高い山々が見えている。海辺の絶壁の上に広がる丘陵は絵のように美しく、草木が豊かに生い茂って、見事な松の木が素晴らしい姿を見せていた。また、牧草地や小高い平地の向こうに丘が見える。そこには、町や村の集落が散在し、耕作できる土地には豊かな田畑が開墾されていた。畑には何重にも積み重ねた稲わらの束があり、周辺の木立の森が、その魅惑的な光景を引き立たせていた。それに加えて、海上のほのかな靄《もや》が半島を包み、静穏で心安らぐ雰囲気が我々を取り巻いた。また、目の前に茫洋《ぼうよう》と広がる群青色《ぐんじょういろ》の海が、この美しい光景にぴったりであった。

海岸に近づくにつれて、日本の小さな船の数が増した。さらに湾内に入ると、小船や小さな漁船の群れが、我々の艦の周りを取り巻いた。日本の船は当初我々を避けていたが、一隻の漁船が素早く我々を妨害して、艦の側面を通り過ぎた。それを無視して前進する我々の艦隊を、他の小船や漁船がじっと見守っていた。向かい風をものともせず、列を成して前進する怪物船に、彼らは度肝を抜かれていたのであろう。

午後四時、艦隊は、五〇〜七〇キロの幅がある湾が、二〇キロほどに狭まっている海域〈浦賀沖〉に到着した。ここは江戸につながる内湾への入り口であり、ここから五〇〜七〇キロ先が、日本の首都・江戸である。この狭い海峡から西側に入った所に比較的大きな町〈浦賀〉があり、丘の上の数カ所に砲台が備えられていた。我々が、陸地まであと五キロほどの海域に近づいた時、一カ所の砲台から白煙が立ち上った。我々は砲弾が海上に落ちると思ったが、発射された物体は上空で破裂した。結局、それは単なる信号で、白煙が三回ほど繰り返されたところで、遠くの丘の上から応答の合図が見えた。

我々は、さらに陸地へ向って艦を進めた。岸辺に三キロほど近づいた所で、艦隊は戦闘隊形を組んで錨を降ろした。各艦が舷側を陸地の砲台に向け、いつでも一斉砲撃ができる隊形であった。港から、複数の中型船が我々の方に向かって来るのが見えた。通常は八名位で漕ぐ大きさの船を、彼らは二人の漕ぎ手で操船している。漕ぎ方は中国と同じ方法で、魚が尾ひれを使って前へ進むように、船の舷側で櫓《ろ》を回転させて推進力を得ている。船には、我々の艦に乗艦しようとする役人が乗っていた。暫くやり取りがあった後、一人の地位の高そうな役人が、オランダ語通訳〈堀達之助〉を伴って乗艦してきた。その役人〈浦賀奉行所与力の中島三郎助〉は、この地域における最高責任者ではないために、副官のコンティ大尉が応対した。コンティ大尉は、数少ない言葉のやり取りを通して遠征艦隊の目的を説明し、最高位の高官との会見を望んでいることを伝えた。この間に、我々の艦を囲む日本の小船の数が倍増していた。多くの小船は、これまでの例のように列を成して我々を取り囲み、盛んに脅威を与えたのである。ペリー提督は、乗艦している役人たちに対して、それらの小船を直ちに退去させることを要求した。ペリーは、そのような海事法違反の妨害を決して許さなかったのである。困惑する日本の役人たちに対して、再びペリーの強い言葉が伝えられた。

暫くして、小船は岸に戻って行った。日本の役人は丁重な姿勢を保ちつつも、はっきりとした口調で、「現在、幕府の返答を待っているところであり、暫くの間、上陸は断じて認められない」と告げた。我々がそれを承知したため、彼らは安堵した様子で「サスケハナ」から引き上げていった。

翌日の早朝、浦賀奉行〈実際は警備担当与力の香山栄左衛門《かやまえいざえもん》〉が家来を従えて来艦した。彼らは高い地位の役人に見えたので、参謀長のアダムズ中佐が応対し、米国政府によるペリー提督の任務を説明した。アダムズ参謀長は、「大統領からの国書を幕府のしかるべき高官に直接お渡しすべく、江戸湾の内部まで進むつもりである」と強調した。両者の言葉が暫く途切れた後、香山が「江戸からの返答を得るまでに、少なくも四日の日数が必要である」と発言した。そして、話し合いの結果、香山が希望した日程で話がまとまったため、艦隊は浦賀沖で7月12日（六月七日）まで待機することになった。香山たち一行は、行儀正しく上品な態度であったため、我々は彼らを高く評価した。

こうした何気ない穏やかな表情は、日本の高い地位の役人に共通したものと思われた。また同じようなことは、漁師や船頭たちにも言えた。その他、日本人の特徴は、一様に身長が低くて胴長か短足で、多くの人たちがベルトや腰帯などを低い位置に着けていることであった。

日本の武士たちの衣服は、私が見た琉球の役人とあまり変わるところはなかった。幅広い上衣は、カフタン（アラブ人の帯のある長衣）とよく似ていて短く広い袖があり、腰の部分からは襞《ひだ》のついたキュロット（袴《はかま》）になっている。腰帯に二本の刀を差し、長い大刀《たち》は両手で扱うもので、他の一本は小刀《しょうとう》である（歩くごとに揺れ動く二本の刀を帯刀することは、私には煩わしいように思われた）。また、裃《かみしも》の下には膝まである小袖《こそで》を着け、小袖は淡色の薄い布地でできている。靴下《ストッキング》（足袋《たび》）は黒色で、二つの親指と他の部分で二つに分かれている。履物《サンダル》（草履《ぞうり》）は稲わらが細かく束ねられたもので、二つの紐《ひも》（鼻緒《はなお》）が、親指とこれに隣接する第二の指の間から左右後方にすげられている。さて、私はすでに琉球で見た武士の髪型について述べたが、彼らの大きく刈り込まれて残った頭髪が、束（髷《まげ》）にまとめられて頭上から前頭部に達している。この髪結いは丹念に行われ、きれいに櫛が入れられて、髪油がつけられている。私はここに来て、髭《ひげ》を蓄《たくわ》えた侍を見たことがない。また、武士が日差《ひざ》しを避けるために頭を扇子でかざす時以外、彼らが頭部を隠す場面を見たことがなかった。

警備の兵士たちは、頭に艶《つや》のある漆《うるし》を塗った平らな笠を被っている。地位の高い武士たちは、紋章の入った黒色のコート（羽織）をまとい、その紋章は胸と背中や羽織の縁にも記されていた。また、武将の兜《かぶと》に、色彩豊かな金色の紋章があるのも私は見ている。その一方で、小船を漕ぐがっしりした体躯の船頭たちは、腰に一枚の布を巻いているだけであった。とは言うものの、我々の艦に接近する小船の船頭は、藩が定めた、明るい彩《いろどり》の短い上衣を着けている。舵を握る者が船尾に立ち、その左右で旗がたなびいていた。一枚の旗には藩の紋章があり、もう一枚の旗には、二本の白い線の間に黒線が入っていた。これは後で分かったことだが、この黒と白い線の旗は日本の幕府を示す旗であった。

浦賀沖で待機している間、我々は警戒態勢を緩めなかった。日本の急襲など、思わぬ出来事への対応に、機先を制する態勢を常に固めていたのである。通常編成の監視員が、三交代制で見張りについている。また、四名の士官たちが二時間交替で見張りに加わり、日没から日の出まで、艦の至る所で配置についた。監視員たちへの指示は、夜間いかなる船も小銃の射程範囲内に入らせないこと、陸上や海上において不審な動きが見られた場合は、直ちに警報を発することであった。

幸いにも、我々の対応は杞憂《きゆう》に終わったが、この厳戒態勢の背景には、日本の海岸で過去に起きた、ある事件があった。1811年（文化八）、ロシアの「ディアナ号」のヴァシリー・M・ゴローニン艦長が国後島《くなしり》で幕府に捕縛され、箱館で数年間幽閉された件がその一つであった〈ゴローニンは、1813年（文化一〇）に高田屋嘉兵衛との交換でロシアへ帰国し、『日本幽閉記』を著している〉。

日が暮れた後、陸地で驚くような光景が沸き起こった。丘の至る所で狼煙《のろし》が大々的に上がったのである。見張り番の松明《たいまつ》の火が、砲台や要塞に沿って明るく線状に輝いている。海岸線に広がる集落や村の明かりが点々と灯り、ある場所から他の場所へ揺れ動く松明の明りが、群れて飛ぶ蛍火《ほたるび》のように見えた。

浦賀に入港した日の午後九時、旗艦「サスケハナ」が時報の号砲を発射し、僚艦がそれに呼応した。その時、陸上で妙な動きが起きた。おそらく、浦賀の人々が砲撃の恐怖を感じたのであろう、松明の動きが激しくなり、見張り番の火が一斉に消えたのである。周辺に静寂が戻り、一二時を過ぎると、陸上にも再び静穏な夜が訪れた。私は、ひたすら、我々に穏やかな時間が到来することを祈った。

浦賀の町には、およそ八千〜一万人の人々が住んでいると思われた。浦賀が江戸の玄関口になっていることは疑う余地もない。江戸に出入りする日本の船は、必ず浦賀に立ち寄ることになっている。日本の諸藩主が、一年のある期間を江戸で過すことを思えば当然のことだが、一日に百隻以上の船が浦賀を経由している。藩主が江戸で過す間、国元から様々な食料品が送られてくるのであろう。

浦賀奉行所が江戸幕府からの返答を待つ間、我々は浦賀沖で三日間の猶予を与えられた。我々はこの三日間を利用して、「ミシシッピ」のサイラス・ベント大尉のもとで湾の測量を行った。ベント大尉は先頭の短艇《カッター》で指揮を取り、私もそれに乗船する機会を得た。我々は水深を測定し、海岸に沿いながら、砲台の数やその位置、砲撃距離などを確認した。日本の警備船が、度々こちらの行動を阻止しようとしたが、ベント大尉に与えられた指令は、「そのような場合には、力には力をもって対処せよ」であった。短艇の一六名の乗組員は拳銃や小銃、銃剣などで武装し、士官たちは、1851年（嘉永四）のロンドン万博で世界から称賛された六連発の輪胴式拳銃《コルト・レボルバー》を携えていた。日本の警備船が我々の行き先を妨害しようとした時、八名の兵士がオールを納めて、座席の下から小銃を取り出した。この動きを見た日本の警備船は、にわかに我々の行き先を空けたのである。

我々が見た日本の要塞は、単なる地面だけであった。それは、一七～一八世紀の西洋で広まった典型的な半円形・半楕円形の要塞と同じであり、我々と砲撃を交える能力はなかった。彼らの要塞の側面や、その奥にある丘陵地帯には、防護設備が一つもなかった。五キロほどの海岸線に沿った幾つかの砲塁《ほうるい》には、一二〇〜一三〇基の大砲が設置できたはずである。しかし、それらの砲塁にはほとんど大砲が見当たらず、あったとしても、九〜一〇ポンド砲の類《たぐい》であった。最悪の場合に砲撃戦が起きたとしても、我が艦隊は彼らの砲の射程距離外に留まることができたし、我々が所有する六八門の艦砲の敵ではなかった。日本の要塞は、防備上から見てもかなり不十分であり、難なく攻略することができたのである。

我々にとって、最大の脅威は日本の小船であった。それらは頑丈に造られていて船足が速く、その上、船頭の操船が巧みだったからである。交戦した場合、日本の屈強な戦士たちは白刃を振りかざして、我々に戦いを挑むことになるだろう。

江戸湾の外湾〈浦賀周辺の水域まで〉の測量を行った我々は、その後、内湾を探索することになった。7月11日（旧暦六月六日）、その測量船を護衛するために「ミシシッピ」が内湾に移動した。測量船が浦賀の先に進んだ時、小さな半島〈現在の走水《はしりみず》の御所《ごしょ》ケ崎・旗山崎《はたやまさき》〉に遮られて江戸湾の内湾が見えなくなった。〈我々がポイント・ルビコンと呼んだ〉旗山崎には沿岸防備用の大砲を備えた要塞があり、設備は整っていた。当日、私は「ミシシッピ」の艦上にいたため、そこから江戸湾の内湾がとてもよく眺められた。

「ミシシッピ」と数隻の短艇は、測量のために旗山崎の周りに集合した。すると、西側の海岸に沿った様々な所から、一二〇隻近い日本の船が、それぞれ二〇〜二五名の警備士を乗せて、我々を阻止するような動きを見せた。と同時に、湾を横切って、ほぼ同数の船が、警備士を乗せて漕

ポイント・ルビコンを越えるベント大尉の探索カッター（ハイネ画　1853年7月11日）

ぎ出す様子が確認された。これらの一団は、西側からの船団と合流するようであった。我々の四隻の測量船は「ミシシッピ」から四〇〇メートル付近の海域に停船し、戦艦の艦砲の保護下に留まった。

その後、「ミシシッピ」の保護を受けた四隻の短艇は、一列になってゆっくりと進んだ。それぞれの船では、一人の観測員が測量索を海中に入れて水深を計っている。私が乗る「ミシシッピ」では、四名が測量索を海中に投げ入れた。これらの水深測量によって、我々は期待通りの結果を得ることができた。この湾で広く噂されていた、砂州や珊瑚礁による危険のないことが分かったのである。

このようにして、我々は日本の船の妨害を受けることなく、さらに二〇キロほど湾の内部に進んだ。その際、日本の警備船が一度だけ戦闘態勢のような動きを見せた。そこへ「ミシシッピ」がおもむろに近づいて警笛を鳴らすと、期待通りの結果が出た。耳をつん裂くような汽笛が海上に鳴り響くと、警備船は素早く左右に退避したのである。そのおかしな光景を目にした私は、笑いをこらえることができなかった。

測量船が内湾の限界まで進んだ時、はるか遠くの湾の奥に、大きく広がった町並が目に入った。それが江戸であることは一目瞭然《いちもくりょうぜん》であった。しかし、ペリー提督の厳しい指令があり、それを十分確認できる所までは接近できなかったのである。

〈7月13日（旧暦六月八日）の午後〉「サスケハナ」に座乗するペリー提督のもとへ、数人の役人〈奉行を名乗る香山栄左衛門一行〉が訪れた。香山は宮廷〈幕府〉からの返答が届いたことを告げ、皇帝〈将軍〉による命令書の原本を持参し、江戸から派遣される二人の高官の会見が、7月14日（旧暦六月九日）に行われることを伝えた。ペリー提督は、日本の皇帝に宛てた米国大統領からの国書を携えていた。ペリーは身分の低い役人に国書を手渡すことを拒絶してきたが、このたび、宮廷の高官が、それを受理することになるだろう。日米両国代表の会見は、浦賀から四キロほど手前にある、久里浜という小さな村で行われることになった。香山によれば、ペリー提督を受け入れる準備が、すでにそこで行われている、とのことであった。

第七章　幕府高官との会見

礼装を整え、会見の準備完了――日本人の服装――ペリー提督、日本の地を踏む――日本の武士たち――幕府の代表者――交渉開始――揺るぎないペリー提督――浦賀奉行の来艦――日本人、彼らが学んだ知識を披露――再び琉球へ

1853年7月14日（嘉永六年六月九日）、日本の要塞や砲台に様々な旗がたなびいているのが見えた。土手の裏側には、白色と黒色の長い布が張られている。かつて日本を訪れたことのある士官は、「あの布は、大砲の上部に張られているものだ」と語り、布の下に隠されている武器の存在を示唆した。しかし、通訳のウェルズ・ウィリアムズは、それを否定している（因《ちな》みに、そのウィリアムズとピーター・パーカー医師は、一六年前に広東からの宣教団として「モリソン号」でこの地を通過した経験があった）。ウィリアムズは、「それらの布は砲撃手を小銃の標的から保護するもの」と捉えていた。私には、ウィリアムズの説明が的を射ているように思われた。何故なら、あの布は砲撃の防備には無価値でも、小火器の射撃から身を隠すためには有効と思われたからである。

午前八時、香山が家来を伴って「サスケハナ」に来艦した。香山は、久里浜の海岸における会見の準備がすべて整ったことを告げた。役人たちは、全員が正装の身づくろいであった。彼らは七分丈の厚手の黒い絹でできたズボンのようなもの（袴《はかま》）をはき、それは、西洋のズボン吊りのよ

うに絹の紐《ひも》で結ばれていた。その袴の上下には、濃紺色のゆったりとした縁縫いがあった。また、身体に合った絹製の衣《ころも》をまとい、その裾《すそ》が袴の中にたくし込まれている。役人たちは、腰回りの帯に大小の刀を差していた。そして、すべての衣装の上に、スペインのポンチョ、もしくはカトリック司祭のサープリスに似た外套《がいとう》らしきもの〈羽織〉を着ているが、前の部分の開きや両面を閉じる形はポンチョなどとは異なっていた。羽織は、着る役人の身分によってそれぞれ異なっている。高官の羽織は金や銀、その他で織った金襴《きんらん》のような絹製の生地で作られており、身分の低い者は赤や黄色などの雑な織物で作られている。また、役人の地位に関係なく、すべての羽織の縁には金や銀の刺繍があり、紋章が背と胸部に施されていた。

午前九時、二隻の汽走艦が会見場を臨む位置に投錨した後、ボートを召集する合図があった。汽走艦は、陸地で最悪の事態が生じた場合、何時でも砲撃できる態勢であった。艦から降ろされた一五艘のボートには、四〇〇名の将兵が乗り込んでいた。そして、一〇時少し前に、「サスケハナ」の号砲がペリー提督の出発を告げた。上陸部隊を乗せたボートの一団が、浦賀の西側およそ四キロにある小さな入り江に集結した。その入り江の奥が、久里浜の海岸であった。

入り江には、一五〇隻ほどの和船が環状を成して待機していた。我々は、海岸に造られた二つの大きな建物の前に、正装した役人たちを目にした。右側から左側にかけて、およそ三キロにわたって高さ二メートルほどの黒い垂幕《たれまく》が張り巡らされている。それに沿って、日本の武士の集団が列を作っていた。彼らの隊形は一様ではなく、その人数もはっきりとしなかった。ある役人は六〇〇〇名と言ったが、私の目には五〇〇〇名前後に見えた。彼らは槍や小銃で武装し、中には弓矢を持つ武士もいた。同時に、彼らは二本の刀を腰に差しているが、なぜ二本なのか、私にはその理由がよく分からない。見た目の良さは確かにあるが、単なる見掛けだけかもしれないと想像した。

会見場の近くでは、小銃に着剣した一五〇名ほどの日本の兵士たちが二列に並び、「立て銃《つつ》」の構えで隊形を組んでいた。その他の兵士たちは、ばらばらの隊形であった。左の側面に三ポンドほどの青銅砲があり、砲架《ほうか》は旧式で、スペインかポルトガルの古い大砲に見えた。おそらく、それらの青銅砲は、日本がポルトガル人宣教師を追い出した時代に遡《さかのぼ》るものと思われた。

諸藩の指揮官たちは、彼らの藩旗の下で椅子に腰かけ、その背後に騎馬の武者たちが整然と並んでいた。日本の馬は小型であるが体形は良く、足掛けや馬具、それに金や銀をちりばめた馬飾りが立派に見えた。馬のたてがみは短く切られ、整えられた尾は鮮やかな色の布で覆われていた。

我々の軍楽隊の演奏が始まった時、耳を刺激された馬がひづめを踏み鳴らし、中には飛び跳ねる馬もいた。その騒ぎに、四メートル近い槍を持った兵士たちが輪を組み、それぞれの馬の周りに駆けつけた。

海岸では、我が海兵隊の二個中隊と海軍の二個中隊が、海兵隊は右側、海軍兵は左側にそれぞれ整列し、ペリー提督の上陸を待機した。海兵隊と海軍の二つの軍楽隊が、赤い上着を着けたドラマーと横笛奏者の演奏に加わった。海兵隊の指揮官はジェイコブ・ゼイリン少佐とウィリアム・

ペリー提督、久里浜の地を踏む（ハイネ画　1853年7月14日）

B・スラック大尉で、海軍は四名の士官と二名の見習士官が水兵たちの指揮を執った。艦隊の参謀を含む、およそ四〇名の士官たちが、ペリー提督の上陸を海岸で待機した。

ペリー提督が久里浜の地を踏むと、その少し前に到着した香山栄左衛門と彼の家来たちが、ペリー提督を出迎えた。香山は歓迎の表情を見せ、我々一行は、さほど離れていない、にわか造りの会見場に向かって歩みを進めた。

会見場の外庭らしき所に、白黒の幕が張られていた。その先は、帝国の高官二名と御付きの部下、それにペリー提督とその随行員のみの会見場になっていた。他の関係者は幕の外で待機し、両国の首脳は、ほとんどの従者を外に残して会見を行った。

ペリー提督に付き添う香山が中庭を先導し、そこに敷かれたマットを数歩進むと、会見場の入口があった。その建物の中で、幕府の最高顧問である戸田伊豆守《とだいずのかみ》と、補佐役の井戸石見守《いどいわみのかみ》が、ペリー提督を迎えた。両者共に浦賀奉行であったが、戸田は井戸よりも少し高い位置に座っていた。井戸の右側では、香山が我々が近くに行くまでひれ伏しており、私は彼の身分がよく分からなくなった。浦賀奉行を自称する香山と通訳の堀達之助は、戸田に深々とお辞儀をした後にひれ伏し、会見が終わるまでその姿勢を保っていた。

　ペリー提督と彼の幕僚たちは、井戸の向かい側の、同じ高さに置かれた三脚の椅子に案内された。他の士官たちは、ペリー提督の背後で会談の成り行きを見守った。奉行所の役人たちは、中庭でひれ伏したまま待機していた。

　我々は、この会見に臨んだ二名の高官が、帝国を代表する最高顧問であることを告げられていた。彼らの世界では、儀式と形式が何よりも優先している。家来たちは入口で履物を脱ぎ、最高顧問に話をする時は、顔が床に付くほどまでに、ひれ伏すのである。我々より先に日本を訪れたオランダやロシアの使節たちは、こうした不名誉な屈辱を強いられてきたのであろう。しかし、我々はそのような面倒に煩わされることなく、会見場では立ち尽くしたままであった。

　我々のこうした態度は、日本側から見れば不遜かつ異様なものであったに違いない。彼らが知るオランダ人やロシア人たちの礼儀作法とはかけ離れ、高官と御付きの家来に対する作法は言うまでもなく、我々が示した態度は、彼らにとって言語道断であったことだろう。オランダやロシアの使節たちは、厳格な日本の役人たちに屈従的な礼儀作法を教え込まれ、ひれ伏したり、はいずるような姿勢で、前へ出たり、後ずさりしたものと思われた。我々がこうした作法を免れたのは、ひとえに神様のお陰であった。また、ペリー提督自身、こうした不名誉な屈辱が降りかからないような、固くて強い信念をもっていたのである。

そのため、ペリー提督が我々に下した指示は、我々が日本の高官に対して、米国の同位の高官と同じような敬意を払うことであった。この指示は、後に素晴らしい結果を招いている。当初、日本の役人たちは、我々を怪訝《けげん》な目で見ていた。しかし、彼らは、我々の艦に乗艦した時に水兵たちが自ら進んで上官の命令に従う姿を見て、我々の上位者に対する敬意の姿勢を理解したのである。水兵たちの服従は、単なる卑屈な従属でも、盲目的な隷属でもない、ということであった。また、我々が日本の役人たちを招待した時、彼らの尊厳を損ねることなく、温かくもてなしたことを、彼らはしっかり観察していた。

日本の役人が、我々が実施した湾の測量や、停泊に適した海域での投錨に反対したことは事実であった。さらに、その妨害行為の正当性を彼らは主張した。それは、「米国船の行為は、日本政府の意図に反するものである。自分たちは与えられた任務を遂行しなければならない」というものであった。それに対する我々の言い分は、「我々は米国政府の方針に誇りをもっている。その方針に従って行動するのが、我々の義務である。また、世界の海の至る所で、我々は常にこのようなやり方をしてきた。日本においても、それと同じ事を行うだけである」であった。と同時に、「米国は、日本に対して友好な関係のみを望んでいる」と伝えた。我々の活動が、日本にとっては前代未聞であったとしても、結局、彼らはそれらを受けるしかなかったであろう。その理由は、日本の小型警備船と一二ポンド砲だけの装備では、我々の力強い汽走艦と艦砲の威力を前に、為す術《すべ》がなかったからである。

久里浜の会見場で、日本側は再び皇帝〈将軍〉から下された信任状をペリー提督に披露し、提督は自らの信任状と、合衆国大統領から日本の皇帝に宛てた国書を手渡した。信任状と国書には、それぞれ合衆国の印章が押されており、純金製の丸い箱に納められていた。二人のハンサムな若者が、それらの入った〈紫檀《したん》の〉箱をもって前に進んだ。箱の錠《じょう》や留め金などは、共に純金製であった。その箱が開かれて、この度派遣された使命に関する、ペリー提督の短い言葉が発せられた。引き続いて、信任状と国書、それにそれらがオランダ語、中国語、フランス語に翻訳されたものが、帝国の最高顧問に渡された。すべての書類は丁重に大型の収納箱へ納められ、施錠された上に、頑丈な絹の紐で結ばれた。

会見の終わりにペリー提督は、「この度の我々の目的と使命について、間違いなく分別がある対応が取られることを信じております。我々は一旦江戸湾を離れ、翌春、再びここへ戻ってくる所存です」と付け加えた。日本の役人たちは、今まで考えてもいなかったことを、ペリーから告げられた。ペリーは、これまで日本を訪れたいかなる国の使節も行わなかった行動を見せた。かつての訪問者たちは、屈辱的な扱いを受けながら数ヶ月も待たされたあげく、あいまいな回答を渡されて、日本を去って行ったのである。

「私は江戸湾を離れるが、再び戻ってくる」とペリーは明言した。これは、日本人が思ってもいなかった言葉であったため、一同はひどく驚いた。さらにペリーは、「日本の近海には我々の強大な艦隊がおり、彼らはいつでも想定外の行動を取ることができる」と述べ、「私が望むのは、この交渉が順調に進むことである」と結んだ。そのため、ペリーは礼儀を重んじてひとたび江戸湾を離れると語り、ようやく、幕府の役人たちは胸を撫で下ろしたのである。

日米双方の代表者たちは、丁重な別れの挨拶を交わして、会見場を後にした。久里浜海岸からの帰艦は、整然と行われた。ゼイリン少佐が海兵隊を指揮し、軍楽隊がドラムと横笛で拍子を取った。上陸部隊は、そのリズムに合わせてボートへ戻ったのである。さらに、海岸では米国愛国歌「ヤンキー・ドゥードゥル」が流れて、それを聞く全員の顔に笑顔が浮んだ。

香山と数人の役人たちが、我々に同行して「サスケハナ」に乗艦した。これまで、日本人は興味本位の行動を非礼と考え、慎み深い態度を保ってきた。しかし、「サスケハナ」に乗艦した香山たちには、驚くことが待っていた。それまで役人たちの目に触れさせなかった艦の機械装置や、艦砲、撃発装具の類《たぐい》、それに小銃や回転式拳銃などが披露されたのである。

この時、日本人が、世界の地図や星座などについて詳しく知っていることが証明された。地球儀を指差した役人は、日本・ロシア・英国・オランダ・米国などの位置ばかりでなく、それぞれの首都やその他の知識も披露した。さらに世界の出来事について、彼らが次のような質問をしたのは驚きであった。

「メキシコという国は、まだ存在しているのか？　あるいは、すでに米国が征服したのであろうか？」

「ニューヨークからサンフランシスコの間の、長距離鉄道が完成したのは事実であろうか？」

次から次へと出る質問に加えて、彼らは正確にその位置を指差した。

江戸湾からの出航に際して、我々は様々な贈り物を受けた。金襴《ブロケード》を含む織物や、百羽を越す鶏と千個あまりの新鮮な卵、それに漆器類や酒、扇子、その他諸々の品々であった。ペリー提督は、これらの贈り物に対して丁重にお返しをした。香山は、価値ある銃器や武器の受け取りを丁寧に固辞した一方で、ワインやジャム、缶詰の果物や砂糖漬けの果物などを甘受し、それらは彼らのお気に入りのようであった。艦上で、機会がある度に、彼らはそれらを好んで口にしていたからである。お別れの日は、特にシャンパンでもてなした。香山と役人たちは、普段は見せることのない明るい雰囲気を残して、「サスケハナ」を去って行った。

我々は、久里浜での会見後も二日間にわたって湾に留まった。それは、江戸湾の奥を探索し、翌春の停泊に適した場所を探すためであった。この二日間で､日本人との友好はいっそう深まり、すでに自然な付き合いができ上がったかのようであった。

香山が、再び「サスケハナ」を訪れた。我々の探索船は日本の小船に寄り添い、それぞれ一緒に煙草を吸ったり、品物のやり取りなどを楽しんだ。また、日本側から、熟した美味しい桃や新鮮な果物の差し入れもあった。

江戸湾に投錨して一五日が過ぎた7月17日（旧暦六月一二日）、我々はこの海域に進入した航路を戻って外洋へ出た。その後、一路進路を南に取り、幾つかの島の間を、まる一日かけて通り過ぎた。公海上に出た我々は、琉球の那覇に向けて舵を取ったが、〈出航して二日目に〉風の激しさが増して暴風となった。荒れ狂う波が「サスケハナ」を叩きつけ、幾つかのマストや帆桁・策具などを破壊した。さらに、「ミシシッピ」がボート一艘を失う事態となった。

幸いなことに、それ以上の損害はなく、死者や人的被害もなかった。7月25日（旧暦六月二十日）の午後、我々は無事に那覇の港へ錨を降ろすことができた。そこでは、那覇に残留していた補給艦「サプライ号」の乗組員たちが温かく迎えてくれた。すでに残りわずかとなっていた新鮮な野菜や肉の補給を受け、我々は大いに感謝したのである。

数日後、琉球王朝の総理官が歓迎会と午餐をかねて、我々を首里に招待してくれた。この度は二回目の招待であったが、初回ほど形式的な雰囲気はなく、宴会の流れは前回とほぼ同じであった。海兵隊や水兵は、今回も式場外で待機した。ペリー提督は、「琉球の皆さんは、すでに我々の平和的な意図を十分ご理解されたことと存じます」と挨拶し、「琉球政府による付き人は、もはや必要がありません」と丁重に述べた。前回の訪問では、琉球の付き人が後をついて回り、その振舞いは助っ人と言うより、監視人のようであった。さらに提督は、「琉球の市場では、食糧やその他の品々を自分で選び、その代金を支払いたい」と述べ、「琉球の人々と、自由に交流ができることを望みます」と言葉を加えた。総理官は、一瞬、その申し入れには賛同できないという態度を見せ、「私は、琉球王の許しがなければ、それらについて約束することはできません」と答えて、何とか話を避けようとした。そこでペリーは、「それでは、私が首里（琉球王朝）に直接参内《さんだい》し、そこで解決致します」と声を強めた。総理官は返す言葉もなく、ペリーの申し入れを受け入れたのである。

次の難問は、我々が翌年那覇を留守にする時、余った石炭を貯蔵しておくための、貯炭庫の建設許可を得ることであった。これに対して総理官は、「貯炭庫は、この土地固有の建物と同じ造りになるでしょうから、台風がきたら吹き飛んでしまいます」とか、「土地の住民が石炭を盗んでしまうでしょう」などと、見当違いの回答をした。この問題も、友好的な関係が維持される中で何事もなく解決に至った。艦隊は、予定通りに新しい貯炭庫を当地に建設したのである。

7月31日の朝、遂に、我々のための特別市場が那覇で開設された。そこでは、扇子や毛織物、絹の織物や漆器類、その他諸々の品物が展示されている。買い物はすべて現金で行われた。私は漆塗りの立派な重箱を購入したが、その四段の箱には、ご飯や肉、魚や野菜などを入れることができた。さらに、酒を入れるスズ製の容器や、靴・小さな漆器類・絹の帯が付いたカフタン・扇子、その他多くの品々を買うことができた。代金は、すべてを含めてわずか三ドルであった。食糧市場でも安い物が買えたが、ここでは清国の穴あき銭で取引きをした。

この頃になると、我々は、琉球の「恥ずかしがり屋」の人々にも大分慣れてきた。琉球の良い人々との間にできた友好な関係は、今後ますます発展していくことになる、と思われた。

第八章　マカオでの幕間劇

クム・シング・ムーン――マカオでの日々――友好な気風と良好な人間関係――川上りの楽しみ――穀倉地帯――南海の島民救出――日本からの情報とその対応――つらい損失――一団を組んで狩猟へ――アマラル知事の死の話――マカオとその周辺

1853年8月1日（嘉永六年六月二七日）、我々は那覇を出港して香港に向かった。航海は向かい風のために船足が鈍っている。一方、帆走艦の「バンダリア」が東洋を目指して米国から直行していた。8月3日、我々はその「バンダリア」と洋上で出会い、8月7日に香港へ到着して錨を降ろしたのである。折しも台風の季節が近づいており、我々が香港に停泊したのはわずか三日間であった。その後「ミシシッピ」は黄埔《ワンポア》に移動し、「サスケハナ」はクム・シング・ムーンという、避難に適した港へ移動した。

現地でクム・シング・ムーンと呼ばれる港の由来を説明しておこう。クム・シング・ムーンとは、「陽が昇る黄金の門《ゴールデンゲイト》」という意味である。ところが、クム・シング・ムーンはその名に反して、まったく緑のない丘陵に囲まれた船だまりであった。丘の間にみすぼらしい漁師の小屋があり、港内には国際的にアヘン貿易を営む船舶が停泊している。人々は、むせかえるような暑さの中でも糊《のり》のきいた襟《えり》の上衣を着ていると聞いていたが、そのような格好をした人はどこにも見当たらなかった。

　ここでの娯楽は、アヘンの貿易船を訪れたり、釣りを楽しむ程度のことであった。ところが、釣りはあまり成果がなく、私自身はほとんど興味を感じなかった。ある時、退屈した私は釣り糸を海面の遠くへ投げ入れた。かなりの時間が過ぎて、私は黄色く濁った海底に住む一匹の魚を釣り上げた。その時、その魚の大きな目玉が私を睨《にら》みつけたのである。「これはいけない」と、私がとっさに感じたのは、この粗末なエサで、このように哀れな魚を欺く人間の卑劣な行為であった。そう思った私は、その魚をすぐに放流した。

　クム・シング・ムーンでの四日間が過ぎた時、我々の元に「芸術グループは、マカオの病院に新設された本部へ移動せよ」との指令が届いた。ポルトガルのロルシャ（西洋式船体の中国帆船）が迎えに来て、我々は晴れ晴れとした気持ちで乗り組み、その日の夕方にマカオへ到着した。

　美しい島のマカオは、すでに述べたように、広東や香港に住む豊かな商人たちの、夏から秋にかけての格好なリゾートになっている。特に、今年は政治的に不穏な状態が長引き、彼らはいつもより長くマカオに留まっていた。そのため、普段は静かなこのマカオに、国際色豊かな雰囲気が漂っていた。

　秋の季節を感じるマカオでの当初の五～六週間、私はこの社会に漂う強烈な誘惑を避けるよう心掛けた。日本で描いたスケッチのまとめを始め、水路測量部が求める時間や作業への配慮もあり、私の手は休む暇もなく、また精神的にも気が抜ける状況ではなかった。こうした仕事で疲れが溜まった時、私は気分転換を兼ねて散歩に出かけた。そこで、私は様々な人たちと出会い、楽しい催し物にも参加した。それらの会合は数多くあり、私が閉鎖的な人間と思われないためにも、食事会や晩餐会や舞踏会、それに乗馬や狩猟などの誘いを断り切れない状況になってしまった。そうこうする内に仕事も順調に進むようになり、多少の余裕がもてるようになったのである。私は、本心から様々な会合への喜びを受け入れるようになった。

この地では、マカオポルトガル語やインド英語、それに東洋語が、すべての中国語よりも優先されている。私にとって、このような場所は初めてであった。ここでは、ラテン系の形式ばらない風潮に、英国独特の礼儀作法が入り交じり、何とも言えない雰囲気が醸《かも》し出されている。保守性の強い国、とりわけ古くからの礼式が現代生活を左右している国に比べると、この地がいかにそれらの国とかけ離れているかが良く分かるのである。マカオには、少し変わった流儀があることも新しい訪問者もすぐ溶け込めるようになっている。礼儀と言われる規則がここでは簡単で、事実だが、誰もがすぐに順応できる土地柄なのである。

例えば、マカオに初めて訪れた人は、できるだけ早く、自分が会いたい人を訪ねるのが習慣になっている。もし、その人の友人や知人がマカオにいれば、それは大変都合が良い。しかし、そのような知り合いがいなくても、しっかりした紹介状さえあれば、それで事足りるのである。紹介先に一通の手紙が届くだけで、マカオの人々は快く接待してくれる。一般的には御主人から招待状が届いたり、奥様が招待の手紙を書いたりしてくれる。マカオへの新参者は、このようにして、それぞれの家庭とすぐに親しい間柄になるのである。

私の場合、最近知り合いになった女性の家に何度か訪問したい用事ができた。その時に、彼女から「人と会う約束がある」とか、「前から訪ねる所がありますので……」という丁重な返答をいただいた。私が育った北側の世界（ドイツ）の流儀からしても、彼女は礼儀正しい断りの言葉を返したのである。しかし、その手紙には極めて友好的に、「私は知人の家に招かれていますが、よかったらご一緒にいかがですか」という有難い言葉が添えられていた。

暑い季節になると、男性たちは薄くて白い布地の短い上衣を着る。この上衣は、西欧風の煩わしさを一掃してくれた。その度に服装を変える必要がなく、またロンドン・パリ・ウィーン・ニューヨークなどでの、守らなければならない作法も省略できるのである。何処でも、何時でも、簡単な白い上衣だけがすべてで、その日に合わせた身支度などに気を遣う必要がなかった。

私は、しばしば中国駐在フランス公使のアルフォンス・ド・ブルブロン氏のお宅で楽しい時間を過ごさせていただいた。マカオに住むフランスの外交官たちは、定期的に彼らの建物を修繕している。公使夫人は、数カ国語に通じた能弁家であり、優れた音楽家でもあった。夫人は知識階級の人々が彼女の家に集まることを楽しみにしており、ここに集まる人々は、マカオを離れることをいつも悔んでいた。

国外での生活を始めて以来、私は自宅にいた時に聞いていた素晴らしい音楽を聞く機会がなかった。ところが、公使夫人の家に時折数名の熱心な素人音楽家たちが集まり、私が感激するような音楽を聞かせてくれた。フランス海軍のコルベット艦「コンスタンティン」の士官たちの中には優れた声楽家がいて、数々の男声四重唱を披露してくれた。夢心地に浸る私の脳裏に、ふと故郷ドレスデンの町並が浮んだ。やがて、我に返った私は、中国の僻地《へきち》にいる現実をしみじみ感じたのである。

私の親しい友人のドクターWは、身も心もくつろげる楽しみを与えてくれた。風景画の愛好家である英国人の彼は、素人ながら絵画の面で有能な人であった。彼は中国製の洋式ボートを所有し、そのキャビンのテーブルは四名が着席できるほどの広さがあり、その他の設備も十分整っていた。我々はそのボートで度々川をさか上り、川辺の様々な風景を一日かけてスケッチした。ある朝、我々は昼食の食材を求めて狩に出た。私は銃を片手に米畑の中を歩き回ったが、太陽が昇って日差しが強くなったので日陰に移動した。その日陰や、ボートから川辺に沿った珍しい風景を描くことができた。それらの風景は、中国の小船や、画材として最適な漁師たちの集落、そして林の上に突き出た塔などであった。ドクターWの夫人は、彼女の仕事と読書の時間を終えると、我々の仲間に加わった。涼しくなった夕刻に、私たちは銃とスケッチブックを携えて周辺を散策し、それで一日が終わった。このような小旅行を利用して、私は川に沿って点在する村を探索してみた。中でも、アフリカのカサブランカによく似た村には、周囲を巡る石壁の中に、一万人ほどの人々が住んでいるように思われた。

その村で、私は川岸にある三階建ての塔のような寺院に入ってみた。そこには沢山の祭壇があり、中に安置された像は、古いようではあるがきちんと維持されていた。いくつかの祭壇には香が焚かれており、この寺が廃寺でないことを示していた。ところが、私が今まで見てきた寺と異なって、参拝者や僧侶が見当たらなかった。この様子を見て、中国の人々は狂信的な宗教の信奉者ではない、と推察した。

この村で私が確信したのは、この地域の農民たちはある一定の氏族や部族に分かれている、ということだった。限られた部族の集団が規則を作り、それに従って決められた奉仕や、年貢米《ねんぐまい》を納めたりするのである。米が不作の年などは、部族の豪農たちが、慣習やしきたりに従って貧農に米を施すのであろう。周りには、穀物の貯蔵庫として使われている多くの蔵《くら》があり、これらの蔵の大小が、それぞれの家の富の程度を示しているように思われた。

また、川辺の他の地域にも木造の飾りをもつ立派な建物があり、東西南北百メートルほどの家並の中に、穀物の貯蔵庫や寺院などがあった。ここでは、この年二回目の収穫を行っている最中で、貯蔵庫に米が運び込まれていた。ドクターWはここを度々訪れているそうで、彼の話によれば、ある時は貯蔵庫が穀物で満ちているが、時には空のこともあるという。しかし、このような状況が中国全体を表すものかどうかはよく分からなかった。

ここで一つ、おかしな出来事を紹介しておこう。我々の帆走補給艦「サザンプトン」が本国から到着した。「サザンプトン」は南米最南端のホーン岬を経由した後、公海上〈ルソン島沖〉で漂流していた五メートルほどのカヌーと、七名の生存者を救助したのである。生存者たちが、南海の島から流されて、二〇〇〇キロ以上も漂流したことは確かであった。彼らに話しかけても、ただただ「サリバブー」と答えるだけであった。それは、彼らの島か、あるいは部族の名称であったのだろう。フランス人の士官が、漂流民が収容されている小さな湾を訪れると、彼らはおどおどしながら、しわがれ声と身ぶり手ぶりで状況を説明した。その説明と数少ない所有品の数珠《ロザリオ》から、おそらく彼らはフランス船が訪れたことのある島の島民であることが推測された。ここでは島の名称を知るまでに至らなかったが、彼らはマレー産のスズの容器を持っていた。また、何となくマレー人に近い容貌をしていて、髪は一様に縮れていた。彼らのカヌーはかなりしっかりした板製であり、釘《くぎ》の代りに薄い竹の皮が板を結びつけている。このように華奢《きゃしゃ》なカヌーで、なぜ厳しい航海を乗り切ることができたのか、我々にとっては謎であった〈翌年、帆走艦「マセドニアン」が、彼らをマニラに送り届けている〉。

我々は、上海の関係筋を通して、ロシアの遠征隊から日本で何が起きているかの情報を入手した。また、次の告知があるまで、日本側は如何なる国とも交渉をしないという話も伝わってきた。この情報には交渉の中止を示唆する、何とも筋の通らない次のような話も付いていた。

(1)日本側は、ペリー提督があらかじめ定めていた再交渉の前に、他国と話合いをもつことはない。

(2)幕府がロシア艦隊の司令官（プチャーチン提督）に伝えたところによれば、日本の皇帝〈第一二代将軍の徳川家慶《いえよし》〉が7月27日に没したため、喪《も》に服す今後三年間にわたって、すべての国事行為は執り行わない。

この(2)は荒唐無稽《こうとうむけい》で日本人を馬鹿にした話であり、我々が接した日本人は、決してそのような愚かな人々ではなかった。また、我々が予定している日本の役人との約束に関わる話として、にわかに、それらを信じる訳にはいかなかった。思うに、皇帝〈将軍〉の死については、次の継承者が決まるまで公表されることはないであろう。次の継承者は全て水面下で進められ、それは国政に対する妨害や、混乱を防ぐための政略である。おそらく、これらの話はロシアに対する幕府の逃げ口上として使われたものと思われた。

もし、日本国内に重大な変化が起きたとすれば、それは我々の予備交渉の継続に致命的な結果をもたらすかもしれない。もし、日本の皇帝（将軍）の考えが老中たちと異なった場合、大名の代表である最高権威者たちは幕閣会議を召集し、訴訟に係わる判断を下すことになるだろう。判決は最終的な決定であり、直ちに公的な執行処分が行われることになる。その内容に応じては、お家断絶の処分もあり、有罪を宣告された者には切腹が言い渡されるのである。しかし、仮に大老が将軍の処分を決定したとしても、将軍が腹を切ることは当然有りえない。将軍が政治的な権威を失うか、あるいは将軍交替の手段が執られることになる。もし、これらが事実であったとすれば、ペリー提督が日本の土を踏んで建議した時点ですでに起きていたことであろうし、その時期は、老中会議と重なっていたはずである。

幕府内の意見の対立については、どちらの意見が優勢であったかは疑う余地もない。問題は、幕府の中枢が、如何にそれらを解決するかということである。その答えは、間もなくはっきりするであろう。ここで厄介なことは、日本人が最終的に反旗を翻《ひるがえ》して、外国勢の進行に楔《くさび》を打ち込んだ場合である。その場合、我々にどのような災難が降りかかるのであろうか？　我々が見てきた限りでは、こうした最悪の事態は考えられないのであるが……。日本人の、賢明で世界情勢の認識の確かさからしても、きっと状況を冷静に判断し、これまで二〇〇年あまりに及んだ鎖国に終止符を打つことになるだろう。その時こそ、これまで植民地政策を展開させてこなかった米国との友好関係を選ぶはずである。両国の友好関係を推進し、相手国にできるだけ恩恵が及ぶ貿易関係を築く時が、きっと訪れることと思われる。

いずれにせよ、我々は、常に名誉ある最良の結論が得られることを目指している。近代史の中で最も興味を引く瞬間は、未知の国に、より近づくことに他ならない。その瞬間に立ち会って、両国の友好関係を目《ま》の当たりに見られる私は、至福極まりない果報者なのである。

帆走艦「プリマス」が、我々の後を追ってマカオに入港した。琉球に停泊していた「プリマス」は、「バンダリア」の交替によってマカオに帰港したのである。「プリマス」は、我々がこの夏に訪れた小笠原諸島の海域で悲しい事故を経験していた。ジョン・マシュー大尉指揮下の一三名が乗る短艇が、停泊する「プリマス」を離れて釣りに出た。そこに激しい台風が襲いかかり、短艇は外海に流されて、全員が帰らぬ人となったのであった。

「プリマス」は、マカオへ来る途中、太平天国の乱が治まり、再び皇帝支持者の手に戻った廈門《アモイ》と寧波《ニンポー》に立ち寄っている。廈門は、太平天国の反乱者たちがあまり戦うことなく町を去った後で、そこでは、皇帝支持者たちが大衆の面前で大虐殺を行っていた。特に恐ろしかったことは、疑いをかけられた多くの女性や子どもたちの殺害であった。もちろん、太平天国の反乱者たちは、彼らが支配したあらゆる場所で、時を置くことなく、多くの人々の血を流している。ところが、この反乱者たちは虐殺の対象を清朝の上級官吏や役人に限定し、彼らの首を容赦なく切り落としたのである。このような惨事〈道徳離脱〉は特に驚くべき事ではなく、狂乱した内乱の場では、同様の経緯《いきさつ》や結末が広く行われるものである。物事を広く見れば、これらの残虐性は人間の動物的な本性の激発として嘆かわしいことと言える。

さて、ここでこのような悲惨な出来事はさておき、マカオでの楽しい話をすることにしよう。私は、マカオで何度も楽しい狩猟生活を送った。稲刈りが済んだ秋の田畑にはシギ（シギ科の鳥）が群れ、私は運動を兼ねてシギ猟に出た。夏に水が張られていた田畑も、秋には柔らかな土の湿地帯になっている。その中を長靴で歩き回るのだが、湿地帯での歩行は一メートルの積雪の中を歩くような感じであった。田畑の中を奥深く進んで、シギが群れている場所にたどり着いたものの、私はほとほと疲労困憊《こんぱい》し、この時はひたすら椅子カゴに座り込みたい思いであった。

我が艦隊の古くからの仲間であるアーサー・M・ライナ医師（ミシシッピの軍医助手）は、この時期マカオの病院に勤務していた。彼は熱心な狩猟家でもあり、フランス人のD氏が、我々の狩のために椅子カゴや食料品入れ、猟犬やその調教師、また小銃の運び手やその他必要な人員を揃えてくれた（犬の調教師は、ドイツの狩猟用語で「犬付き」と呼んでいる）。マカオの「犬付き」を見た時、私はサクソン人の貴族を頭に思い描き、往年の狩の絵巻物語を思い起こしている。今回の狩では、それぞれの椅子カゴに六人の担ぎ手が付き、その他一八人もの付き人が我々に従った。

狩は、一五キロの距離を、夜明けまでに踏破しなければならなかった。そのため、我々は午前三時に出発した。暗闇に包まれたマカオの通りには人影もなく、狩に出かける我々一行の姿だけがあった。私とライナ医師が椅子カゴに乗り、その後に小銃の運び人と犬付きの男たちや、食料運搬人と使役人たちが続き、何とも言えない妙な集団であった。

椅子カゴに座るライナ医師と私は高級な葉巻を吹かしながら、過ぎ去った一年や、これからの一年の話に花を咲かせた。カゴの担ぎ人たちは、早朝の新鮮な空気が漂う中を足早に進んだ。マカオは緯度が低い南の地であったが、早朝の空気は身を差すような冷たさであった。私はまるでゴッツィ・シラーの戯曲『トゥーランドット』の道化者になったような気がした。『トゥーランドット』では、不安を抱く王女に午前三時に聖殿《ハーレム》へ呼び出された主人公が、王女を前にして思わず、「私の髭《ひげ》は震えております。何という寒さでしょうか」と口走ってしまう。そして、「大変失礼なことを申し上げてしまいました。ついつい、その様なことを口にしてしまいました。しかし、なんと厳しく冷えることでしょうか！」と続けて言う。現在の私は髭だけではなく、身体全体が厳しい寒さの中で震えている。ライナ医師もまた、私に負けずに身体を小刻みに震わせていた。

我々一行は、身体を震わせながら内陸に向かって一五キロほど進んだ。その途中、集落や幾つかの村を通り過ぎたが、住民たちはすでに起きていて、畑仕事の準備や、市場へ出荷する作物などの用意をしていた。カサブランカ風の町を越えた所で夜が明けたので、我々はそこで小休止して、ウィスキーをちびちび飲みながら朝食を取った。その後、我々は猟犬を放ち、畑の中へと進んだのである。ライナ医師と私には小銃担ぎが付き添い、さらにその助手までが同行していた。

弾丸は、彼らによってすでに装填されていた。我々二人は射撃能力を競いながら、ひたすら撃ちまくるだけであった。正午になると深夜の底冷えとは逆に、今度は厳しい日差しで汗だくになった。小川の土手にある小さな木陰が、狩猟の休止を誘う。食料入れのカゴには美味しそうな食べ物が詰まっており、我々はそれらを草の上に広げて昼食を取った。この食事で、それまで昂ぶっていた神経も一段落した。ライナ医師はかなり疲れた様子だったので、午後の狩は私一人で畑に入り、猟を再開した。嬉しいことに、シギとウズラを沢山射止め、その中には二羽のヤマシギ（これはドイツではタシギと呼ばれているものと思うが、私はそれを見たことがなかった）が混じっていた。私は、狩の目標を存分に達したので、ライナ医師が休んでいる場所に戻った。

しかし、ライナ医師と彼の付き人たちはすでにそこを去っていた。そのため、私は単独で付き人と共に帰途についた。その途中でカサブランカ風の村を通り過ぎたのは、ここを抜けることが近道であったからである。一日中、畑の中を歩き回った私は、現地の人々が友好的で良い人たちであることを知った。我々が狩の帰りであることを知った村人たちは、あちこちで彼らが手にしたシギを差し入れてくれたり、畑の方向を指差して狩に絶好な場所を教えてくれた。ところが、私が椅子カゴに乗って、その村の出口に差しかかった時、一人の辮髪《べんぱつ》の老人が飛び出してきて、行く手をさえぎった。その老人は、身体を激しく動かしながら罵詈雑言《ばりぞうごん》を吐いた。私の小銃の担ぎ人がその老人に対して、「どうしたのですか？」と尋ねると、彼は「ポルトガル人が問題を起こして以来、我々は異国人がこの村へ入ることを認めていない！」と怒鳴り声を上げた。私はこの村の見物に来た訳ではないし、このおかしな愛国者と関わる筋合いもなかった。しかし、我々が現れたのを機に門の辺りで大きな警鐘《けいしょう》が三回聞こえ、周囲から群衆が現れて我々を取り巻いた。私は「後退！」と叫んで、他の道に向かった。

日はまだ高く、温気のあるマカオにそのまま帰る気にはなれなかった。私は付き人たちに停止を伝え、丘を登って清国の砦の遺跡まで歩いた。ここで、マカオについての説明を少し補足しておこう。マカオの町は丘陵の半島の上にあり、広さは、長さがおよそ九キロで、幅が二・五キロほどである。狭くて平らな地峡がこの半島と本島（正確に言えば、大きな半島）を結んでいる。地峡の真中に壁が造られ、その壁に塔のある門（ボーダーゲート）があって、そこがポルトガルと清国の境界になっている。かつては、清国の兵士がその門の前に立っていた。しかし、ポルトガルと清国の間に極めて危険な緊張が生じたため、両国は地峡の端の丘に砦を築いて、道を支配したのである。

もし、私の記憶に間違いがなければ、マカオの片腕のジョアン・フェレイラ・アマラル知事が、1849年（嘉永二）に清国の役人と諍《いさか》いを起こしている。それは極めて激しい衝突であったため、清国はアマレル知事の首に四万両《テール》にのぼる賞金を賭けた。アマレル知事は特に乗馬が得意という訳ではなかったが、度々副官のレイテ大尉を伴って、馬で近郊に出かけた。ある晩、知事はポルトガルの領域で、肩に農具を担いだ五〜六人の中国人人夫《クーリー》に出会った。と突然、一人の人夫が重い竹の棒を振り回して、知事の顔を殴りつけたのである。知事は、一本しかない左手で拳銃を取り出すために、自らの歯で馬の手綱を噛みしめた。しかし、興奮していきり立った馬は、知事を振り落としてしまった。数名の人夫が知事に襲いかかり、他の者もレイテ大尉を襲って負傷させた。周囲の人々に大声で助けを求めたレイテ大尉は、地面に伏して重傷を負っていたが、一命を取り留めた。亡くなったアマレル知事の死体からは片腕と頭部が失われていた。たまたまそこに馬車が通りかかり、負傷したレイテ大尉と、切り裂かれた知事の遺体を町まで運んだのである。

人夫の襲撃が起きると、地峡の中央ゲートにいた清国の衛兵たちは一目散で自国の砦に逃げ去った。ポルトガル軍の大尉と三〇名の兵士たちは、間を置くことなく、中央ゲートを占拠した。翌朝、清国の砦から、中央ゲートのポルトガル兵士に向けて砲撃が開始された。砲撃に耐え切れなくなった中央ゲートでは、勇敢な大尉が援軍を待つことなく、彼の小隊を率いて清国の砦を襲撃した。

ポルトガル軍の小隊は砦を急襲してそこに火を放ち、二〇〇名近くの清国人を殺害した。その後暫くして、両軍の間で折り合いがついた。その結果、持ち去られたアマレル知事の片腕と頭部がマカオに戻り、格式の高い厳《おごそ》かな葬儀が執り行われた。今日〈1853年当時〉も依然として、清国の砦と中央ゲートは廃墟のまま取り残されている。

　私が、この砦の廃墟や残骸の合間を歩いていた時、遠くに沈む太陽が、周囲の惨害の跡を照らし出した。赤みを帯びて輝く夕日が、この廃墟の血にまみれた無残な光景と交叉し、その悲劇と神秘的な過去を映し出すのであった。花崗岩の外壁は、それなりに元の形を保っている。また、大きな砲眼とその後方の大砲を据え付けた石は、その砦に二六センチ砲が備えられていたことを示していた。ポルトガルの小隊がこの砦を襲撃した際には、大砲の弾丸が不足していたのかもしれない。あるいは、その時点では二六センチ砲が設置されていなかったことも有りうる。そうでなければ、ポルトガルの小隊の襲撃成功は奇跡に近いと言えた。

　カキ殻で造られた衛兵宿舎と、それに沿った礼拝堂は完全に崩壊している。砦の中央には古代の石灰岩の大きな塊があり、それが砦の中で最も高い位置になっている。その塊に刻まれた漢字は、今でもはっきり読み取ることができる。砦にそびえ立つ大木には枝が十分広がり、休憩に恰好な場所になっている。私は、その大木の下にある石のベンチに腰掛けてみた。夕日に輝く光景が、あたり一面に広がって、私の目を楽しませてくれる。眼下には、絵に描いたようなマカオの町とその周辺の島々があり、穏やかな海やマカオの街路が、優しさと静けさを醸《かも》し出している。港に停泊する「ミシシッピ」と「ポーハタン」の細いマストや何隻かの商船が、夕焼けの空に繊細な線を描き出していた。

　このような時、私はいつも遠く離れた故郷に思いを馳せる。その時、私の夢を破ったのが、私の犬たちの吠え声であった。私はゆっくり丘を下り、ふもとで待機する椅子カゴに戻った。そうして、彼らと共に家路についたのである。

この章では、マカオにおける狩猟の小旅行を忠実に再現してみた。間もなく、私にシギの鳥よりもさらに嬉しい物が届くことになるだろう。

第九章　マカオでの幕間劇（続）

悪夢が現実に——慰めの言葉か？——犯人探し——興味あり、しかるに望みなし——悪党からの臭い——辮髪《べんぱつ》の効用——幸運な掘出し物——日本再訪問の準備完了——艦隊の在庫品——日本皇帝〈将軍〉への貢ぎ物

さて皆さん、星空の下で寝た中国の少年、ヒョリンの話に出てくる詩を知っていますか？　彼の名は歴史を通して語り継がれ、千年の年月を経た今も人々の心に生き続けています。その詩に書かれた出来事は、遠い昔に起きた事でした。しかし、私が今ここで述べることは、それほど過去の事ではありません。遠い昔の中国に悪党が住んでいたことを、その詩は物語っています。ところが、その悪党どもが現在の中国に住んでいるというのが、これからのお話です。

私は、マカオの病院にある私の住まいで、ウィリアムズ氏と共に一晩を過ごした。翌朝の二回目の狩に向けての準備のためである。あの有名なヒョリン少年のように素晴らしい夢を見ながら眠りにつき、その夢が終わりに近づいた時、ふと時計を見た私は、それが故障していることに気づいた。狩の予定もあり、驚いて飛び起きたのだが、それは確か午前四時頃のことだった。私が慌てて机の引き出しを開いたところ、何ということか、大事な腕時計がなくなっていた。そればかりか、

ウィリアムズ氏の腕時計まで紛失していたのである。二人の腕時計が跡形もなく消え去っていた。

我々二人に言葉もなかった。これらの腕時計は単なる時計ではなく、経度測定用の高精度の腕時計だったからである。それは、この度の遠征のために、ニューヨーク出航直前に一〇〇ドルの大枚をはたいて購入したもので、そう容易《たやす》く手に入るものではなかった。腕時計の紛失で私は平静を失ったが、泥棒はさらにその他の品物にも手をつけていた。

我々は、すぐに泥棒の痕跡を見つけた。病院の二人の従業員が、ロープを使って二階から下の道へ逃げ去っていたのである。途方に暮れた我々が、狩猟の予定を直ちに取り止めたことは言うまでもない。

しかし、すぐさま米国領事館に駆け込むことは避け、我々は法律に従った適切な方法で解決することを優先させた。ところが、この策が逆に我々の落胆を招いたのである。もし警察との交渉が厄介で、かつ信用できないことが世の中の趨勢《すうせい》とすれば、まさにマカオはその典型と言えた。警察制度は存在するものの、マカオでは名ばかりのものだった。彼らは、常日頃から「泥棒を捕まえ次第、直ちに処罰致します」と繰り返しており、もし私が容疑者の家宅捜索を願い出れば、私を援助する警官をすぐに任命するであろう。警察を支持する模範的なドイツ人のために、ということになる。振り返って見ると、これまで私は、自分自身に警察官的な意識が求められる環境の中で長い時を過してきた。それを励みに、私は迷わず犯人の追跡を決断したのである。

とり急ぎ、私は窃盗犯人の捕縛と私の腕時計の回収に関わる十分な報酬を提示した。一般的に、十分な報酬をまかなうことは、自分自身があまりトラブルを抱えたくないからであって、私はそれを関係者に知って欲しかったのである、そうこうする中で、私は出来るだけ多くの密偵を雇った。朝から晩まであらゆる犯人追跡の手段を講じ、所かまわず窃盗犯たちの隠れ家を内密に調べ始めた。私自身は、公の機関との関係を避けて独自で行動している。日没後、武装した私は二名の米国兵と四名の警備兵を引き連れ、マカオの中国人居住区をくまなく捜索した。

当然ながら、捜索は社会的に最も低い階層から始めた。それらは茶店やアヘンの巣窟《そうくつ》、賭博《とばく》場・売春宿を始め、都会の闇に隠れた場所であった。我々は、犯人探しの目的がなければ、このような場所に潜入することはないであろうが、社会学を学ぶ学生たちにとっては、興味津々の場所に違いない。私に付き従う兵士たちが、しっかりした計画に基づいて行動することを、私は誇りに思った。兵士たちは、素早く問題の巣窟の出入口を固めてくれ、私と共に建物内をくまなく捜索してくれた。

この捜索を通し、私は多くの誇り高い中国人たちの傍にいるかたわら、彼らの実生活の一端を垣間見て、興味を引かれた。売春宿では、通常お茶などでもてなされ、多くの場所でアヘンが吸われていた。奥の部屋には極めて広い休息場があり、敷物の上に長椅子が置かれている。客人たちは、様々な肉料理や美味しい食べ物を、茶や酒のサムチュウなどと一緒に楽しむのである。また、彼らは長椅子に横たわってアヘンを吸う。長椅子の脇の小さなテーブルには、アヘンを吸うために使う、短い芯のランプが置かれていた。パイプの長さは五〇センチほどで、先端の火皿は、一般の煙草用のものより小さめである。吸引用のアヘンは濃い糖蜜に似ていて、米粒ほどの量を針でパイプに乗せている。横たわる吸引者はパイプをランプに近づけ、わずかな量のアヘンを三～四回に分けて肺に吸い込むのである。中には、それ以下の少ない吸引で満足する者もいる。彼らは、我々が強い葉巻を吸った時のような感覚を感じているようだ。中毒者は、恍惚状態の中で倒れるまで吸引を繰り返し、数時間もの間、虚脱状態で横たわる。また、長い棹《さお》のある古箏《こそう》（琴に似た弦楽器）の音に合わせ、おかしな鼻歌を歌う女性たちに囲まれて、アヘンを吸引する者もいた。この歌声は、粗野な私の耳には金切り声そのもので、まるで、夜行性の猫が五月の屋根上でギャーギャー鳴き散らす叫び声に聞こえた。だが、半恍惚状態のアヘン吸引者の耳には、それが甘くて優しい魅惑的な声に聞こえるようである。

こうした中のある店で、一〇人ほどの身なりを整えた紳士が、同数もしくはそれ以上の女性と共に、豪華な料理が並べられたテーブルを囲んでいた（もし、この場に合わすために、立派という意味をもう少し格下げすれば、この界隈では、この店が最もそれに適合する店と言えた）。他の店同様に、ここでも古箏に合わせて歌が流れている。ただ他の店と違うのは、それらの合奏が活気に満ちていることである。歌手が二つの小さなケトルドラム（太鼓の一種）で調子を取り、金属の三弦をもつバイオリンのようなものやフルート、それに少年のカスタネットなどが伴奏していた。印象的だったのは、客の全員が高級服を着ていたばかりでなく、女性たちは体格も良くて、魅力的な顔立ちをしていたことである。この店には上品さが漂い、さらに私が驚いたのは、こうした会合がこのような界隈で催されていることであった。

残念なことに、我々がこれまで行った捜索は、すべて徒労に帰していた。そこで、我々は水辺のあらゆる場所を調べた後に、港に停泊する中国船の夜間捜索に踏み切った。真夜中近くになった頃、熟睡する船員たちを我々が叩き起こすと、彼らはそれを海賊の襲撃と勘違いして震え上がった。そのような中でも、全員が捜索に協力してくれ、荷物を開いて隅々まで見せてくれた。しかし、ここでの捜索も実を結ぶことはなく、我々はとことん疲れて帰途に着いたのである。

翌朝、私の雇った密偵の一人が、二人組の盗人が目撃された場所の情報を提供してくれた。私は、熟考した末に、二人を取り押さえる計画を練り上げた。ただし、この計画は公にしない方が良いと考えて、腹に収めておいた。その日は、いつものように、捜索、捜索、また捜索で過ごしている。私の部下たちは、この懸命な捜索を「無駄な努力」として本腰を入れなくなっていた。私は、それを素直に受け止めざるを得なかった。

すでに述べたが、マカオは半島の上に位置している。ポルトガルの権力範囲が、門の内部であることも記述した。外洋からの入江が、本島と、この半島の内側に向かって広がっている。本島側には漁村とその集落が散在し、集落は入江をはさんで、マカオから一・五キロほどの距離にあった。私が受けた報告では、その集落にある小屋の一つが、窃盗団の巣窟ということだった。私はシギ猟でその周辺を訪れたことがあり、その経験を通して、窃盗犯を捕縛する計画を組み立てたのである。

翌朝の三時、私は二人の水兵を起こした。彼らの身支度を素早く完了させた私は、これからの手順を詳しく説明した。もちろん、彼らは私の計画にすぐさま同意してくれた。二人に猟銃と拳銃をもたせ、あたかも狩に行くかのように、猟犬も同行させた。また、必要な時の通訳として、信用できる一人の中国人を同行させ、我々は二四時間運航しているフェリーに乗船した。

やがて朝日が差し始めた頃、我々は目的地から数百歩離れた地点に上陸した。私は、直ちに同行者たちの役割を指示し、全員がそれぞれの配置についた。一軒の小屋を取り囲んだのを確認した私は、「出口をしっかり固めろ」と合図を送った。その小屋には、これまで探していた二人組と、その手の一〇人ほどの悪党どもがたむろしていたのである。すると、突然その小屋内で騒がしい動きが起こり、彼らは一斉に死に物狂いで逃亡を図った。その悪党どもは、はからずも、一人の中国人が見守るドアの方へ突進した。悪党どもは中国人を蹴り飛ばし、もんどり打って倒れた彼を後にして、脱兎のごとく外へ飛び出した。

私と部下たちは、そのすさまじい様子を目撃した。部下の一人のアイルランド人（シンガポールで、私に野豚をくれると言っていた男）が、「アッ、あそこに奴がいる」と大きな声で私に知らせた。逃亡する悪党たちに最も近かった彼が、一人の男の長い辮髪《べんぱつ》をわしづかみにすると、その雄牛のようにたくましい中国人は、にわかに振り返ってアイルランド人に襲いかかった。「危ない！」と私が思った一瞬、激昂《げきこう》した私の部下は「この野郎、これでもくらえ！」と叫び、銃底で男の頭を殴りつけて一撃で気絶させた。

一方、私も一人の中国人を取り押さえた。また、もう一人の部下である水兵は、他の中国人の辮髪をつかんで勢いよく引いた瞬間、その辮髪が抜け落ちてしまい、その反動で、彼は地面にひっくり返ってしまった。あっけに取られた水兵を後にして、悪党は飛ぶように逃げ去っている（その悪党は過去の罪で辮髪を切られてしまい、カツラをつけていたことが後で分かった）。この一件を通して、盗人を捕まえた時に辮髪を切り落とすことは、あまり得策でないことが分かった。なぜなら、その悪党が再び盗みを働いた時に、どのような方法で取り押さえるかの問題が生じるからである。

我々が捕まえたのは、二人の中国人だけであった。一人は私が抑えた男と、もう一人は銃底で気絶させた男である。私が捕まえた中国人の男は、病院の常連であった。我々は背中に回した二人の両手をしっかり結び、彼らの辮髪を決して解くことができない海軍式のゴルディオン結びで固め、船に乗せた。二人は動揺して激しく抵抗したが、それには訳があった。これは後で分かったことだが、中国では、窃盗で二回捕まった犯人は死刑と規定されていたからである。

二人を船の中で厳重に監禁し、船は岩壁を離れた。船中で彼らの身体検査をしたところ、私が捕まえた男のズボンの中に、ウィリアムズ氏の時計が縫い込まれていた。この男は、さらに、食料品の支払いのために、私の時計をある中国人に売ったことも自白した。同時に、彼はこの川からさほど離れていない漁村にある、一軒の家を指差した。我々はすぐさまその家に行き、家主を捕らえて、盗まれたシャツやストッキング、その他の品物を取り戻したが、私の時計は見つからなかった。我々は盗人たちを捕縛し、盗まれた品物をとりあえず回収したことに安堵した。午前八時に病院に帰り着いた我々から、事の一部始終を知らされた病院の人々はただただ驚くばかりであった。私たちの捜索と犯人の捕縛劇を、彼らはこの時初めて知ったのである。

このように、マカオの中国人社会には秘密の窃盗団が実在した。私がそれを知ったのは、捕縛した盗人たちを引き渡した後のことである（マカオの窃盗団は、それぞれが内通し合って互助していた）。我々が最後に捕らえた犯人は、我々から盗んだ品々を最終的に手にしていた男であったが、彼は村ではそれなりに名の通った人物であった。我々は、その男を引き連れて村から戻ってきた。そこへ彼の同僚で身だしなみの良い二人の人物が現れ、その男の釈放を申し出た。当然の事ながら、私はその申し出を拒否した。ところが、その同僚は、「彼を釈放すれば私の時計を返却する」と切り出したのである。私は熟慮した末、それを受け入れることにした。その日の午後、まったく無傷の時計が、私の手元に戻ってきた。

この騒動は、結果的にマカオの社会全般に影響を与え、人々にそれまでなかった勇気を呼び起こしている。事実、中国人は、例えようもなく悪知恵に長《た》けてずる賢く、たとえ関係のない相手であっても、外国人を殺すこと自体が称賛に値するものと考えていた。しかし、彼らはずる賢いのと同じ位の臆病者で、あっさり降伏して、屈強な相手に畏敬の念を抱くのである。このように、中国人が力に心服するのは、まぎれもない事実であった。

我々が、わずか三名で在宅中の中国人を捕縛し、現地人が群れる中を引っぱって来る事ができたのは、まさにこの理由によるものであった。一方で、我々の行動はポルトガル当局の怒りを買った。それは、彼らの警察力がいかに無力であるかを、我々が暴露したからに他ならない。しかし、私は、この地で生きる中国人以外の人々に貢献したことを自負している。繰り返すが、活動的で恐れを知らない行動ほど、中国人に畏敬の念を与えるものはないのである。

12月末、我々は「サスケハナ」に帰艦した。そこでは、水兵たちが我々の乗艦を手助けしてくれた。いよいよ、二度目となる江戸訪問の準備の開始である。年が明けると、帆走補給艦の「レキシントン」がマカオに到着して、艦隊の全容が整うことになる。

外輪式汽走艦は二〇〇〇〜二五〇〇トンで、ペクサン砲を装備し、六八ポンド砲と一二〇ポンド砲を積んでいる。

以下が、この度の日本遠征艦隊の全容である。

「サスケハナ」（旗艦）	外輪式汽走艦	砲九門
「ポーハタン」	外輪式汽走艦	砲九門
「ミシシッピ」	外輪式汽走艦	砲一〇門
「マセドニアン」	帆走スループ	砲一〇門
	（戦列艦として改修されて、甲板が低くなっている）	
「サラトガ」	帆走スループ	砲二二門（三二ポンド砲）
「プリマス」	帆走スループ	砲二四門（三二ポンド砲）
「バンダリア」	帆走スループ	砲二二門（三二ポンド砲）

「サプライ」　　　帆走補給艦　　　砲六門（三二ポンド砲）
「サザンプトン」　帆走補給艦　　　砲六門（三二ポンド砲）
「レキシントン」　帆走補給艦　　　砲六門（三二ポンド砲）

一〇隻から成る艦隊は大砲を一三〇門擁し、その内の五二門がペクサン砲である。乗組員の総員は二六〇〇名であった。

我々は、カドワラダー・リングゴールド司令官が率いる五隻の艦隊の到着を待ち受けていた。彼らが、我々の予備軍となるからである。

この時期の艦上は、静けさとほど遠い喧騒《けんそう》に満ちていた。木箱に入った糧食が、次から次へと艦内に運び込まれた。また、機械類や農器具に加えて、奇妙な貨物が次々と艦上に搭載された。これらは、日本の皇帝〈将軍〉への献上物であり、その詳細については、後に説明したいと思う。搭載された品物は、印刷機や高圧ポンプ・草刈り機・脱穀機・機織り機・綿布の巻取り機などであり、野外用の炉まで用意されていた。それらの品々が、各艦の隅々にまで積み込まれたのである。また、鉄道の線路が分解されて運ばれてきた。荷物を開封して中を調べると、かわいい機関車と炭水車、それに立派な飾りのある五〇人乗りの客車の模型が姿を現わした。それらの模型は線路と共に一級品であり、素晴らしい鉄道模型であった。これらの珍しい品々が、日本の地に降ろされて展示される時、米国特有の進んだ工業製品の見せ場となることであろう。

第十章　琉球へ——三度目の訪問

香港からの出航——海中火山——那覇へ到着——我々の宿舎へ——郷愁——宣教師の家庭——現地の探索——怪我——琉球での元旦——現地民の高まる信頼——旗艦の交替

汽走艦フリゲート「ポーハタン」に乗艦
日本への海上にて、１８５４年2月10日（嘉永七年一月一三日）

１８５４年1月13日（嘉永六年一二月一五日）、我々は琉球に向けて香港を出航した。我が艦隊の先遣隊である帆走艦の一団は、すでに1月3日に出航していた。我が汽走艦三隻の威風堂々とした姿は力強く、それぞれが補給艦を曳航し、他国の軍艦を脇に見ながら外洋へと向かった。諸国の戦艦は華やかな装飾を整え、英国のペリュー提督の旗艦「ウィンチェスター」は、祝砲を放って航海の安全を祈ってくれた。また、ボートに乗った香港の沢山の人々が、帽子や白いハンカチを振って別れを惜しんでくれた。さらに中国の船から食糧が届き、フェリーからはドラムや鐘、その他、花火や祝砲などで我々の安全と成功を祈ってくれた。

1月15日、我々は台湾の南端で二カ所の小さな火山を観察した。また、輸送艦「サザンプトン」も、琉球への航海中に台湾近海で海中火山を発見し、海中から湧き上がるマグマが、晴天無風のもとで激しく煙を噴き上げていた。「マセドニアン」はその「サザンプトン」の後方を帆走していたが、数時間後に大量の火山灰が甲板を覆いつくし、すべてのロープや諸装備などの上に降り積もっている。

東シナ海の横断は、快適で短い航海であった。1月20日、我々は琉球の那覇に入港した。我々マスターズ・メイトの芸術家グループは、我先にと那覇へ上陸し、艦が再び航海に出る日まで陸上に留まった。

那覇には、すでに艦隊の宿営施設が設置されていた。ペリー提督は、先般の琉球訪問時に総理官から古いお寺を借用していたのである。離れの建物と庭があるその寺は、病室や艦隊の分宿として使用された。この瀟洒《しょうしゃ》な古寺は歴史的にも特別な意味があり、外国からの訪問者と、この地の統治者たちの会合場所として、古くから使われてきたのである。１８１７年には、英国のマックスウェル艦長が食料品を干《ほ》すためにこの寺を利用した。また１８４６年には、フランスのセシール提督も同じように使用し、米国の帆走艦「プレブル」も、１８４９年にこの寺を使用している。

フランス人宣教師のアドネット師はこの寺に住み続け、ここで一生を終えた。昨年の１８５３年、我々はここに電信や銀板写真《ダゲレオタイプ》、その他の諸設備を設置している。それ以来、この寺は病院としても使われてきた。さらに加えて、我々は近くの海岸に石炭の貯蔵庫を造った。また、その先にある松の木立の中には、西欧人専用の墓地が造られている。不幸にも、多くの勇敢な船乗りたちが航海中にこの世を去っていた。マックスウェル艦長の時以来、ここに埋められた三基の墓はすでに消え去っている。セシール提督は、三人の士官と二人の水兵をこの墓地に埋葬した。米国艦の「プレブル」は、那覇を訪れた記念として、この地に墓碑を立てた。我々の艦隊はすでに新しい墓を造っており、そこに七名の墓標を追加したのである。

私は、一日の作業を終えた後で、たびたびこの墓地を散歩した。私は松の樹間を吹き抜けるサラサラという風の音が大好きであった。遠方から聞こえる波の音を除き、その風の音がここでは唯一の声であった。実を言うと、私は多々ある木の中でも、とりわけ松への思いを強く心に抱いている。当初、青空に向かって高くそびえる細いヤシの木は、私の心をうっとりさせた。セイロン（現・スリランカ）の美しい森に驚嘆し、円形の葉の群れを支える幾千ものヤシの幹は、まるで、神が宿る寺院の丸天井のようであり、神聖そのものに思えた。ところが、ヤシの幹とその葉を通り過ぎる新鮮な朝風が、私の思いを現実に戻した。北の地の松の木の姿が私の心によみがえり、その郷愁が強く心にしみたのである。私にとって、松の木だけが神秘的で優しい音楽を醸《かも》し出すのであった。その木立の中に一人たたずみ、大枝の中を吹き抜ける夕闇の優しい風に、私の心は躍った。私の心に、これほど深い感傷を呼び起こすのは松の木だけであり、とりわけ、北方に育った松の木は、私の個人的な崇拝や懐旧の念、また友情や愛情など、この世のすべての感情を思い起こさせてくれた。

那覇に入港した当日、午後に上陸した私は半日をかけて自分の持ち物を整理した。そして夕刻を迎え、私は艦隊の分宿から一キロ半程先にあるベッテルハイム師の家を久しぶりに訪れた。私が師の住いの庭に入った時には、すでに日が暮れて暗闇になっていた。とその時、私に気づいた当家の飼い犬が、尾を振りながら私の方へ走ってきた。辺りに人の気配がなかったため、庭をつき進んで居間の戸を開くと、そこではベッテルハイム師の家族が、円形テーブルを囲んで晩の礼拝をしていた。テーブルに置かれたランプが、温かな明かりを灯している。折しも、最年少の子が聖書の一節を朗唱していた。私は静かに庭まで引き下がり、その聖なる雰囲気と、一家の礼拝を妨げないようにした。同時に、自らも手を合わせて静かに祈りを捧げた。私は、一家の礼拝が終わるまで暗闇の中に立ち続けていた。その間、私の頭に様々な思いが押し寄せ、家のない放浪の旅と孤独感、そして一人身の淋しさをつくづく感じたのである。両親や兄弟、そして友人たちとの間に結ばれた愛情と優しさ、これらは何にもまして強いものであることを、この地で痛感した。こうした愛情の感じ方は多々あると思うが、多くの人々の様々な愛情は、おおむね過去から感じ取るものであろう。現在から愛情の恵みを授かっている人々は、偉大なる幸運の持ち主と言っても過言ではない。ベッテルハイム師の家を訪れて、私は心の空洞を満たすのは温かい家庭と、暖かい火の灯る所であるとしみじみ感じた。

特に、行先が定まらない男性にとっては、妻と子どもたちの存在がすべてであり、それが心の鎹《かすがい》となる。この人間としての力強い感情が、道徳にかなった正しい行いを導くのである。これらの真情をよく知る人以外に、どれほどの人々が幸運を勝ち得たか、私は寡聞《かぶん》にして知らない。

私は、再び家の中に入り、「今晩は」と声をかけた。すると、師の家族たちは「今晩は」と返して、私を迎え入れてくれた。彼らの応対には心のこもった温かさがあり、私は素直な気持ちで接することができた。子どもたちは、私をよく覚えていてくれた。彼らは私の周りを踊り回り、私の手を引くやら、上着の後ろを引っぱるなどして大喜びした。子どもたちが次に始めたのは、銀板写真の遊びであった。古い木箱に茶缶の丸い蓋《ふた》を当て、それが彼らの銀板写真機となった。写真家は長男のバーンハード君で、弟や妹たちに、次から次へと指示した。ローザが古い茶缶の蓋を磨き、それから子どもたちは金属板に向かって整列した。写真を引き立たせるために、幼いラッキーが椅子に座り、飼い犬や老いた雄猫も一緒に参加している。もちろん、その写真は、子どもたちの空想の世界だけに存在するものであった。

ベッテルハイム師の家族との懇談は、夜遅くまで続いた。我々は、お互いに問い掛けたり、語りあったりして、話は尽きなかった。彼らは、私が泊まることを勧めた。しかし、私は宿舎に帰る必要があったため、おいとまして暗い夜道を戻った。私は家族のために祈ることが彼らへの御礼と思い、心からの祈りを神に捧げたのである。

嬉しいことに、それからの八日間は全ての業務から解放され、私は風景画の油絵制作と、画材選びに専念した。また、取り残されていた幾つかの絵も仕上げた。それらが終わった私は銃を肩にかけ、鳥類学の標本を求めて狩に出た。ある時は、夜明けの時間帯に田畑を歩き回り、また、川に沿って移動しながら、シギや野生のカモを射止めた。シギやカモは群れているので、わずか一時間の狩で、美味しい鳥料理が食卓をにぎやかに飾った。

ペリー提督が那覇を離れていた頃、「バンダリア」のウィリアム・B・ホワイティング大尉が、琉球の詳細を調べるために探索を行っていた。我々が那覇に到着してから一週間後に、基地へ帰投したホワイティング大尉は、那覇の少し北方に良好な港があり、その近くに石炭埋蔵の兆候があると報告した。ペリー提督は、すぐさま現地に赴く士官を任命して、その情報を確かめることにした。その一行には、言うまでもなく、「ミシシッピ」の従軍牧師ジョージ・ジョンズ師が同行している。精力的なジョンズ師は、地質学者でもあった。さらに、その探索隊には役立たずの私も含まれることになった。

その初日、我々は夕暮れまでに六〇キロの行程を歩いて、かなり疲れていた。しかし、その日の目標であったオウ・ヌ〈恩納〉は、あと一〇キロ先であった（昨年の第一回目の探索時は、その地点で休息をしている）。そこでは、現地の人々が松明《たいまつ》と笹竹《ささだけ》に火を灯して我々を先導してくれた。何とか目的地に到着した我々は、すでに疲労困憊《こんぱい》の極に達していた（通常二日の行程を一日で完遂していた）。持参した質素な弁当を、ほんの短い時間で食べ終えたが、その短い時間内にも眠気が襲ってきた。その数分後に、我々はやっと寒さの中を毛布にもぐり込んで爆睡したのである。

二日目の午後、私は不覚にも砂利道に足を取られて捻挫してしまった。次の村で横になった私を、「サスケハナ」のチャールズ・T・ファース医師が治療してくれたが、彼もかなり疲れていた。私の捻挫はかなり厳しい状況で、足がひどく腫れ上がっていた。探索隊の一行は私を残して行軍を続け、無事に目的地に到達している。その二日後、一行は私が休んでいる場所に戻ってきて、この度はかなりの成果を収めたという話を聞いた。

私の足は大分回復していたが、歩行はまだ困難であったし、探索隊の全員が疲労の極に達していた。そのため、我々は現地の人に特別の椅子カゴを準備してもらい、四人がかりで担ぐその椅子に座って、那覇へ向かった。那覇に帰投したのは、出発してから五日目のことであった。

我々が不在の間、ペリー提督は首里の総理官を訪ねていた。第一回目の訪問についてはすでに述べたが、今回の訪問では軍事的な体制を組んでいない。士官たちは例の一二種類のスープと様々な珍しい料理を味わいながら、お決まりの酒を楽しんだ。この訪問は西洋歴では1月28日であるが、和暦では正月に当たり、日本や琉球の人々は、この期間に親類縁者を訪れて贈り物を交換するしきたりであった。事実、正月の八日間にわたって、多くの人々が上等な着物を身に装い、家々を訪問し合う姿を私は見た。この期間に畑仕事をする姿はなく、我々のクリスマスツリーによく似た大きな松の木の枝が、各家々の門に飾られていた。また、小船や漁船には飾り用の松の小枝が釘で打ちつけられていた。

私が大変嬉しかったのは、昨年我々が感じた現地の人々の差別が、すっかり消えていることであった。我々が近づいても逃げ去る人はなく、家の軒先を通り過ぎても、戸や窓は閉じられなかった。とりわけ、女性たちの変化は言葉もないほどで、以前は女性たちを垣間見ることすらできなかったが、今は、店に並べられた商品の前や、家の玄関先でも、彼女たちはまったく動じることがなかった。町のいたずら坊主たちは世界のどこでも同じようなものだが、琉球の小さな子どもたちが、我々を「アメリカン！」「アメリカン！」と呼ぶのは、何とも可笑しかった。さらに、「ハウ・ドゥー・ユー・ドゥー」と、世界の公用語まで使う子どももいた。二人の好青年であるナガゾーとヨシザトは、最初から我々に新鮮な魚を提供してくれた。彼らは英会話に大変熱心だったので、すぐに英語で、そこそこの表現ができるようになった。彼らは、英語の発音を琉球言葉で書き換えている。我々はその逆を行い、彼らの言葉を、英語のアルファベットに置き換えたのである。このようにして、私は三〇〇語以上の琉球言葉を身につけていたので、島の探索時には大変役に立った。

2月4日（旧暦一月七日）、我々一行は「サスケハナ」に戻った。その時、ペリー提督は、本国のワシントン政府からの指令を受領していた。海軍長官によるその指令書には、「米国大使のために、汽走艦一隻を中国へ回航せよ」と書かれていた。そこで、提督は「サスケハナ」を中国へ送り、「ポーハタン」を艦隊の旗艦に据えたのである。当然のことながら、我々マスターズ・メイトの一行は、ペリー提督に追従している。それぞれの汽走艦は、おおよそ三〇〇〇トン級の姉妹艦であった。ここで、「ポーハタン」〈1852年製〉は「サスケハナ」〈1850年製〉にない利点をもっており、特に、その鋭い船体の輪郭と、出力に優れた蒸気機関の装備は、旗艦として最適であった。私にとって嬉しかったのは、再び、老練で人柄のよいウィリアム・マックルーニー艦長のもとで働くことができたことである。ノーフォークで、マックルーニー艦長が「ポーハタン」の指揮を取るために、「ミシシッピ」を離れた経緯についてはすでに述べた通りである。

我が艦隊の帆走艦は、すでに2月1日に那覇から出航しており、我々の汽走艦は2月7日（旧暦一月一〇日）に出航した。出港準備は迅速に行われ、那覇の港を後にしたのである。上海から来た「サラトガ」が我々を見送ったが、その「サラトガ」も江戸へ向かう指令を受けており、幸先のよい出航となった。

我々は、琉球列島を後にして東へ進路を取った。2月8日には、クジラの群れる素晴らしい光景を目にした。少なくとも三〇〇頭はいるクジラの群れに遭遇したのは、偶然とはいえ幸運であった。群れは我々の艦の回りを泳ぎ回り、艦の一五メートル近くで潮を噴き上げた。これらの出来事は、我々がファン・ディーメン海峡（大隅海峡）の東側を航海していた時のことで、私はこの出来事をその翌日に記録している。

第十一章　再び江戸湾へ

暴風雨——美しい日本の風景——ペリー提督の執念——浦賀入港——迎賓館——交渉の開始——日本人との交友関係——予備交渉

1854年2月11日（嘉永七年一月一四日）、夜が明けると江戸湾の南に位置する島々が見えてきた。最初に見えた島には高さ一三〇〇メートルほどの火山があり、火口は硫黄や火山灰で覆われていた。この頃、海上では嵐の前兆のような北東の風が次第に強まっていた。日が暮れてから、暫くの間、艦隊は進路を保っていたが、風が大きく変化して、暴風雨の状況となった。ペリー提督は、「艦首を風上に向けて停止！　艦の間隔を一マイルに維持せよ！」と命じている。私は、銀板写真家のブラウンと海岸線の写真を撮るため終日上甲板にいた。荒天で外気温度が18℃から4℃まで降下し、厳しい寒さの中で、我々は階下に降りざるをえなかった。午後一一時頃に至って暴風は一層激しさを増し、「総員、上手回し」（船首を風上に回して針路を変更）の指令が下された。

海は激しく荒れて濃い霧が発生し、一〇〇メートル先も見えない状況であった。細かいミゾレと鋭い氷の粒が顔に当たり、目を開くこともできなかった。疾風怒濤《しっぷうどとう》が艦を襲い、まるでドラムを打つかのような、ドシン、ドシンという音が艦内に響き渡った。濃霧によって他の艦の位置情報がつかめず、衝突する危険も増した。幸いなことに、艦隊が風下の岸から遠く離れていたために、波が極端に高いということはなく、さほど苦労せずに位置を保つことができた。

朝方に至って風が多少治まり、ペリー提督は、「通常の間隔を維持して、旗艦に従うべし」と指令を発した。やがて、西方に伊豆半島が現れ、切り立った岩崖《がんがい》の海岸線が北へ延びているのが見えた。我々は、小田原沖の北側から江戸湾の西へ向かっていた。しかし、昨夜の暴風雨の影響を受けて、帆走艦の「マセドニアン」が、相模湾で暗礁に乗り上げてしまった。「ミシシッピ」が救援に駆けつけて、「マセドニアン」は暗礁から離れることができた。しかし、暫くその場から動くことができず、結果的に、艦隊はその日の江戸湾への入港を断念した。

その晩、艦隊は相模湾に錨を降ろした。日没後、間もなくして、帆走補給艦の「レキシントン」が艦隊に合流した。我々が心配したのは、J・J・ボイル艦長が率いる「サザンプトン」の姿が見えないことであった。翌13日（旧暦一月一六日）の朝、「ポーハタン」が「バンダリア」、「ミシシッピ」が「マセドニアン」、そして「サスケハナ」が速力のない「レキシントン」を曳航し、江戸湾に向けて航進した。

この日は、そよ風が吹くさわやかな朝で、目の前に、私が今まで見たこともない美しい光景が広がっていた。夜明け前の空に、雪に覆われた山々の頂が浮かび上がっている。やがて、雲一つない空に太陽の光が輝き始め、一五〇〇～二〇〇〇メートル級の山々の雪に覆われた見事な景観が、目前の三分の一を占めた。その中でも、ひときわ高くそびえているのが富士山《フジヤマ》である。富士の雪景色の中に、溶岩の筋がはっきりと見えた。その全景は、まさに欧州アルプスの氷河のようであり、エトナ山（イタリアのシシリー島にある欧州最大の活火山）を小さくしたような山であった。朝霧がまだ洋上に漂っていて、朝日の光が鮮やかなバラの色のように海面を輝かせている。私は、肌にしみ入る寒さも忘れて絵の道具を取りに急いだ。絵の準備にほとんど時間が割けなかったように、富士の美しい景色をカンバスに表現するのも、また一仕事であった。

艦隊は正午にサガミ・ポイントを回り、午後二時に、かつての停泊地であった浦賀の沖合を通過した。そして、昨年ルビコン・ポイントと名付けた海域〈現・横須賀市走水《はしりみず》の旗山崎《はたやまさき》沖〉を通り過ぎた時、遠くに、老練の艦長ジュニアス・ボイル大尉指揮下の「サザンプトン」の姿が目に入り、我々は大歓声を上げた。「サザンプトン」は、極めて穏やかで居心地のよい海域に停泊しており、湾口から三〇キロほど入った、広くて美しい入江〈現・横浜市金沢区小柴沖〉であった。ボイル大尉が選んだ錨地《びょうち》〈彼らはアメリカン・アンカレッジと名づけた〉は素晴らしかったので、ペリー提督はそこへの投錨を決断した。艦隊は、海岸に向かって半月形の態勢で錨を降ろしている。

2月14日（旧暦一月一七日）、日本の役人〈黒川嘉兵衛一行〉が「ポーハタン」を訪れ、昨年の停泊地まで引き下がるよう伝えた。役人は、「その地点で、貴艦隊を迎える準備が整えられている」と言うのである。老練のペリー提督は〈アダムズ参謀長を介して〉役人に穏やかな対応をさせつつも、断固とした口調で、その申し入れを断った。「後退すべき理由を、私はまったく見出すことができない」という、ペリーの答えであった。
それから数日の間、各艦から降ろされた短艇《カッター》が湾の奥に向かい、昨年できなかった海域の水深調査を行った。私自身も、「バンダリア」のホワイティング大尉に同行した。ここで、我々は日本側から多少の妨害を受けたが、冷たい強風が彼らの行動を妨げている。身にしみる寒さと、一二時間に及ぶ荒波によって、私の頭は真っ白になり、神経まで麻痺した。夕刻になってもまともな文章を書くことができず、あまりにも厳しかった一日のために、私の考えはうまくまとまらなかった。

2月23日（旧暦一月二六日）

日本の役人との交渉は、埒《らち》が明かず飽き飽きしたが、それでも何とか解決の糸口が見えた。ヘンリー・A・アダムズ参謀長が、交渉の準備について幕府の代表と浦賀で会見することになったのである。アダムズ参謀長は浦賀に向かうため、2月21日（旧暦一月二四日）に「バンダリア」に乗艦した。随行するのは、海兵隊のジェイコブ・ゼイリン少佐とジェイムズ・H・ジョンズ中尉、「マセドニアン」のボンクラフト大尉とロバート・タンジル大尉、そしてパーサーのジョセフ・C・エルドリッジ、提督の息子で秘書のオリバー・H・ペリー・Ⅱ、オランダ語通訳のアントン・L・C・ポートマン、アダムズ参謀長の息子で秘書のN・B・アダムズの面々であった。そして不肖の私、W・ハイネもその一員であった。

我々は、昨年と同じやり方で会談に臨むことになった。「バンダリア」に乗艦した我々に加えて、先導する日本の役人の一団が海岸から到着した。前述したように、浦賀まではおよそ三〇キロの航程があり、錨を揚げた時にはまだ風も弱くて好天であったが、次第に海が荒れ始めた。浦賀の半島沖（ポイント・ルビコン）へ近づく頃になると北東からの風が激しくなり、艦の進行が妨げられた。我々は、その荒天に二時間耐えたが、結局、旗山崎の風下の避難海域に錨を降ろすことになった。海の荒れは厳しく、先導役の日本の役人たちに我々の船上で一夜を過ごすように提唱したが、彼らは強く固辞した。彼らは船で浦賀に到着することを命じられており、その命令を果たさねばならない、という返事であった。役人たち全員が彼らの二艘の和船に乗り移り、命がけの行動と思われる中で海岸線に沿って船を進め、ルビコン・ポイントを回って姿を消していった。

暴風はさらに強まり、「バンダリア」は四丁の錨すべてを降ろさなければならなかった。強風が冷たいミゾレを艦に吹きつけ、「まるで、槍が空から落ちて来るみたいだ」と一人の乗員が口にしている。そのような最中でも幸いだったのは「サスケハナ」との連携が固く結ばれていたことで、彼らは「バンダリア」のために、夜を徹して誠心誠意支援してくれた。暴風雨は、朝方にかけて次第に凪《な》ぎ、我々は再び錨を上げて艦を進めたのである。

2月22日（旧暦一月二五日）は、米国初代大統領ジョージ・ワシントンの生誕記念日であった。果たして、この記念日が、日本との会見に良い成果をもたらすであろうか？　大きな星条旗が「バンダリア」の前檣《ぜんしょう》（船首のマスト）と後檣《こうしょう》（船尾のマスト）にひるがえり、大檣《たいしょう》（中央のメーンマスト）

では、上甲板まで連なる各種の旗が風にたなびいていた。遠くには同様の飾りをした米国艦が陣容を整え、その姿は我々からもよく見えた。午前一一時、我々は浦賀の向かい側に到着し、昨年停泊した場所に錨を下した。第一陣の短艇に乗り込んだ我々は岸へ向かい、正午きっかりに浦賀の地を踏んだ。その瞬間、ワシントン記念日を祝う艦隊の祝砲が轟いた。我々は、この度の会見には丸腰で臨んでおり、それは、日本人との友好を信じた我々の基本姿勢であった。出席した士官たちが身に付けていたのは、儀礼用のサーベルだけであった。

浦賀は、江戸への玄関口と言われている。いかなる船も浦賀で一旦停泊し、役人の検閲を受けなければ、その先に進むことができないのである。この幕府の方針こそは、幕府が浦賀での会見を我々に主張する、主な理由と思われた。浦賀の海岸沿いには、会見のために幾つかの仮設会場が造られており、一連の白黒の布の仕切りが、それらの建物を取り囲んでいた。その周辺に押し寄せた好奇心の強い群衆の波は、長い警棒をもった守衛たちの取り締まりを上回る勢いであった。

迎賓場に入った最初の庭に、厳重な門で仕切られた警備所があった。そこに控えた一〇名ほどの衛士の背後に、赤い綿《めん》で覆われた武器が並べられていた。警備所の門を通り抜けて、次の門に差し掛かると、そこには六名の警固の武士がいた。彼らは腰に二本の刀を差していた。

その先に、奥行きおよそ四五メートル、幅二〇メートル、高さが四メートルほどある、平屋造りの建物があった。その建物の広間には、真新しい畳が敷かれていた。その広間の奥に、四方の柱に紫色の絹を張った小さな空間があり、左側に我々用の椅子、右側には幕府の高官たちが座る椅子があって、我々の手前にテーブルが置かれていた。幕府のその他の役人たちの椅子は用意されていない。長い廊下の左右の壁に、油紙が張られた障子が並んでいた。その長い廊下には一五〇～二〇〇人もの関係者が座っている。彼らはひざまずいたり、あぐらをかいたりと様々であった。広間の中央に八個の台座があり、その上に白い物が埋まっている金属製の火鉢《ひばち》が置かれていた。台座には一様に黒の漆《うるし》が塗られ、その色は金色の火鉢にぴったり合っている。火鉢に埋まる白色の物は、軽石か石灰岩のようであり、その上で炭が赤く燃えていた。これらの暖房具は、広間全体の広さから見るとかなり簡素だが、思ったより快適であった。

我々全員が席に着いた。その後、三名の帝国の高官〈浦賀奉行井沢美作守《いざわみまさかのかみ》、目付鵜殿長英《うどのながとし》、儒者松崎満太郎〉が姿を見せ、我々と対面して静かに座った。初めに挨拶が交され、その後直ちに交渉に入った。高官は、すべての交渉を浦賀で行うことを主張したが、アダムズ参謀長は「停泊地として好ましくない浦賀に戻る意思はない」と告げた。さらに加えて、「現在停泊中〈現・小柴沖〉の真向かいの町でならば、ペリー提督は交渉に入るだろう」と告げた。高官の表情は、そこではあまりにも遠すぎるという様子であった。アダムズ参謀長は、「汽走艦ならば、どの交渉場所へでも全員を送ることができる」と語り、手書きによってその候補地とその他の場所を具体的に提示し、説明と評価を加えた。それらを慎重に聞き入れた高官は、翌朝に返事することを約束している（日本人は重要なやりとりの場合、即答することは礼儀に適わないと捉えていた）。

幕府の高官は退場した。続いて、奉行所応接掛の香川栄左衛門とその部下たちが接待を始めた。

最初に茶と和菓子が出され、それに美味しい砂糖菓子とミカンが添えられた。菓子やミカンは漆器《しっき》の上に載せられ、白と青で彩色された茶碗は漆塗《うるしぬ》りの茶卓の上に置かれていた。これらの容器や漆器の職人技は、金箔塗《きんぱくぬ》りを含めて、殊《こと》のほか芸術性に優れた一級の出来栄えであった。客人は、二人一組で二つの銀製の大コップの酒を分け合うのだが、一つの大きなコップには八合ほどの日本酒が入り、別のコップにはミリンが入っていた。酒もミリンも米から造られたものだが、ミリンは香りがあって、マスカットブドウの風味がした。日本では底の浅い小さな漆器（盃《さかずき》）で酒を飲むのだが、琉球での晩餐会の御猪口《おちょこ》が頭に浮かび、もしそれが此処にあったらと思った次第である。

我々が接待を楽しんでいる間に、海上では強風が吹き始めていた。そのため、小船での引き上げは到底無理となり、我々は長時間にわたって、此処に留まることを余儀なくされた。幸いなことに、酒とタバコが全員の心を和らげ、日米両国の親善が自然に深まった。役人の中にかなり上手に英語を使いこなす人が一人おり、彼はマックスウェル船長から英語を学んでいた（この米国捕鯨船の船長は伊豆の海岸沖で遭難して松前に４年間収監された後、１８４９年（嘉永二）に長崎で米国帆走艦「プレブル」によって解放されたと言われている）。私と通訳のポートマンは、日本の通訳たち〈堀達之介、立石得十郎、名村五八郎〉とオランダ語で話を交わした。その他の日本人とは、身ぶり手ぶりで、できる限り意思の疎通をはかった。役人たちは、我々の制服やサーベル、時計、その他諸々の物に興味を示し、細部に至るまで観察している。そのお返しにと言って、彼らは日本の珍しい品々を紹介し、大事な小刀まで抜いて見せてくれた（我々は、小刀は鞘《さや》に収めておくものと考えていた）。これらの小刀は青みを帯びた鋼《はがね》で、切れ味もよく、カミソリの刃のように薄い紙を切ることができた。その後、我々の通貨の話題になり、それぞれの通貨の価値にまで話が及んだ。しかし、我々は日本の通貨を見る機会がなかった。それから手持ちの米国の地図が話題に上がり、気候や産物を始め、それぞれの州などについて、次のような熱心な質疑応答が交わされた。

——誰でもカリフォルニアへ行って、金を発掘できるのは本当か？

——艦隊には、何隻ぐらいの船があるのか？

——日本に着くまで、何日位かかったのか？

——一年の間に、米国船が松前の海峡（津軽海峡）を一六〇隻も通過している。何故、そのように多くの米国船が日本海域に来るのか？

（これらの船は米国の捕鯨船である。いずれにせよ、日本の海域で、それほど多くの米国船が通航できるのは、我々にとっては好ましいことだと思えた）。

次に、私が見た日本の作品の中で、特に繊細で素晴らしいと思った物の一部を、ここで紹介してみたい。それらは、板目木版の本や、美しい銃身と金の装飾を付けた見事な小銃、それに火打ち石式発火装置をもつ五センチほどの拳銃などであり、中でも私を引きつけたのは、皇室の御紋章を含む諸藩の旗章を記した図鑑であった。

この場では、楽しい雰囲気と友好な関係が盛り上がり、その中で一人の元気な青年が、我々の帽子を被ってコートを身に着け、得意顔でその衣装姿を見せてくれた。

夕方になってようやく風が弱まり、我々は「バンダリア」に引き返すことになった。日本の小船に我々四、五人のグループと役人が同船したが、彼らは大変ご機嫌であった。しかし、日本の薄い着物では明らかに寒さが身にしみると感じた私は、彼らの内の二人を自分の大きなコートで覆ってあげた。その内の一人は通訳のトコジュル〈立石得十郎〉で、彼は知識が豊富な好青年であった。私の同僚も他の二人の役人を彼のコートで覆っている。私はこの間柄を好ましいものと感じたが、それは同僚にとっても同じことであった。「バンダリア」に着いた我々と役人たちは、心から別れを惜しんだ。接待役の役人たちが見せた、礼儀正しく品格に満ちた態度に、私や同僚たち全員が、深い印象を心に刻んだのである。

「ポーハタン」艦上にて　2月26日（旧暦一月二九日）

2月23日（旧暦一月二六日）の朝、この日はペリー提督が浦賀以外での交渉を提唱した翌日であったが、香山栄左衛門が幕府の返答を携えて「バンダリア」に来艦した。それによれば、「これまで中国とオランダのみに許可してきた日本の貿易に関する法令を改め、特例として、米国をそれに含めることとする。この後はペリー提督が皇帝〈将軍〉の顧問が待機する浦賀を訪問し、そこで合意の詳細を定めることとする」という内容であった。

アダムズ参謀長は、皇帝〈将軍〉の顧問とペリー提督の会見場所の変更を再度提言し、23日は浦賀沖に停留した。その変更の提言が、相手方に届くことを、自ら確認しようとしたのである。翌24日、我々は艦隊に合流するために錨を揚げた。ポイント・ルビコンを回った所で艦隊の姿を期待していたが、すでにアメリカ錨地《アメリカンアンカレッジ》に艦隊の姿はなかった。その謎はすぐに解けた。当日の朝、ペリー提督は江戸湾を一八キロほどさかのぼり、さらに都合の良い錨泊地〈現・神奈川沖〉を見つけていたのである。我々は、夕方までに艦隊に合流し、「サスケハナ」から四〇〇メートルほど離れた場所に錨を降ろした。

2月25日（旧暦一月二八日）の朝、日本の役人が時間をきちんと守って神奈川沖の我々の艦に現れた。対岸の町は、それとなく重要な地点であることが見てとれた。役人は、この機に及んでもなお、「浦賀に戻るべし」とペリー提督に申し出ている。しかし、ペリー提督は「私は考えを変えるつもりはない」と、その申し出を突っぱねた。その後、役人は「帝国の全権委員がここを訪れるであろう」と述べ、アダムズ参謀長に会見場所の適地を尋ねた。参謀長の答えは、「神奈川の一キロ東に位置する開けた場所」であった。

浦賀に建てられた会見場が急遽取り壊され、対岸の横浜村に会見場が建造されたのである。

第十二章　交渉の開始

活気に満ちた上陸準備――ペリー提督、横浜村の地を踏む――歓迎式典と催し物――横浜村での出来事――郷愁――贈り物の献上――条約の締結――「ペリー提督、万歳！」

江戸湾にて
１８５４年３月11日（嘉永七年二月一三日）

１８５４年３月８日（嘉永七年二月一〇日）は、穏やかな春の一日であった。真っ青な空に幾つかの小さな白雲が浮かび、暖かい太陽が照り輝いている。早朝から艦隊の将兵に活気がみなぎり、次から次へと上陸の準備が進められた。海上に降ろされたボートには銃や弾丸がつぎ込まれ、儀式用の服装を整えた海兵隊員たちが入念に小銃に磨きをかけ、白革の帯の点検をしている。一夜の間に、何か汚れがつくものでもあるまいと思う。また、海軍の兵士たちもきちんと服装を整えていた。彼らは紺色の上着とズボンを身につけて、三色の帯に一三個の星がある帽子をかぶり、左の腰に儀礼用のサーベル、右の腰には拳銃を装着している。高級士官の場合は、その制服に肩章と金のモールが輝いていた。それは、我々のペリー提督と日本帝国の全権委員との間の、長く待ちわびた宿命的な会見の成功を祈り、艦隊の将兵全員がその場にふさわしく、より良い印象を与えるために団結した姿であった。

ペリー提督、横浜の地を踏む（ハイネ画　1854年3月8日）

午前一〇時、旗艦「ポーハタン」から信号が上がり、すべてのボートが集結を始めた。多勢の兵士を乗せた各艦のボートが、艦隊の二〇〇メートルほど手前の海面に集合した。そのラインの中央に占めるのは、一〇隻の大型ボートであった。その内の四隻には、「ポーハタン」と「サスケハナ」から降ろされた二四ポンド砲が積まれ、その他の六隻は一二ポンド砲を積んでいた。その両脇に、二八艘の小型ボートが並んだのである。「サスケハナ」艦長のブキャナン中佐が当日の総指揮官で、この船団の先頭に立っていた。

この船団には、各汽走艦から派遣された楽隊が乗り組んでいた。午前一一時、ボートの一団が一線となり、楽隊の晴れやかな演奏の中で、前進を開始した。それは素晴らしい光景であった。艦隊の八隻の軍艦が、二キロほどの沖合で列を成している。三隻の汽走艦と「マセドニアン」の砲塔は、上陸部隊を援護するために、舷側から岸の方へ向けられていた。また、将兵を満載する一線のボートに搭載された大砲や、その他の武器が太陽の光で反射し、それぞれのボートに掲揚された星条旗がさわやかな風にたなびいていた。

六〇〇名の米国人が無事に横浜の地を踏んだ。その後、海兵隊と海軍兵の八個中隊が海面に向いて整列し、総指揮官の観閲を受けた。続いて、兵士たちは正方形の三方面を固める態勢を整え、その上面が迎賓のために造られた応接所を取り囲んでいた。海岸に並ぶ一連のボートがその一面に加わり、これで正方形の防御態勢が整えられたのである。

旗艦の「ポーハタン」が、ペリー提督を祝して一三発の礼砲を放った。その白煙を背景に、ペリー提督が、堂々とした提督旗をはためかせながら姿を現した。横浜村の浜辺では、三〇名以上の士官が提督の到着を見守っていた。そうした中で、ペリー提督がボートから降りて横浜の地を踏み、将兵が整列する中央を大股で応接所へ向かった。我々は、急いで提督の後に従った。軍楽隊が愛国歌「ヘイル・コロンビア」を演奏し、兵士たちは米国旗と捧《ささ》げ銃《つつ》によって、ペリー提督の栄誉を祝した。その時、海上の「ポーハタン」に日本の国旗が掲揚され、各艦から皇帝〈将軍〉に敬意を表す二一発の礼砲が鳴り響いた。これに引き続いて、日本の全権委員に一七発の礼砲が贈られている。

横浜の応接所（米国側は条約館《トリーティーハウス》と呼んだ）は元々神奈川で使用されていたもので、それに手を加えたものであった。応接所の大広間に会した日米両国の代表は、最初にここで挨拶を交わした。いよいよ、会見の始まりである。大広間の奥には、この度の会議のために小さな部屋が用意されており、ペリー提督と帝国の全権委員、その他通訳や要人のために、一〇脚ほどの椅子が置かれていた。日米両国の代表者がその小部屋に入り、それを待って、紫の絹の幕が閉じられた。

小部屋の外で会議を見守る我々に、軽食がふるまわれた。四〜五種の魚料理や、説明の難しい食べ物があり、その中の細く刻まれた大根が私の興味をひいた。調味料の一つは小さな器に入った醬油《しょうゆ》で、もう一つはピリッと辛い調味料であった。これらの調味料を見た私は、日本の料理はあまり多くの調味料を使用しないと推察した。

私が特に美味しいと思ったのは、蓋《ふた》付きの小さな器に入ったウナギ汁であった。また、パンの代りに一風変わったチーズがあり、それは薄切りされた新鮮なチーズであった。軽食の飲み物はお茶だけであったが、デザートには和菓子と様々な甘い物がつき、続いて銀の器に入った美味しい日本酒が出された。

日本の役人は、何回か我々の艦を訪れていたので、私はその数人とはすでに顔なじみであった。彼らが客人の健康を祝して祝杯を上げる流儀を、私はよく理解していたのである。役人とのこうした酒の付き合いが多くあったため、私は酒の代りに少々のお茶を飲んで健康維持に努めた。

日本の全権委員との最初の会見では、かなり長時間の交渉が続けられた。その間、我々の仲間は役人とタバコを一緒に楽しみ、私を含む何人かは外を散策した。

外は春らしい陽気で、そよ風が気持ち良く、群衆から妨害されることもなかった。ペリー提督の強い要望が通ったのか、この度は日本古来の白黒縞の天幕も張られておらず、私は難なく応接所の周辺を散策することができた。寒かった冬を思い起こさせるのは、高い山の残雪だけである。仰ぎ見る富士の雪景色の中に、岩肌が見え始めていた。そのような中で、日本の警備兵たちの陽光に輝く武器と、色彩に富んだ彼らの着衣が、周辺の情景をいっそう豊かにした。彼らの存在が、単調な景色の中に活き活きとした雰囲気を加えている。

私は、青々とした小麦畑の中を歩き回った。その時、私の目の前で突如ヒバリが声を上げて飛び立った。ヒバリはほがらかな声を上げながら、空高く舞い上がっていった。私は立ち止り、心に浸みるヒバリのほがらかな歌声を、しみじみと聞き入ったのである。それは、故郷から私を呼ぶ歌声であり、長い間会っていない友人たちの呼び声でもあった。私がヒバリの鳴き声を最後に聞いたのは、故郷の牧草地で乗馬をしていた時であったと思う。それ以降、世界の放浪者となった私は、ヒバリの鳴き声を耳にしたことがなかった。

交渉の初日について、私が申し上げることは、これがすべてである。午後四時になり、我々全員が帰艦することになった。

1854年3月30日（嘉永七年三月二日）

そして、3月9日（旧暦二月一一日）、「ミシシッピ」で事故死した海兵隊員、ロバート・ウィリアムズの遺体を、横浜の地に埋葬することになった。従軍牧師のジョージ・ジョンズ師と数名の士官、それに下士官の一団が葬儀を執り行った。我々が墓地に続く村の入口に差しかかった時、一人の僧侶が我々の列に加わり、誰の妨害も受けることなく、ジョンズ牧師の後に従った。墓地は小さな寺院〈増徳院〉の近くにあって、すでに穴が掘られていた。ジョンズ牧師は監督教会の形式に従って葬儀を進めた。それが終了した時、参列した僧侶が、しめやかな態度で仏教の葬儀を執り行う許可を求めた。それは、祈祷が書かれた数枚の紙を燃やして読経し、茶や米などを捧げることだけだと言う。周りには、多くの日本人が集まっていた。僧侶の願いが認められた時、その寛大な対応が日本人に好ましい印象を与えたように思われた。我々は、ジョンズ牧師の聖なる埋葬の儀式に加わった仏教の祈祷が、死者の御霊《みたま》を汚さないように祈った。

その後、私は横浜村周辺で多くの仕事があり、多忙な日々を送った。また、「ミシシッピ」のジェシー・ゲイ機関長のもとでは、ロバート・ダンビー一等機関助手や技術者たちが、皇帝〈将軍〉への贈り物の梱包《こんぽう》を解いて、それらの組み立て作業に奔走《ほんそう》していた。梱包が新たに開かれる度に、役人たちの驚きが増した。事実、日本の皇帝〈将軍〉に贈られる米国の贈り物は、すべてにおいて素晴らしい物であり、世界のいかなる国の人々も絶賛を惜しまなかったことであろう。

日本の人々が最も驚いたのは、鉄道模型であった。精密にできた機関車と客車の模型は、フィラデルフィアのノリス・ブラザーズ社製で、二種類のシタン材と、最高の技術を駆使した金属細工のパネル装飾が施されていた。私自身、このように魅力的な鉄道模型を見たのは初めてであった。模型を走らせる線路は、一〇〇メートルほどの円形をしていた。

また、我々の技術陣は高圧の消火装置も披露した。ホースから勢いよく飛び出した水が、見物する群衆に降りかかり、一斉に逃げ回る彼らの姿はまさに滑稽であった。さらに日本人の興味を引いたのは、各種の農機具である。それもそのはず、米国は1851年（嘉永四）のロンドン万国博覧会で、この分野における最高賞を獲得していたのである。また、日本人が目を丸くしたのが、フランシス製の銅板でできた救命ボートと、金属製の荒波乗り切りボート《サーフボート》で、これらは救命索発射器の索を使って、遭難船と岸の間を行き来できるものであった。その他、名が通った六連発のコルト拳銃とホールライフル、各種の生産品や布類、それに米国名うての書籍（名高い自然科学の大作やオーデュポンの大型鳥獣図鑑）などがあった。これらを一言で言うと、他国への献上品としては、今までにない豪華な品々であったと言える。さらにこれらの価値を高めたのは、その発見者や生産者が、ほとんど例外なく自主的に、或いは無償でそれらの品々を提供したことである。米国政府が行ったのは、これらの品々を取りまとめ、それらにいくらかの品々を加えただけのことであった。こうした事例は極めて異例であり、今後は二度とないことかもしれない。

そして1854年3月31日（嘉永七年三月三日）、日本の全権委員〈林大学頭《だいがくのかみ》、井戸対馬守《つしまのかみ》、井沢美作守《みまさかのかみ》、鵜殿長英《うどのながとし》〉によって、長年の念願であった日米和親条約が調印されたのである。

3月27日（旧暦二月二九日）、ペリー提督は、「ポーハタン」に日本の全権委員と関係者約六〇名を招いて祝宴を催した。この祝宴は極めて和やかに、そして楽しい雰囲気で行われている。祝砲が響いて、我々は（現在の皇帝である）将軍の健康を祝して乾杯した。日本の来客は、米国大統領の

ポーハタン艦上での晩餐会（ハイネ画　1854年3月27日）

健康を祝して乾杯を返している。引き続いて、高揚した日本の要人が、ペリー提督のための乾杯を申し入れたので、我々は快くそれに応じた。

「米国の星条旗のために、乾杯！」

「ペリー提督のために、乾杯！」と。

第十三章　下　田

日本人を驚かせた黒船の動き――江戸を一望――伊豆半島――下田の状況と港――日本の町――家並み――浴場――光と影――寺院――信仰

下田湾にて
1854年5月7日（嘉永七年四月一一日）

下田の海岸探索は、日米交渉の終了後も数日間にわたって行われ、暴風と海霧の中で、4月6日（旧暦三月九日）に終了した。その間、私自身は与えられた課題を完結させるために、多忙な日々を送っていた。米国船に対する下田の開港が決まったのは、3月31日（旧暦三月三日）に日米和親条約が調印される少し前のことであった。

下田は、伊豆半島の南端にあって、江戸湾の入り口からおよそ八〇キロ西方に位置している。米国艦隊が下田へ移動する前に、ペリー提督が望んでいたのは江戸の町を艦上から一望することだった。その背景には、米国の探索船がすでに江戸から七キロ近くの海域まで進出し、水深が一四ヒロ（約二六メートル）あることを確かめていたことがある。提督のその意図を知った幕府の交渉委員たちの間に、一大騒動が起きた。日本の儀礼を心得ない外国勢が、将軍の居城に近づくこと自体、目に余ることであった。この一報は、幕府の高官たちを大いに慌てさせた。

最悪の事態を避けるために、高官たちから様々な提言が出された。場合によっては、ペリーが江戸の町に上陸し、オランダ使節のような作法で将軍への謁見《えっけん》を願い出ることが有り得るであろうか。当然、これらの願い出は御法度《ごはっと》であり、許し難いことは明白であった。

それを知ったペリー提督は、「私は、江戸の近くまでは行くが、それはただ江戸の町が見える所までである」と釈明した。幕府の役人たちは、「もし艦隊が江戸城の近くに錨を降ろすことになれば、我々に残された道は、ハラキリ（切腹）のみである」と言い切っている。

4月8日（旧暦三月一一日）、我々が錨を上げて江戸湾の奥域へ進む日に、役人一行が艦上に現れ、その航程を差し控えるよう懇願した。我々の艦隊が出発の準備を終えた時、当惑した役人たちは苦渋の表情で艦隊の士官たちに問い詰めた。

「本当に、江戸へ向けて進むのか？」

「そこに、錨を降ろすつもりか？」

「本当は、そこに停泊するつもりであろう？」

これらの質問に対して、我々の士官たちは「我々は提督の思惑を知るところではない。何事においても、我々は提督の命令に従うだけである」と答えている。私が、役人の側に立って彼らの言葉を表現すれば、「それはまかりならぬ！　江戸で錨を降ろすことは、断じて許されない。ペリー提督は思慮深く高潔な方であろう。我々が切腹することは望んではおるまい！」ということになる。

江戸湾（ハイネ画）

江戸湾の奥深くまで進んだ我々は、午前一〇時に、江戸を一望できる所まで来た。低く平らな海岸に沿って、そのほぼ半周に白壁の建物が見える。左側の品川は、五〇メートルほどの低い丘に向かって、土地が緩やかに広がっていた。日本人は、ライトハウス（灯台）を何と呼ぶのであろうか？　近くにある高い塔のような木造の建物は、ずんぐりしたピラミッドのように見えた。壁板は上部にあるだけで、下の部分は吹き抜けになっている。

岸に沿って、多くの漁船が群れていた。また、我々からおよそ五キロ手前、岸辺から二キロほどの海域に、二〇〇艘を超える和船が群れていた。それらの船は、おそらく日本の武装船であろう。江戸の町並みの遠くに、一段と高い城郭の広い壁が見えた。我々は、そこが将軍の居住する宮殿であることを知らされた。ペリー提督はそこで停船を命じ、甲板にいる全士官に対して、江戸の姿を最後によく見ておくよう指示したのである。ここまでが、我々の限界であった。およそ半時間そこに止まった我々は、艦首を返して江戸を後にした。それを見た幕府の役人たちに解放感が溢れ、彼らは初めて、命が長らえたことを実感したようであった。

私はこの気の毒な役人たちのために、提督の決断を快く受け入れようと努力した。しかし、正直なところ、我々の気持ちが晴れることはなかった。それは二つの理由により、私と同僚たちが失望したからである。一つは、我々が目にした江戸の大きさと外観だけでは、我々の期待が満たされなかったことである。もう一つは、長い間切望していた、江戸での滞在の機会が断ち切られたことであった。しかし、大局的に見れば、提督の判断は的を射ていたであろう。遠征の目標は予想以上に達成され、この時点での反転が潮時であった。仮に、我々の好奇心が満たされたとしても、その後、何が起きるかは窺《うかが》い知れなかった。おそらく、罪のない役人たちの命が代償になったかもしれない。役人は窮状を真剣に訴えていたし、我々が江戸の沖合に錨を降ろした場合、彼らは不名誉な刑死を避けるために切腹を余儀なくされたであろう。さらに悪いことは、彼らの切腹や刑死に関係なく、我々が日本の要求を軽んじたことによって、彼らの中に敵意を抱かせ、日本の国論が長期にわたって二分することであった。

その日の午後、我々はすでに熟知したアメリカ錨地に戻り、そこで最終的な海岸の探索記録をまとめた。この作業は数日かかり、4月15日に終了した。一方、日本との間で締結された条約書を携えたアダムズ参謀長は、4月6日に帆走艦「サラトガ」で江戸湾から出航し、サンドイッチ諸島（ハワイ諸島）を経て、サンフランシスコへ向かっていた。4月14日（旧暦三月一七日）、アメリカ錨地の二隻の帆走艦が、下田へ向けて出航した。「ポーハタン」と「ミシシッピ」は、4月16日（旧暦三月一九日）に下田へ向けて錨地を離れている。

季節的な海霧の影響で、壮大な富士山と一連の山々の美しい光景は霧の中に隠れていた。午前一〇時頃、伊豆大島の姿が八キロほど南西の海上に現れた。島の火山の頂上には谷間があり、そこから巻き上がった蒸気の雲が、はるか遠くの空までたなびいている。大島に近づいて見上げる水蒸気の光景は、島全体を包むアイスランドの火山を思い浮かばせた。

一二時近くになると、遠くに伊豆半島がぼんやり見えてきた。我々は、二時間余り海岸の岩崖に沿って艦を進めた。案内図によれば、航路の左右の水深は全域で七〇メートルとなっているが、感覚的なずれがあって恐怖感を覚えた。伊豆半島には、北から南にかけて、海岸まで続く高い山脈がそばだっている。岩壁は、海面から高く切り立っていて、高さは数百メートルはありそうである。はるか遠くに見える標高数百メートルの高台に高原があり、そこに、荒々しく隆起した山の背がそそり立っていた。また、海辺から内陸にかけての美しい緑の渓谷は、それらの荒々しい光景とは対照的であった。勢いのある水の流れが海に注ぎ込み、濃緑色の牧草地や平野に、町や村々が真珠のように点在する。

真っ青な海には、漁船が群れていた。黒いマストに大きな帆を張る大型の和船は、見ごたえのある姿をしており、おそらく、港から港へ商品を運んでいるのであろう。我々がそれらの和船に近づくと、船員たちは驚いた様子で、煙を吐く奇妙な船に見入っていた。和船の一隻は、「ポーハタン」の艦尾近くを通り過ぎた。笑顔を浮かべた和船の船員たちは、我々に手ぬぐいを振って挨拶してくれた。しかし、残念なことに、我々は通訳のウイリアムズ氏を除いて、彼らが口にした言葉を理解できなかった。

伊豆半島の最南端に位置する下田港は、広々とした入江になっている。港の周囲の緩やかに起伏した田園が、小高い丘へとつながっていた。岸辺からは急激に水深が増すため、我々の艦隊は、陸地に近い海域で錨を降ろすことができた。下田港の南西側に、一キロ半ほどの平地が広がっている。港の中央に水の流れが豊かな小川があり、下田の町には一〇〇〇軒ほどの家屋が建っていた。海岸の北側に柿崎という町があって、そこには五〇〇軒ほどの家屋があった。

下田港には、東側の河川と支流からの水が注ぎ込んでいる。船の停泊地は、風向きが南の場合を除いて、周囲の丘陵が暴風を防いでくれた。強い南風は港の海岸まで波を荒立たせたが、停泊地の安全を脅かすほどではなかった。特に、そこでは粘土質の海底が、錨をしっかり固定してくれた。湾の中央にある岩礁が我々の目印となり、その岩礁を基準にして、我々はすべての方向を測ったのである（この度の条約の締結により、米国人には、一〇マイルの範囲内であれば、すべて米国の法律が適用されることになった。従って、ある意味で、下田は南日本の米国の港と言えた）。

我々は、ペリー提督の不変の命題である、港の海岸調査を徹底的に行った。海岸線を始め、それと隣接する海域の、とりわけ単独で存在する岩礁や、一連の珊瑚礁を海図に入れなければならなかった。下田では、岩礁と珊瑚礁が港の入口の西側に屈曲して延びており、それは大洋に向かって二〇キロほど続いていた。岩礁や珊瑚礁は、所々で海没して水中に隠れており、海域を熟知していない船は容易に座礁してしまうだろう。私は、しばらくの間、海図の仕事に専念することを求められた。それと言うのも、安全な航路をしっかり表示するために、めぼしい陸上の目印を航海図に書き込む必要があったからである。その調査の際には、暴風雨によって帰艦できないことを考慮し、私は三日分の食糧と水を携帯して上陸した。

海は荒れており、入江の最も外側にある崖の下では、日本の漁船が遭難者を探していた。私は、細い小道が牧草地につながる場所に出た。そこには荒れた寺があって、境内《けいだい》には二つの小さな銅製の鐘や花瓶、それに賽銭箱《さいせんばこ》が置かれていた。賽銭箱には殆ど銅銭が入っていなかったが、私は米国の小金を少し投げ入れた。

私は、下田の現地調査を通して学んだことが沢山あった。それは、つい最近まで私が日本の土地での現実的な体験に乏しかったことに他ならなかった。現地を歩く地誌学的な探索と、海上だけの調査の相違を、つくづく感じたのである。陸上では、測板測量や経緯儀《けいいぎ》・コンパス・測鎖《そくさ》などを、すべて自分で駆使することになる。一方、海上では、コンパスと六分儀を使った計算だけがすべてであった。また、地上の調査では実際に体感できることや、正しい角度を用いて子午線を導き出せることなど、大きな利点がある。厳しい寒さの下で、揺れるボート上の測量との相違を、私は強く実感した次第であった。

下田は、江戸や大坂、京都、長崎、その他の大都市に比べて規模も小さく、その重要性も、それほど高くはなかった。それにも拘わらず、下田には重要な人物と、注目に値する物が多く存在した。家並みのほとんどは平屋建てである。町中は正方形に区切られて門があり、夜はその門が閉ざされて、夜間の往来ができないようになっている。地面には一五センチほど高い石畳《いしだたみ》が整備され、それは二メートルほどの幅で、町の中央から延びていた。町の通りには屋根付きの陳列台があって、台の上に様々な商品が置かれている。一般の家屋の土間は、床がない空間になっていて、通りよりも幾分高く設置されている。その先には、土間より五〇センチほど高い居室があり、訪問客の対応や雑事に使われている。居室の特徴は、そこに敷かれている畳《たたみ》という魅惑的なマットである（その家の経済状況は、畳の具合によって知ることができる）。応接間、あるいはその家の最上級の部屋には上等の畳が敷かれており、奥に面したその部屋から庭が見渡せた。財力のある人々は、優雅な庭に様々な木を植え、池で泳ぐ金魚を楽しんでいる。また、家屋の角から離れた所に小さな部屋があり、そこが一家の台所になっていた。商家と農家の蔵を比べると、商家の蔵は石材を含む耐火性の白い漆喰《しっくい》の壁と瓦屋根だが、農家の蔵は荒い木材の壁板と藁《わら》の屋根でできていた。中国の家屋には西洋風の玄関や窓があったが、下田ではそれらは見当たらなかった。

日本の家屋は、西洋と比べて室内の壁が独特の構造になっている。部屋の間仕切りの上下にある溝にパネル（襖《ふすま》）を入れ、それを左右に移動させることにより、戸や窓のように開閉できるのである。間仕切りの多くは一カ所に寄せることができるため、数ある小部屋を一つの大部屋に変えることができた。これと同様に外側の壁（板戸）も自由に開閉できた。薄い板でできた板戸には、必要に応じて油紙を張ることができる。この板戸の外側には、夜間の安全確保と内側の板戸の保護のために、丈夫な木材の戸（雨戸）がはめられている。夜間の照明には大きなランタン（行灯《あんどん》）が使われた。木枠に張った薄い紙の囲いの中で、菜種油などを満たした容器の中の灯心が燃えて明るさを保つのである。

家屋は、ほとんどがきゃしゃな構造であるため、特に火災の危険に身を晒《さら》されやすい。我々が江戸湾に停泊していた時も、毎晩少なくとも一件の火災が発生して、夜空を赤く染めていた。この身近な脅威に対して日本人は警戒態勢を整えており、どのような小さな村にも火消し組織が存在した（しかし、残念なことに桶《おけ》やフック（鳶口《とびぐち》）、梯子《はしご》・旧式の放水ポンプ（竜吐水《りゅうとすい》）などは往々にして効を奏していない）。当然、大きな町には多くの火消し組織があり、それぞれの火消し集団は常に出動準備を整えていた。

町の通りや各家々は、どこを訪れても清潔で、通り道は少なくとも一日に一回は清掃されていた。また、人々は毎日温かい風呂に入って身体をきれいにするのである。裕福な人々は自宅の風呂で入浴し、貧しい人々は公衆浴場に通っている。我々が驚いたのは、大半の日本人が熱い風呂を好み、肌を真っ赤にしながら入浴している姿であった。私がその男性を初めて見た時、彼はまるで茹《ゆ》でられた海老のように赤くなっており、私はその状況をとっさに理解できなかった。大きな風呂桶の中で蒸気に包まれた男性の下では、使用人がフーフー息を吹きかけながら風呂の火を起こしていた。入浴中の男性は、私にはあたかも生贄《いけにえ》に供された古代の聖人のように見えた。私自身は自分の手を一分といえども熱い湯につけることはできないが、入浴している男性（と言うより、料理されている人と言うべきか）は気持ち良さそうであった。もちろん、彼は私のことなどまったく気にかけず、風呂桶から出た後に身体を布で拭いていた。

公共の浴場では客自身が小さな桶で浴槽から湯を汲み上げている。彼らは石の床にしゃがんで身体を洗い、桶に残った湯で身体を洗い流すのである。洗い場の中央に排水溝があり、流した湯は溝を伝わって外に排出される。最後に、客たちは熱い湯で満たされた大きな浴槽に入り、身体を温めるのである。

公共の風呂では一つの大浴場をすべての客が使用し、同じ浴槽の湯につかっている。それは、老若男女《ろうにゃくなんにょ》が同じ浴場を使うということである。混浴する彼らのもとに、我々のような異国人が現れても動揺する気配はなかった。我々の出現は、せいぜい、冷やかし程度のいたずらに映ったのであろう。と言うのも、一人二人の婦人がいきなり浴槽に入り込むか、洗い場に座り込み、胸に手を当ててメディチ（イタリア・ルネサンス）のビーナス像のような仕草をしたからである。

日本人のこのような高い清潔感に反して、独特の臭いを放つ彼らの風習が各地に点在した。様々な有機物を貯蔵して堆肥《たいひ》を作り、それを農業に活用するのである。堆肥を入れる大きな桶が田舎道のあちこちにあり、堆肥桶は町の通りや個人の家にまで置かれていた。この桶には、各家庭で廃棄される野菜や動物も入れられ、生ごみや廃物、残飯・雑魚に排泄物まで混じっていた。

我々はきれいに清掃された清潔な通りを楽しむ反面、これらの横を通り過ぎる時は悪臭を避けるために鼻をつまんだ。西欧の文明的な町で、清潔な通りや街路に、こうした悪臭を放つ農業用設備がもし置かれていたら、これらは一様に、通りの外観を汚して、街路を台無しにする物として対応を迫られることになるだろう。

各家では、家屋から少し離れた所に小屋があり、二つに区切られた小屋が便所として使われている。男性用には、ドイツの酒場のような細長い桶があって溜め樽へとつながり、もう一つの大便用には、縦四五センチ、横三〇センチほどの穴が床に開いているだけである。便所の外には水を満たした容器があり、そこで洗った手を手ぬぐいで拭くようになっている。いずれにせよ、我々は、郷に入れば郷に従わなければならないのである。

下田の町外れの丘のふもとに、八棟の建物が建っている。いずれもかなり大きな建物であり、これらは人々の信仰を集める寺院や住職の住居の他に、身分のある旅人たちの宿所として使われている。私は、その寺院〈了仙寺《りょうせんじ》〉の一部屋を与えられて仕事場にした。隣接する庭は素晴らしく、さっそくブラウン氏の銀板写真の出番となった。寺院を守る僧侶たちは、賽銭箱《さいせんばこ》にお金を奉納する多くの見知らぬ人々の応対に当たっている。それらの多種多様な人々に対して、どうして迅速適確な教えを生み出すことができるのか、私には不思議でならない。

この寺院の本堂にある祭壇は、その調度の面から見て、中国やインドシナの祭壇によく似ており、特に蓮華模様《れんげもよう》のある台座と枝状の燭台《しょくだい》や、焼香用の香炉などがとても似ていた。祭壇の左側には大きさの異なる二つの鐘《かね》があり、それを打ち鳴らす撞木《しゅもく》が置かれている。二つの鐘は美しい音を響かせるが、小さい方の鐘は五度ほど高い音程であった。僧侶の勤行《ごんぎょう》用の机の傍に、小さな台の上に置かれた三冊の経典《きょうてん》がある。その右に、ソリの鈴のような大きな木製の球状の物（木魚《もくぎょ》）があり、中に四五センチほどの空洞があって、その一部に長い切り口が付いている。赤い漆塗りで金色の縁取りがある木魚は、かすかな輝きを放っていた

礼拝《らいはい》は、日の出と日没の時間帯に行われ、僧侶は机の前に正座して、大きい方の鐘を打ち鳴らす。その響きの中で、僧侶は鼻にかかった声で読経《どきょう》を始め、木魚で調子を取りながら、時々小さな鐘を鳴らして音色《ねいろ》を加えた。礼拝者は祭壇の前で正座し、手を合せて数珠《じゅず》を擦りながら合掌するのである。参拝者は、寺院を離れる前に賽銭箱にお金を入れるか、米や魚、その他の食料品を奉納した。私は中国の礼拝で何の御利益《ごりやく》の徴《しるし》をえることもなく、有難いこともなかった。日本の礼拝は、純粋な祈りであって、それ以上の何物でもないように思われた。

第一四章　下　田(続)

日本の女性たち――我々が気づかなかった彼女たちの姿――作法と慣習――僧侶と托鉢《たくはつ》の女性――本土での初の狩猟――鳥類について――摩擦――出航――大島

私は、下田で多くの女性たちを目にすることができた。彼女たちの着物はふくらはぎを包むまでの長さがあり、通常は黒色が多くて、腰には広い帯を締め、幅のある着物の袖は手首まで達している。女性たちは、左右を前合わせにした着物を幅三〇センチほどの帯で締めているのである。帯の幅は胴の下あたりから腰の辺りまであるが、時折、それより下方で締めている女性も見受けた。日本女性の衣装の中で帯は最も重要な飾り物であり、中には驚くほど贅沢な物もある。多くの女性たちは、装飾品として、財力が許す限り高価な帯を身に着けていた。

着物姿の女性は、その女性が静かにしている限り極めて魅力的である。ところが、彼女が急いだり慌てたりすると、時には胸がはだけたり、脚部の一部が丸出しになったりすることもあった。そのため、気品が漂う上流階級の女性たちは、ゆっくりと静かに歩いて歩幅が狭くなるのである。富裕層の女性たちは、着物を何枚も重ね着している。特別の場合は、着物を足もとで引きずるほど長いこともあり、動くときに不便と思われた。品の良い若い女性たちが、重ね着の褄先《つまさき》を前に引いて膝で閉め、足で半円を描きながら歩く姿を、私は何度か見た。足に履いているのは、高さが七〜一〇センチもある木製の下駄《サンダル》である。長い着物と高下駄を履いた女性の足取りは独特で、いかにも奇妙な姿であった。ドイツのサクセン族の言葉に、「ぎこちない歩きぶり」とか、「熊のように足を引きずる姿」という表現があるが、私の頭に思わずその言葉が浮かんだ。

日本の女性のほとんどが黒髪で、しかも大変柔らかい（かなり後に、私は赤毛の二人の子どもを目にした）。女性たちは、その身分に拘わらず、髪の毛をきれいに整える努力をしている。頭頂部に硬貨ほどの大きさに髪を薄くして、そこにすべての髪をまとめて緩く結ぶのである。髪型は、髪の濃さや長さによって異なった。丸くきれいにまとめられた髪は櫛《くし》で止められ、細紐《ひも》やバンドは一切使われていない。中国の女性と異なる点は、頭部で髪が固く結ばれていないことである。髪結いに使用する櫛は、その人の懐《ふところ》具合によって、木や動物の角《つの》、鼈甲《べっこう》などに分かれている。また、髪飾り用のかんざし《ピン》も、金属やガラス、角や鼈甲などと様々である。とりわけ、祭りの時は特別で、女性たちは髷《まげ》の上やその中に、赤やきらびやかな色彩を混じえた美しい飾り物を色々と付けていた。

ある時、素晴らしく着飾った八人ほどのかわいい女性たちを見る機会があった。その女性たちは、ペリー提督の要請で、下田の奉行所が銀板写真のために選《え》りすぐった若い女性たちであった。美しくて魅力的な女性たちの容貌から察して、彼女たちは都会から招かれたのだろうと私は考えた。あえて、そのことを通訳の掘達之助に尋ねてみると、彼はにわかにそれを否定した。このよ

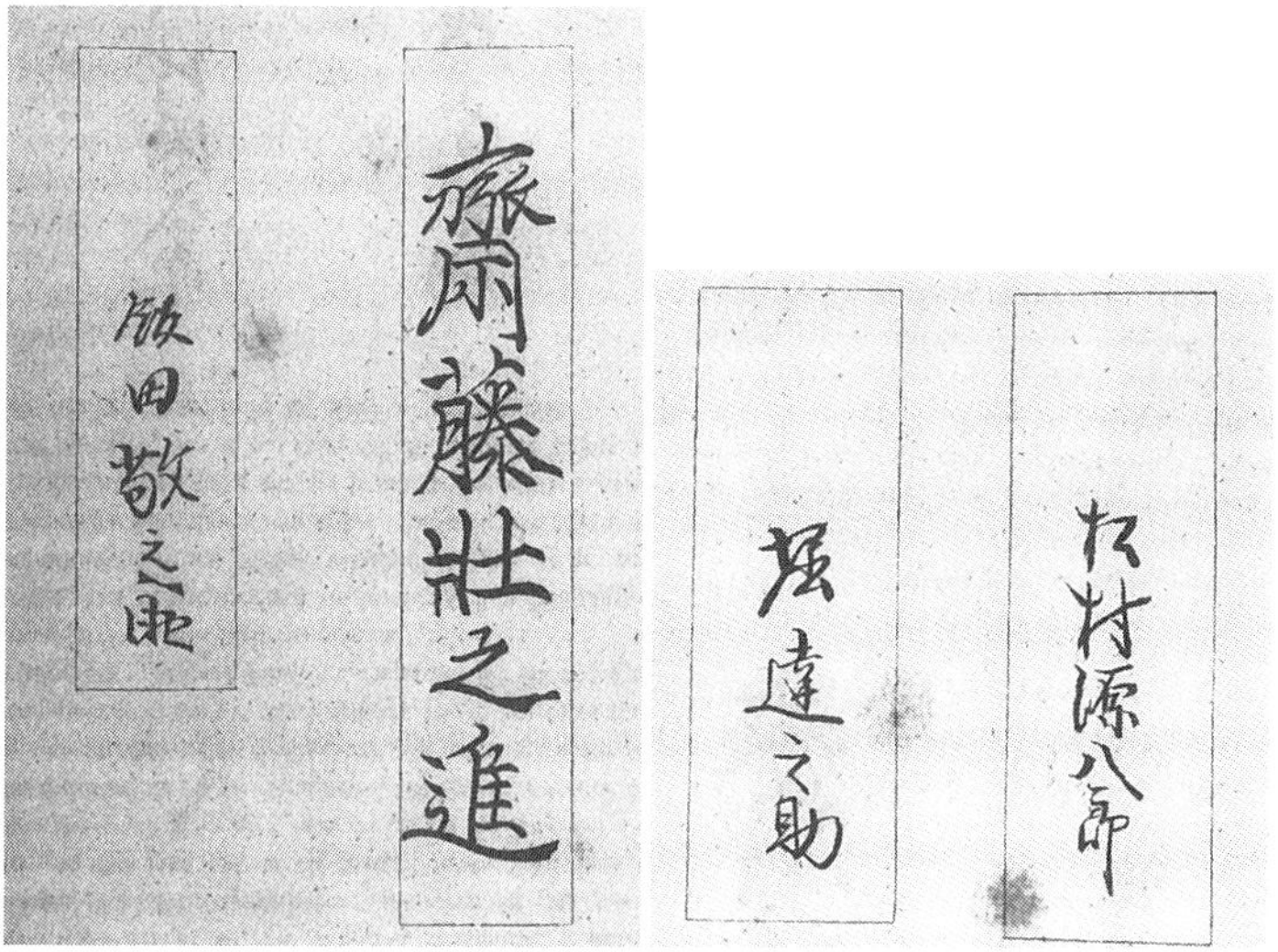

日本人の名刺。ハイネの原典では上・下さかさまに表示されている。

うな小さな村にも、例外なく美しい女性たちがいると言うのである。帝《みかど》の内裏《だいり》がある京の都には、美しい女性たちが多数いるのは確かなことと思われた。選ばれた若い女性たちは、恥ずかしがらずに私に衣装を見せてくれた。私が一人の女性のあごの下を触ったり、頬をつまんだりして親しみの気持ちを表すと、彼女は陽気な笑いを見せてくれた。この親しみの仕草は、周りにいる親戚や保護者を始め、役人たちの間にも広がった。百人ほどの人々がこの場に集まっていたが、1854年5月7日（嘉永七年四月一一日）に至るまで、我々の間で下田の人々の友好な態度について話題に上がることはなかった。

日本では、社会的な礼儀作法がしっかり定着している。その一例として、日本の名刺を紹介する（ちなみに米国の名刺は、訪問して相手が不在の時に置いておく訪問カードである）。日本の名刺は、我国のものとは内容や紙の質、耐久性などが異なっている。細長くて狭い日本の名刺はなかなか魅力的であるし、品格もある。私が見た彼らの名刺は、わら紙か薄いざら紙の上に書かれていた。

これまで日本を訪れた何人かの外国人旅行者は、かの有名な茶室について紹介してきた。しかし、その茶室は下田に存在しないか、あるいは意図的に隠されているように思われた。

ここで話題を転じ、私が見た日本女性の見苦しい一面と、好きになれない事柄を記しておこう。それらは、西欧女性の無理なほど締めるコルセットや、中国の宮廷女性のしきたりである纏足《てんそく》（足に布を巻いて大きくならないようにする風習）と似通ったものである。その一つに、日本女性の顔を真っ白に塗る化粧がある。女性たちの化粧は、劇場の舞台装置の職人がペンキを塗るかのような厚化粧であった。顔を白くする化粧品は、カキの貝を粉にしたようなものかと思われる。口紅は、ドイツのベニバナのような深紅色で、変わったところでは、濃い藍色を塗る女性もいる。若い未婚女性たちの化粧は通常ここまでであり、せいぜい、上流階級の女性が頬紅を塗るぐらいである。ところが、既婚の女性たちは、眉毛《まゆげ》を完全に抜いたり、白い歯を黒く染めたりするのである。

歯の化粧品として一般的な灰色の粉は、小さな袋に入って多くの店で売られていた。長崎の出島に滞在して『日本植物誌』を著わしたカール・ツンベルグ（１７４３〜１８２８年）は、その粉は鉄のやすり粉や酒、尿などからできていると公言した。私にその製作法を知る術《すべ》はなかったが、腐食性が極めて強いことを知った。我々の給仕が灰色の粉を試したところ八日間で口がはれ上がり、ほぼすべての歯が抜け落ちてしまったのである。

男性の服装についてはすでに述べており、僧侶たちが頭をきれいに剃っていることも紹介した。次に一般男性の髪型を紹介しよう。彼らは頭頂部を剃って、残った髪を一つに束ねて一〇センチほどの髷《まげ》にし、それらを剃った頭の上に後部から前部の方へ乗せ置くのである。男の子たちの髪は頭髪の一部を刈り、一〇センチほどの長さにまとめて頭の上に集めている。私は、幾人かの男の子が髪の毛を後部で束ね、前髪を目の上でまっすぐ横に揃えた髪形を見たことがある。

日本人が感謝の意を込めて、髪の毛の束を寺社に奉納することはよく知られている。その多くは自己の人生に感謝の気持ちを表したものと聞いている。実際私も、寺社の丘や参道に沿って髪の毛の束が置かれているのを度々目にした。

礼拝の一つの話が絵に描かれていて、それには暴風雨に遭遇した和船に多くの男女が船にすがりついている。男性が船の上部で短い列を作り、女性は船の下部で長い列を作っている。船上に弓・矢・扇子などの品々が並べられ、漁師や西洋のカトリック教の船乗りたちが、あらゆる奉納品を神や女神に捧げるのと変わらない構図である。

また、神社仏閣には寓話を主題とした絵巻物などが存在する。その一つが、若い女性の心臓を食べる悪魔の話である。その悪魔は一度に多くの心臓を食べるほどの悪霊ぶりであったという。そこで、三人の勇敢な王子が悪魔を征伐するため、山の頂上に登って祈願した。すると年老いた隠者《いんじゃ》の姿をした神が現れ、王子たちに水差し二本の酒を手渡したのである。行商人に身を扮した王子たちは地獄への道を急いだ。その途中、小川で水浴する女性が悪魔の入口を指差した。王子たちはそこに入って饗宴を始めた。すると悪魔が王子たちの接待役として登場してくる（悪魔は真っ赤な髪の毛を除いて全身は驚くほどの緑色である）。悪魔は酔いしれるまで酒を飲み干した。神から下された酒のおかげで、王子たちは悪魔の首を切り落とし、幸福な結末を迎える話となっている。

こうした絵巻物の中に、女性誕生に関する奇妙な話があった。ある若い男性たちが槍先を飛び越えようとした。一人の若者が飛び上がった時、鋭い槍先がその若者の股間部を切り落とし、彼が女性に変わったという寓話である。

殆どの神社仏閣には大きな銅製の鈴がぶら下がっている。太い荒縄を強く引いて鈴を鳴らすことは、神の御心を祈禱者に向けさせる意味があるという。その神社の人気の有るなしは、その荒縄の摩損具合を見ればかなり正確に判断することができる。

僧侶たちの殆どは、ちり緬のひだのある長い外衣を身に着けている。その色彩は色々あって、黒や褐色・緑・黄色・赤色など多種多様である。僧侶は祈禱する時にきちんと正装し、ある高僧は左肩から右の臂部へかけて帯状の布を着け、カトリックの司教がかぶるような頭巾《ずきん》を着けていた。日本の僧侶たちは他の国の聖職者と同じように、大食や飲酒を始め、悪行などは祈禱を阻むとして慎んでいるようである。私は彼らの酒への厳しい姿勢を度々見ており、また、妻を娶らなくても若者たちに取り囲まれていることを、この世の至福と感じているようであった。

ある時、私は托鉢《たくはつ》する二人の尼僧《にそう》を目にした。彼女たちは髪の毛を僧侶のように切り落とし、黒色の被り物を着けていた。一人はまだ若くかわいい女性で、もう一人の年輩の女性は背中に幼児を背負っていた。我々は、「尼僧たちは全国を歩き回り、男性に身を委ねて金を集め、それらを尼寺《あまでら》に持ち帰る旅を続けている」と聞いていた。しかし、私はそんな話をとても信じることができなかった。

私が下田の探索に出たことは前に述べた。その時、様々な興味深い絵を描いて、画帳の残りがなくなるほどであった。また、下田では鳥を捕獲して剥製《はくせい》にする作業に専念した。そのため夜明け前に小銃を肩にかけて狩猟に出る日々が続いた。川に沿って九キロほど上流に向かい、そこで谷を囲んでいる山を登った。目の前に現れた景色はまるでザルツブルクから見るアルプスのようであった。ただ一つ欧州のアルプス山脈の高原や牧草地と異なるのは、草むらの中のあちこちに岩の塊《かたまり》が転がっていることである。山には沢山の牛が放牧されており、その脇には子牛がいた。殆どの牛の背中に鞍《くら》の擦れ跡があり、この跡は牛が山岳地帯の荷物運びに使われていることを示していた。またこの草むらで、貴重な薬用ニンジンの根を探す人々にも出会っている。

その日の朝は霧が深く、六〇〇メートル登った所で湿った雲に包まれてしまった。私は谷間の人里離れた村落の近くで物乞いする托鉢僧《たくはつそう》のような人物と出会い、彼が生活している住処《すみか》を知った。寂しい山峡《やまかい》にあるその住処は脆《もろ》いアシの材料でできていた。このような托鉢僧が使用する数珠《じゅず》についてはすでに述べた。私が彼に出会った時、彼は片手に数珠をもち、胸には文字が書かれた小さな木箱をぶら下げていた。彼に出会った人々は、その木箱の中に米やその他の食べ物を入れるのであろう。私が硬貨を入れると托鉢僧はうやうやしく礼をした。彼は数珠をもみながら祈り、私に狩の成功を祈ったと手まねで表現した。その祈りが功を奏して幸運の神が微笑み、私は美しいキジを仕留めることができたのである。

周辺の山の岩場の間に小さな果実が沢山あり、それがキジの餌になっていた。私はそこで甲高いキジの鳴き声を聞いた。ところがキジが目に入った時、私はとっさに銃を構えることができなかった。私はその色鮮やかな美しさに見とれてしまったのである。それでも私は、賢い猟犬のお陰で十数羽のキジを射止めることができた。日本のキジはやや大型で銀白色をしており、首周りや胸部は輝いて、脚部は暗緑色と金色である。また羽根の上部は黄金色で、目の周りは明るい紅色となっている。捕獲した内の二羽は一キロ近い重さがあった。山の頂上の開けた所では沢山の雄鶏《おんどり》を見かけたが、雌鶏《めんどり》はやぶの中で卵を抱いていた。そこで雌鶏一羽を標本作成のために捕獲した。

数日後、私は再び狩に出た。この度はサイラス・ベント大尉とジェームズ・W・A・ニコルソン大尉が同行した。天候は先日ほど快晴ではなかったが、澄んだ大気を通して群青色《ぐんじょういろ》の海のかなたに伊豆諸島が見渡せ、大島には火山の噴煙が舞い上がっていた。視線を移すと、伊豆半島の緑濃い豊穣の平野やジグザグした岩の海岸線が広がり、その向こうに高い断層地塊が見えている。本日も雄大な富士山の姿が視界に入り、雪を抱いた神々《こうごう》しい山頂が雲の上に浮かんでいた。何とも言えぬ素晴らしい眺望であった。

ふと見上げると、上空を飛ぶ金色《こんじき》のキジが私の目に入った。私はとっさに銃口を向けたが、キジはあっという間に飛び去った。金色のキジを見るのは初めてであった。普段、金色のキジが人前に姿を現すことはなく、私がそれを見つけた所は大変険しい谷間であった。私は後日、そのキジの美しい標本を日本人から手に入れることができた。標本の燐光《りんこう》を発する羽毛と対比できる色は、鮮紅色《せんこうしょく》を上塗りした透明の金色だけである。その標本を動かすたびに、六〇センチもある尾羽根が優雅に漂って見えた。

我々一行は、一日がかりの狩で疲れ切ってしまった。そのため、村の判事か村長の家に一晩泊めてもらえないものかと考えたのである。ところが、外国人を宿泊させることへの反動を恐れた彼らは、我々の要望を受けつけなかった。仕方がないので我々は月の光を頼りに下田へ向かって歩き始めた。川に沿って歩く途中、木の上にぴったりしがみつく動物を目にした。それは薄灰色をした狐であった。大きさはドイツの狐の半分ほどであり、日本ではあまり見かけないものであった。と言うのもドイツと同じように、赤毛のマスター・ルナール（寓話に出てくる狐の名）が鶏泥棒の主犯として幅を利かせていたからである。日本人たちは犬をけしかけて、この狐を木の上に追いやってしまった。後に私は、この狐を制服のボタンと同じ位高い値段で購入した。

午後一一時、我々はとことん疲れて町の外れにある寺にたどり着いた。そこで一晩の宿を申し入れたところ、僧侶たちは快く受け入れてくれた。ところが、横になって休む間もなく二〇人ほどの警備人が部屋に押し入り、我々に船に戻るよう迫ったのである。我々がそれを拒否すると彼らはいったん寺を離れ、暫くして警衛の役人たちと通訳を連れて戻ってきた。我々の先任のサイラス・ベント大尉は、「明日の夜明けまで、ここに泊めていただきたい」と彼らに申し入れた。しかし、警備人たちは我々を強く押し戻し、多数の提灯《ちょうちん》を部屋に持ち込んで睡眠を妨害したため、ベント大尉は通訳に強く抗議した。それでも一人の警備人が私の目の前まで提灯を突きつけたので、私は提灯を彼の顔まで押し返した。ニコルソン大尉は他の警備人の足をつかんでよろめかせ、さらにあばらに一撃を加えたので、その警備人は我々がいる床に倒れ込んだ。この出来事は皆さんが想像する通りの大騒動になった。

ベント大尉は警備人が来る前に彼の輪胴式拳銃《リボルバー》に弾を装填していた。同様に、我々も急いで拳銃に弾をこめた。我々が引き金に指をかけ、強い口調で「出て行け」と叫ぶと、警備人たちは渋々姿を消した。辺りはにわかに静けさを取り戻し、我々は翌朝まで熟睡して艦に引き上げたのである。

我々は、この出来事の裏に奉行所のクナカワ・カハイ〈下田奉行組頭の黒川嘉兵衛〉が絡《から》んでいると捉えた。艦に戻って分かったことは、真夜中過ぎに数人の日本人が「ポーハタン」を訪れ、ペリー提督に面会を要求して一蹴されたことであった。後日に詳細な報告を受けたサイラス・ベント大尉（アダムズ参謀長が米国に向かった後、旗艦の副官を務めていた）は、制服に身を固めて奉行所へ赴き、黒川嘉兵衛に面会した。ベント大尉には海兵隊の大尉や、それなりの権限をもつ随行員が加わっている。奉行所組頭の黒川は責任を回避しつつも部下に落ち度があったことを認め、警備人たちへの対応を約束した。ベント大尉は、「ペリー提督は米国士官たちへの冒涜《ぼうとく》を憤慨し、平和協定に悖《もと》るものと考えている」と伝え、さらに「提督は、分遣隊を上陸させて平和を乱す狼藉者《ろうぜきもの》を捕え、江戸へ差し出して罪を償わせるつもりだ。今後、このようなことが生じた場合、ただでは済まされない」と付け加えた。そして、「我々の提言だけが、ペリー提督の気持ちを変えさせることができる」との忠言で締め括《くく》った。これらの言葉は黒川組頭を強く動揺させた。その結果、下田奉行所の関係者はベント大尉の忠言を厳粛に受け止め、謙虚に謝罪して事態を収めたのである。

5月13日（旧暦四月一七日）、我々は下田を出航した。この日は好天に恵まれて素晴らしい日であった。午前一〇時頃、伊豆大島近くに接近するとヤカンのような形をした三原山の頂上が見えた。そこに濃い白煙が立ち上り、雲が勢いよく流れている。噴火口の周辺は木炭のような黒色である。溶岩の流れが火口から海岸に向けて南側の斜面の谷間をおおい、灰色がかった赤色の灰が盆地を成していた。他の斜面には緑が残っており、植物が豊かに育っていた。岩崖の上には幾つかの小さな家々と、高い木の陰に隠れた集落があり、それはまるで絵のような光景であった。

正午に房総沖へ到達し、キング岬〈野島崎〉が近くに見えた（キング岬は、英国のバンクーバー艦長が、彼の部下の大尉の名誉のために命名した岬である）。午後はブランコ岬〈下総の太東崎と推定される〉沖を通過した。我々はこの二つの岬で水深を測って満足な結果をえた。

第十五章　箱館

サンガー海峡――危険な霧――イェッソ島（蝦夷島《えぞがしま》）――箱館湾――東洋のジブラルタル――町の姿と状況――漁業――住民たちの恐れ――鳥と魚――流砂――現地との取り決め――スイスとよく似た町――火消し頭と岡っ引き――老兵――優しい日本人、そして親切心――寺社――箱館の景観

箱館湾、イェッソ島、1854年5月〈嘉永七年四月〉

サンガー海峡（津軽海峡）は、蝦夷島《えぞがしま》（北海道）と日本（本州）を分ける海峡である。5月16日（旧暦四月二〇日）の午後、我々は日本列島の北東端に位置する尻屋崎《しりやさき》を回って、津軽海峡へ入った。尻屋崎の先端には岩礁があちこちにあり、その岩礁がジグザグと海面に突き出たり、水面に没したりしていた。潮流は四～五ノットと速く、海峡南西の沿岸沖では北西の方向に流れ、北西の沿岸沖では南東に流れている。この海峡は、五月～七月にかけて濃霧が視界を悪化させ、この潮流の状況をよく知らない船乗りたちに危害を与えてきた。

そのため「日中の内に方角を見てクロス方位法（交差方位法）を行い、隣接する周囲との位置関係を十分確認しておくように」とペリー提督から指示が下された。ベント大尉と私、それにライガート・B・ラウリー先任代理は、日が出ている限り、その測定に忙殺された。この緯度の5月の日没は、午後七時頃である。しかし、本日は霧が濃いために、日没前であるが作業は終了とな

った。
翌17日は、午前八時まで霧がすっぽり我々を包んでいた。通常の操作に従って警鐘《けいしょう》や警笛・汽笛を鳴り響かせながら、艦船相互の衝突を防止した。霧が晴れて視界が広がった時、「ミシシッピ」が「ポーハタン」の後方約一キロの位置にいることを知った。ペリー提督は、「我に従うべし」との信号を「ミシシッピ」に送り、「ポーハタン」は海峡の先に向けて最大出力で航進を始めた。

我が艦隊の三隻の帆走艦は、すでに一足早く箱館へ向かっていた。我々が一時間ほど進んだところ、地峡《ちきょう》の先の岬（箱館半島）に巨大な岩塊があり、その岩の向こうに三隻の帆走艦のマストが見えた。ここで、「ポーハタン」が空砲を発射して、前檣《ぜんしょう》に小さな米国旗を揚げ、我々の水先案内を帆走艦に指示した。さらに五キロほど前進すると、三艘《そう》のボートがこちらに向かって来るのが見えた。「マセドニアン」と「サザンプトン」、それに「バンダリア」からのボートであった。「サザンプトン」のボートの艇長はジョージ・A・スティーブンズ先任代理で、旗艦の「ポーハタン」に最初に到着した。他の二艘は「ミシシッピ」に向かい、乗組員はそれに乗艦している。正午に至り、我々艦隊は一線になって、箱館の素晴らしい港に投錨することができた。箱館の港は、日米和親条約によって開かれた二番目の港であった。

残念ながら、地中海入口の港町・ジブラルタルについての私の知識は、写真と説明書き、それに地図によるものだけであった。そして、ジブラルタルを度々訪れた士官たちは、箱館がジブラルタルに瓜二つだと言う。私はすでに箱館の地峡について触れ、それが南東側の湾で終わっていることを述べた。その狭い所に巨大な岩があり、それがジブラルタルの岩とよく似ているとのことである。箱館の町は大きな岩の麓《ふもと》にあり、この状況もジブラルタルと同様である。その上、箱館湾は広くて美しい。湾の幅は広い所で一二キロほどもあり、その先で二～三の湾口につながっている。潮の流れが穏やかなのも、停泊に適していた。私が確かめた範囲では、岩礁や浅瀬もないようである。また、陸地から一キロあまりの海域まで、大型船の入港が可能であった。それに加えて、北から南にかけての海岸の砂州が、外海からの大波を防いでいる（箱館の港の入口は津軽海峡に向かってまっすぐ延びており、ここから本州の海岸までの距離がおよそ五〇キロと仮定すれば、この砂州は極めて短いものと思われた）。

箱館に四千～五千戸の家屋があるとすると、人口は二万人ほどになるであろうか。海岸の浜は八～一五キロほど陸地に入り込み、ある所は石で被われ、またある所は草地になっている。湾と海岸線には、高さが三〇〇～九〇〇メートルにも見える半月型の隆起断層があり、西側の端を除いて、全体的に緩やかな勾配で海岸線へつながっていた。現在は頂上のほぼ全域が雪で覆われており、下の丘陵地帯にも雪が残っている。高台から流れてくる五本の川と支流の流れが湾内に注ぎ、海水は水晶のように透き通っていた。小川に沿って多くの集落があり、その周囲を畑や家庭菜園が取り囲んでいた。また、河口の周辺は、漁師たちが集まる漁港である。春になると、鮭《さけ》の群れが産卵のために川を遡上する。各漁村やその近くには必ず平らな砂浜があり、漁師たちはその上で網を干したり、長い木の台を置いて、鮭を干したりしていた。私は、その砂浜で炉《ろ》の上に置かれた大きな桶《おけ》を見た。日本の漁師たちは、熱湯の中に酸味のある植物を入れて黒い染料を作り、網をそれにつけて腐食を防いでいる。間もなく漁の季節を迎えるため、漁師たちは、この仕事で忙しそうであった。

ジブラルタルによく似た箱館の岩については、すでに述べた。箱館の町は村と違って、二つの大きな通りが海岸と並行に走っている。陸地側の大通りは、岩盤によって海岸通りよりも一〇メートルほど高くなっており、これらの通りを縦断する小路を下ると、海岸に出るようになっている。この町では、四戸の大きな神社仏閣の屋根が、一般家屋の屋根の上に見えた。地峡の近くで海岸に近い町外れに、和船の造船所があり、その狭い場所に幾つかの家屋が寄り集まっていた。

旗艦の副官を務めるサイラス・ベント大尉は、さっそく通訳のウェルズ・ウイリアムズと数名の士官を連れて箱館に上陸した。彼らの役目は、奉行のもとにいる役人たちを旗艦に案内し、条約内容を最終的に打合せることであった。私は体調が悪くて参加できず、艦に残って、湾やその周辺の景色を一日中写生した。

ここで、私が気づいたのは、多くの人々が町から逃れて、地峡の向こうへ避難する姿であった。数百頭もの馬が、荷物を引いて移動していた。と言うのも、このたび神奈川で結ばれた日米和親条約を届ける幕府の高官が箱館に到着しておらず、現地の人々は、我々の訪問について何も知らされていなかったからである。彼らは異国の軍艦の姿を見て驚き、兵員の多さに恐れおののいた結果、重要な荷物をまとめて、緊急避難したのである。

帰艦したベント大尉が、我々にその状況を説明したが、腑に落ちないことばかりであった。しかし、それはすぐ明らかになった。１８１１年（文化八）にロシア艦「ディアナ」のゴローニン艦長が、理不尽な理由で松前に投獄されるという事件があった。これに激怒した副艦長のリコルドは、ゴローニン艦長を取り戻すために、国後島《くなしりとう》の陣屋の砲台と砲撃を交わした。その後、１８４９年（嘉永二）に同じような事件〈１８４８年に西蝦夷地に漂着した米捕鯨船のラゴダ号と思われる〉があり、日本人は漂着した米国船の船員を捕えている。船員たちは、箱館の西およそ五〇キロにある松前藩に監禁され、厳しい尋問を受けた。過去にこうした経緯がある箱館の人々は、我々がその報復に来たと思い込んでいる様であった。

その動揺を静めるためにペリー提督は、当初のベント大尉の派遣を除いて、その後二日間の箱館上陸を禁止した。その一方で、松前藩から派遣された名代《みょうだい》〈主席応接使の松前勘解由《まつまえかげゆ》〉を含む、多くの役人が我々の艦を訪れた。この来訪が、すべての問題の速やかな解決につながった。

こうして、現地との友好な関係が始まり、私はさっそく小船に乗って、ペリー提督の特命事項である鳥類の標本探しに出た。五月は狩には最悪の季節であったが、私は大きな成果を上げて、数種類の美しくて珍しい鳥を手に入れた。これによって、これまでまったく知られていないか、あるいは殆ど知られていない鳥類の標本を、科学者たちに提供することができたのである。私は、特に野生のカモに満足した。カモは緑色がかった金色の鶏冠《とさか》をもち、湾曲した五つの羽根が、灰色と白の斑《まだら》状の半円形を形作っている。また、クチバシの上に大きな角状の物がある潜水鳥類は、巨大なクチバシをもつオオハシのようであった。その他、小さいがとてもかわいいヤマウズラや、珍しく大きなヤマシギもいた。ここで特筆すべき鳥は、一〇センチにも満たない希少のイソシギで、白い胸と褐色の首、それに銀白色の羽根をもっている。私の知る限り、このイソシギは、これまで知られている鳥の中で最も小さな水カキをもつ珍種であった。

この間、魚を捕るために連日短艇が降ろされ、私と同様の成果を収めていた。重さが七キロもある鮭を捕ることもしばしばあった。また、ある日は、二三匹あまりの鮭を含むバケツ三〇杯という大漁の成果を上げている。

私は、箱館のひなびた田舎をあちこち歩いて回った。ある日、補給部の兵士と出かけた時に、私はいきなり海岸の流砂にはまってしまい、尻まで浸かって、そこに引きずり込まれそうになった。これで最期か、と思ったその時、とっさに同行する兵士の存在が頭に浮かんだ。彼は片手で地面をつかむと、片手で小銃を差し出して、私を引き出してくれた。この苦い経験から、私同様、狩に熱中する同僚たちへ、「平坦な地面を常に歩き、決して低地に入ってはいけない」と警鐘を鳴らした。それは、このような海岸の流砂が、至る所に存在したからである。

私は数カ所の漁村を訪れたが、どの家の戸も固く閉ざされていた。多くの戸は頑丈に釘付けされており、戸板には角と鋭い爪をもつ鬼の絵が張られていた。漁村には、各家々を警備する人たちと野良犬だけがいて、警備人と犬の数はほぼ同数であった。

しかし、箱館に投錨して三日後には、我々が箱館の町で過ごせる環境が整っていた。私は、同僚のブラウンと指定された小さな寺〈実行寺《じつぎょうじ》〉に移り、この寺が我々の住処《すみか》と銀板写真の仕事場《スタジオ》になった。

上陸には埠頭《ふとう》を使用し、そこには立派な石造りの階段があった。その埠頭の番所には二〇名ほどの警備士がいて、室内は幾つかの部屋に分かれていた。また、この埠頭と地峡の間に、二〇〇隻近くの和船が停泊していた。通常はその倍の船が停泊しているが、我々が来たために大半が避難してしまったとのことであった。埠頭の番所は、むしろ運上所《うんじょうしょ》（現在の税関）と呼ばれるものかもしれないが、そこから短い横道を上って行くと、最初の大通りへ出た。大通りはことの外きれいに整備されており、幅一五メートルほどの道が海岸に並行して走っていた。その両脇に、頑丈で広々した建物が立ち並び、通りに面した二階建ての店では、日用品が売られていた。横道をさらに上ると、海岸沿いの通りより標高が高い大通りに行き当たり、そこからまっすぐ行った所に、我々の住まいとなる寺があった。その寺から高台に上ると、町の景色と港の内湾が一望できた。また、寺の右側にもう一つの道があり、その道を上ると別の通りに出るが、そこは箱館の裕福な人々の居住区と思われた。

その地域に並ぶ建物は、私にスイスを思い起こさせた。平らな屋根板の上に、幾つかの石で止められた長い棒がある。その棒は強風の時に屋根板がはがれないようにしているのだろう。これと同じようなことが、スイスでも行われている。箱館の海岸で春と秋に生じる暴風は、スイスのルツェルン湖に吹き下ろす強烈なフェーン現象と同じである。同様に、両地方は冬期もひどい悪天候にさらされるため、屋根の上に数十センチの雪が積もっている方がかえって望ましいのである。二階には、周囲に張り出た立派なバルコニーがある。また、玄関に続く木造りの小さな入口があり、そこには家とは別の切妻《きりづま》屋根があって、その多くが優雅な彫刻のある柱で支えられていた。これらのすべてが、私にスイスを偲《しの》ばせた。

箱館の山の麓には数百メートルにわたる森林があり、それが、鋭い傾斜地から崩れ落ちる雪崩《なだれ》を防いでいる。各家々の切妻造りの張り出し口の所に、水が満たされた大きな桶があり、その横に藁束《わらたば》が付いた長い竿《さお》が置かれている。私はこの竿と藁束の使用目的が最後まで分からなかった。これらの桶を、屋根に沿った所や、煙突から離れた場所でも見かけたが、他の地域ではこうした桶を見かけていない。スイスでは、日本の物より少し大きめの桶の列が入口の前に置かれており、それらは井戸の代りとして使われていた。箱館とスイスの類似点は、印象に残るものであった。日本にも井戸はあるが、それらは庭の中に掘られており、長い棒の先に下げられた小さな桶が、水を汲み上げるために吊り下げられている。

私は以前、日本の火災について書いている。日本では火災が多発しているにもかかわらず、人々の警戒心は薄いようだ。と言うのも、私は日本で少なからずの火災現場を目にしてきたからである。火災の原因については、疑う余地もない。日本の家屋は木造であり、家の広間の真中で、明かり用の火が防災具も付けずに燃えている。また、火鉢が畳に直接置かれているばかりではなく、紙張りの襖《ふすま》や、障子のすぐ側に置かれている。箱館の町の各地域には、下田と同様の火消し組織が存在し、その規模がさらにしっかりしていて、火消しの細かい手順が定められているようだ。数名の夜回りが各通りを巡回し、町の隅には縦六〇センチ、横三〇センチ、厚さ五センチの、「火の用心」を促す掲示板もある。火災が起きると、見張り人は短い鉄の棒で板をたたいて、事態を知らせる。最初に火事現場に駆けつけた火消しの組頭は、自分の組の木札をそこに掲げて、消火活動に当たる。他の火消し組は、その組頭からの要請がなければ消火の手助けはせず、現場にも立ち入らなかった。火消し組の責任者は、他の組織が消火する功名に傷を付けることを嫌ったのである。

　火消し組織の組頭は、岡《おか》っ引《ぴ》き（現代の巡査）と同様に高い威厳をもっていた。両者とも幕府組織の延長上にあり、お上が特に許可をした時には、腰に刀を差すことが許された。岡っ引きは、通常三〇センチほどの長さで、直径二センチほどの鉄製の警棒（十手《じって》）をもっていた。その警棒の凹《くぼ》みのある湾曲した部分は、敵の刀剣の一撃を受け止めるものであった。警棒には丈夫な絹の紐《ひも》と総《ふさ》が付いていて、それを手に巻きつけて警棒を固定している。岡っ引きは、英国や米国の巡査と同じように、警棒を振り回して暴徒や群衆を制するのである。実際、彼らは我々のために何度となく群衆をかき分けて、通り道を確保してくれた。

　私が箱館にいる間、二人の警備の侍と付き人一人が、同じ寺の屋根の下で寝泊まりした。寺の監視人である彼らは、我々の銀板写真の装置や絵を描く道具を守ってくれた。その内の一人で、人の良い年配の侍が、私に日本の剣術を見せてくれた（なお、剣術については二〇冊を越す厚い本に、その技が詳しく解説されている）。年配の侍の額《ひたい》から頬《ほお》にかけて刀の切傷跡があり、同僚の侍は、彼が勇敢で立派な武士であることを称えた。彼は剣術を巧みにこなし、私は言われた通り、棒を使って彼に何度も立ち向かったが、その都度、十手で棒をもぎ取られてしまった。また我々の滞在中、その年配の侍は、数度にわたって松前藩に報告書を届けている。彼は私に、「自分は若い頃は優秀な戦士で、狩も得意だった」と話してくれ、「今は、老いぼれてしまった」と語った。また、「肺を病んでいる」とも言っている。それにも拘わらず、年配の侍は日本の作業員を激励して住まいを修繕し、我々の仕事場を整えてくれた。また、行く先々で我々を町の群衆から守り、ライオンのような大きな声で、群衆を退けてくれた。その大きな声を聞いた我々は思わず笑い出し、その我々を見た彼もまた大笑いしたのである。

警備人たちは、きめ細かく任務をこなして、我々の住家と仕事場を監視してくれた。我々は箱館の高官の肖像写真を作成中であったが、高官が訪れた時の警備人たちの身のこなしは極めて丁重だった。この警備人たちのお陰で、我々の許可なしに、日本人がここに立ち入ることはなかった。しかし、ある日役人が何かの伝言を携えて、前ぶれもなく我々の住まいに入ってきた。彼は打ち解けた様子で戸の前に現れ、その伝言を置いていった。

箱館の人々はとても背が低く、中には一五〇センチに満たない人もいる。我々の士官や乗組員を仰ぎ見る彼らの目は、我々の身長に比例しているようであった。つまり、背が高ければ高いほど、彼らの敬意の度合いが増したのである。箱館の人々は、たびたび私に丁寧な口調で「背丈を測らせていただいてよろしいですか？」と尋ねた。箱館でブンゴ（奉行）と呼ばれている高官の家に招かれた時、ある男性が私の身長〈一八五・五センチ〉を測って木の柱に記した。私は、頼まれた通りその印の下に自分の名前を書いたが、彼はさらに私の名前を日本語で柱に書き加えた。

　次に、ある時を境に、私が日本の特殊な生活習慣に慣れてきたことを述べておこう。私は、日本人のやることに興味を覚えるようになったのである。それは、他者への礼儀を重んじる作法や、言葉づかいの良さなどであった。また、極めて強い自己抑制は、日本人の性格をよく表していた。これらの観点から、松前藩主の名代《みょうだい》〈松前勘解由《まつまえかげゆ》〉は洗練されて品も良く、まさにお手本そのものだった。彼は、応接役や外交官、また客人として大きな魅力を発揮した。それは、奉行や副奉行にも同じことが言えた。奉行〈松前藩の要人・遠藤又左衛門〉は五〇歳を越えた好感のもてる武士である。また、副奉行〈松前奉行の石塚官蔵〉は小柄だが体格の良い三〇歳位の武士で、堂々と馬を乗りこなすその勇姿は、多くの賞に輝く馬術競技者のようであった。

　蝦夷《えぞ》の人々の顔色が、私には本州の人々と比べて少し白っぽいように見えた。その典型的な人が、我々の仕事場を数回訪れた国後島《くなしりとう》の商人である。彼はおそらく千島列島人であり、当時、日本人からアイヌと呼ばれていた人である。その他、箱館では下田に比べて女性たちを見る機会が少なかったが、数人の若い女性たちが銀板写真に納まるために私の仕事場を訪れた。彼女たちの顔は魅力的で、その動作はとてもしとやかであった。

箱館の町には、多くの寺社や小さな寺に加えて、信仰の中心になる四つの大きな寺があり、建物には木彫刻《もくちょうこく》が豊富に施されていた。その中の二〇平方メートルもある広い彫刻には、多くの浮《うき》彫《ぼり》が装飾されている。浮彫は、主に鶴や亀（日本では美と幸運の象徴）の他に、ウサギや牛・馬・イノシシ・竜などであり、庇《ひさし》の部分には竜やイノシシが彫られていた。ある寺では、ギリシャ神話の「風の神」の日本版とも言える「風神」が表玄関の左手に鎮座しており、肩に風袋をかついでいる。また、右手には、赤い光がチラチラする拍子木をもった雷神が構えている。この寺では、我々がたまたま二日ほど訪れた時に、僧侶が聖歌の応唱のような鼻声で絶え間なく読経していた。この大きな寺には主な祭壇の他に四基の付随する祭壇があり、その多くは、我々のカトリック教会と似ていた。事実、祭壇の上部には聖体を安置する聖櫃《せいひつ》があり、中央には木彫りの像がある。それはベールを被った女性像で、聖母エリサベトと似たものであった。

箱館の町の背後には岩山〈箱館山〉が迫り、その高さは四五〇メートルほどあって、頂上から箱館の素晴らしい全景を見渡すことができた。北には箱館湾と箱館の町並みを見下ろし、その先にはすでに述べた広い峡谷平野が広がって、三方を山に囲まれている。一方、半島の南側の急な断崖の先は、津軽海峡となっている。南西の方向の狭い海峡の向こうは、日本でも有数の山脈地帯であり、松前半島の高い山の麓が曲がって見えなくなった先に、蝦夷で唯一の城下町・松前がある。

岩山の頂上にあるお堂に、目をつぶった三メートルほどの観音像が鎮座している。そのお堂までの折れ曲がった道はよく整備されており、カトリックの十字架の道行きと似ていた。〈実行寺のお墓を抜けた所から〉一〇〇メートルほど上ると最初のお堂があり、六〇メートル先に二番目のお堂があって、その先一三〇メートルほどの所に三番目のお堂が現れる、という具合である〈箱館山の三十三観音巡りは、江戸時代に高田屋嘉兵衛の協力で作られたと言われている〉。

南西側の坂から海に向かう、硫黄を含んだ冷たい源泉水は、下剤として利用されている。

私は、箱館の湾と全景を描くために箱館山に登った。その後、地形図を作製するために、「ミシシッピ」のウイリアム・L・モーリー大尉と、「マセドニアン」のジョージ・H・プレブル大尉と共に、この山に登った。私は、この美しい山に少なくとも五回は登っている。その頂上と途中の二カ所の岩棚に、ゴザで囲った監視所が設けられていた。そこは、海を眺めるのに絶好の場所であったが、すでに閉鎖されていた。役人たちは、そこから我々の艦を見張っていたと思われた。山の西側の麓には、兵舎と新しく設置された大砲の砲台、またそれに付随する弾薬庫が建っていた。大砲は小さな小屋の中に隠されており、私がその大きさを想像できないほど、しっかり保護されていた。いずれにせよ、その大砲は二四ポンド砲ほどではないと思われた。もちろん、これらの装備は港を守るためのものである。箱館の小型船は、湾の東側の南北に走る砂州の内側に停泊している。そこは、いくらか水深が浅いものの、防御は固く安全な場所となっている。問題の砲台と、地峡の反対側にあるもう一つの砲台は、その停泊地を守るためのものに違いない。それらの砲台が、我々の大口径の大砲には、まったく歯が立たないのは言うまでもないことだが……。

第十六章　日本からの出航

通貨と両替――時計と楽器――音楽を愛する日本人――裏切られた希望――現行犯で捕まった盗人――キツネ狩り――下田へ戻る――下田の景観の変化――幕府責任者と最後の会談――余暇を過す――墓地――日本人との友情――出航――日本遠征に望んだこと、そして得たこと

汽走艦「ポーハタン」の艦上にて
1854年6月（嘉永七年五月）

箱館で買い物をするための標準的な両替の設定には、さほど時間を要さなかった。この両替の設定では、金は銀より一〇パーセントほど低めになっている。米国の一ドル銀貨を四八〇〇キャッシュ（厘《りん》）と評価し、日本の通貨である大きな楕円形の銅貨〈天保通宝〉を四八枚買うことができた。そのため、一〇ドル相当の日本硬貨を持ち歩くためには、強靭な男が鉄道会社の赤帽の様な荷役をこなす必要があったのである。

私が購入したのは、幾つかの漆器や磁器、キセルや煙草入れ、そして各種の日用雑貨などで、それらの品々には豪華な色彩が施されていて、中国の製品とは比べ物にならなかった。私が地方の片田舎で手に入れたこれらの品物を、価値がない物と思う人がいるかもしれない。しかし、私が買った品は品質も素晴らしく、しかも、値段も安かった。ここでもまた、私の携帯時計が人々

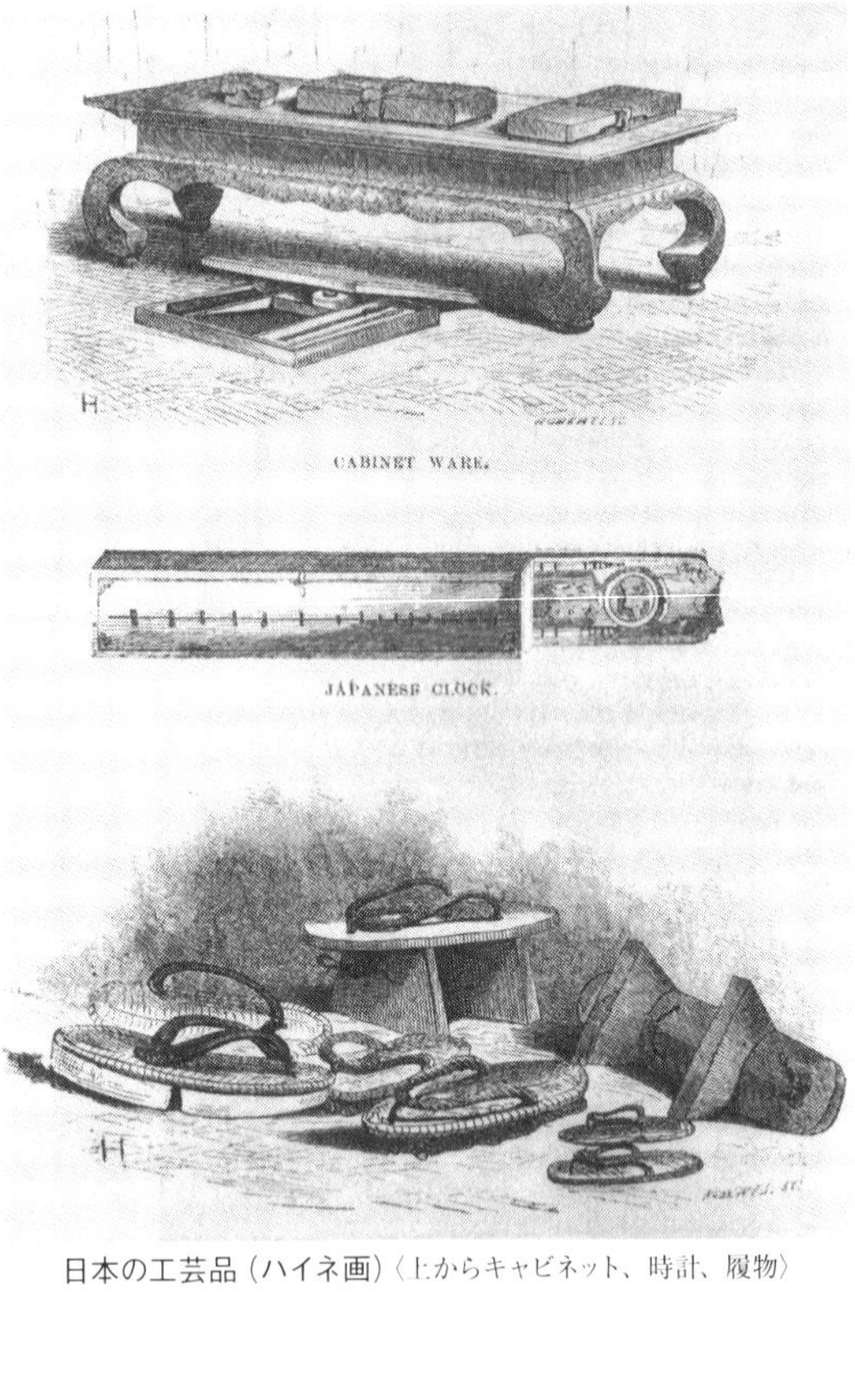

日本の工芸品（ハイネ画）〈上からキャビネット、時計、履物〉

の大きな関心を呼んだ。箱館の人々の関心の度合いは、すでに数人の幕府の高官が携帯時計を保有していた江戸湾の時を、はるかに凌《しの》いでいた。ところが、私の関心は、むしろ日本の家庭にある柱時計に引き寄せられていたのである。それらの柱時計は、長さが六〇センチで、幅は一五センチほどであった。時計ケースの上部に組み込まれた錘《おもり》が時計を動かし、それは私の母国、ドイツのシュワルツワルト地方で生産される名高い鳩時計によく似ている。一列が八個で、それが二列に並ぶ一六個の銅製の割駒《わりこま》（時刻表示のための小さな駒板）が時計ケースの下部にある。割駒の配列は、適当な間隔で上部に八個、下部に八個となっている。ケースの左奥には、上下に動いて時間を数えるもう一つの円盤があり、広い間隔で並んだ八個の蝶は、この季節の昼間の時刻を表示し、短い間隔で並んだ他の八個の蝶が夜間の時刻を示している〈当時の和時計は不定時法で、季節によって変化する昼と夜の時刻表示を用いていた〉。

この一日を一六時間で表す日本の時刻表示は独特のものであり、長い八時間と短い八時間からなっていた。夏の季節は日の出から日没までの時間が長く、日没から日の出までの時間は短い。冬の季節はその逆となる。ところで、その日が伸びたり、短くなったりする季節〈春と秋〉への対応はどうするのであろうか？　私にはそこまで知る機会はなかったが、おそらく、日本では春秋の時間調整を無視して一年を二つに分け、六カ月毎に時刻表示を交替するのかもしれない。日本人は、時計に昼夜の区別表示がない我々の時刻表示（二四時間定時法）には対応できないのであろう。事実、ほとんどの日本人が日時計を使用していた。彼らの日時計は、かなり正確に思われた。ある日本人は腰帯に筆入れの箱を携帯し、その中に日時計や羅針儀《コンパス》、折りたたみの物差しや小さな象限儀《しょうげんぎ》（天文観測機器）まで入れていた。

箱館の何軒かの商店では、様々な楽器が売られていた。リュート（マンドリンに似た楽器）やツィター（30～40本の弦のある楽器）のような弦楽器もあり、また竹の軸でできた舌《リード》のない簡単な笛《フルート》〈横笛や尺八など〉や、各種の弦楽器が置かれていた。弦楽器の弦は三本や五本の物があり、その胴は木の代わりに羊皮紙で被われていて、まるで、ラテン・アメリカの黒人が奏でる楽器の様であった。笛は構造こそ素朴であったが、吹き口と七つの穴は大きく、我々の楽師を大いに悩ませている。日本人は、その笛を使って単純ではあるが心地良い音色《ねいろ》を奏でた。その他に、チロリアン・ツィターの棹《さお》の部分を長くしたような弦楽器もあり、この楽器には五本の金属弦が張られていて、親指と人差し指の間に挟んだ木の撥《ばち》でかき鳴らすのである。

日本の社会では、音楽は多くの人々の楽しみであった。我々の合唱隊が下田の町で歌を披露した時、町の半数もの人々が参加してくれた。その後、ペリー提督が合唱隊なしで下田の町を訪れたところ、多くの人々が提督に付きまとって、合唱隊の再登場を促している。箱館でも同様のことが起きた。我々の艦隊には「エチオピアン・ミンストレル・ショウ」を演じる素人集団がいて、彼らは米国南部の荘園で働く黒人たちの歌や踊りを得意芸とした。ペリー提督は、「ポーハタン」に松前侯の名代や高官たちを始め、箱館の二名のブンゴ（奉行）やその他の役人たちを招いて饗宴を催した。そこでの音楽会では、ミンストレル・ショウに続いて合唱隊が斉唱し、それを聞いた

箱館湾・亀田の入江（ハイネ画）

高官たちは大いに喜んだ。大きな拍手喝采の中で、彼らは何度も「クッシ、クッシ（屈指）」と声を上げている。それは最高の満足を表現する言葉であった。

その数日後、私は狩に出かけた。ここでもまた、いつものように一人の衛士が付いてきた。彼はうろ覚えの英語の言葉や歌を披露し、片言の英語で立て続けに歌い続けた。しかし、彼の歌はあまりにも下手だったので、私がそれを直してやると、彼は大笑いして「クッシ、クッシ」と声を上げた。

その日の狩は、箱館に流れる四本の川の中で、最も大きな川の上流を選んだ。朝早くから狩を始めたため、九時には十分な数のシギやウズラを手中に納めた。そのため我々は、山の麓にある大きな村の亀田という番所で一休みした。そこに詰める人の良い老人は、我々を茶や甘味などでもてなしてくれ、餅や大根の漬物、それに美味しい薄切りのスモーク・サーモンを出してくれた。お返しに私がワインを贈ると、番所の長はそれを大変気に入ってくれた。

同行する衛士は、どうも私を山に立ち入らせたくないようであった。その理由の一つには、山登りがきついこともあったのだろう。だが、よくよく聞いてみると、渓谷や山間部には熊がいるということだった。熊がいるのであればなおのこと、私は是非とも山に登ってみたい気持ちになった。私は、この強い願望を押し通したのである。

亀田番所の長は、私に数頭の馬と、道を良く知る四人の男たちを付けてくれた。さらに、多くの犬が各馬に割り当てられたが、これらの犬は、冬期に熊が家畜の道に降りてくるための対応策であった。同行する男たちは狩猟用の長い刃物を携帯し、熊狩りを楽しみにしている様に思われた。番所の長は我々一行に三匹の大きな犬を加えてくれた。一匹の大きな黒い老犬は、すぐ私になついている。その犬は熊と争って片耳を失った傷跡があり、この犬の並々ならぬ勇敢さと闘争心が表れていた。他の犬はシギを追うばかりで、その他の獲物には関心がなさそうだった。

二時間ほどの山登りで汗を流し、ようやく山の頂上にある高原に出た。そこから眺めると、眼下に箱館湾の素晴らしい光景が広がる。男たちはここで火を起こし、二人が馬と共に残って、他の二人は私と共に犬を伴って雑木《ぞうき》林に入った。私は、二挺の小銃にそれぞれ銃弾と三発の散弾を込めて肩に掛けたが、これは我々の狩の標準的な装備であった。山は深い森林に被われ、細い山道は、沢山の木材や木炭を背負った馬が下の平原まで下りる通り道になっていた。山奥で大量の炭焼きをする方法は、我々が故国のドイツでやっていることと同じであった。暫く進むと、いつの間にか細い山道は途切れていた。その先は、雑木の密生する藪《やぶ》が人の行く手を妨げている。しかし、その藪を遮《さえぎ》るような大木があまりなかったので、暫くの間、我々はこの道なき道を歩み進むことができた。その道すがら、私はある種の若木の樹皮が、かじり取られていることに気付いた。我々の愛する友・熊君は、甘い物が大好きである。そのため、蜜を見つけられないときは、様々な甘い木の根を探したり、筍《たけのこ》をしゃぶったりするのである。筍は、人間にも栄養を与える貴重な物である。私は、今まで筍を数回サラダにして美味しく味わっている。

我々は、途中で幾つかの熊の足跡を発見した。小さな水源の近くに、親熊と思われる足跡があった。そのカギ爪の足跡は、私の広げた手とほぼ同じ大きさだった。これを見て、私の狩猟欲はいよいよ高まった。暫くすると、猟犬たちはおかしな動きを始め、片耳の黒い老犬が地面の臭いを執拗に嗅ぎ始めた。

そこで唸りながら頸部の毛を逆立てた老犬は、突如、大きな吠え声を上げた。その直後、老犬は正面の藪に突進し、他の犬がそれに従った。藪と木の葉のガサガサ鳴る大きな音がその場を騒然とさせ、巻き上がる木の葉が何かを追う痕跡を示していた。猟犬たちは左方向に疾走し、我々は必死になってその後を追ったが、距離は開くばかりであった。森からようやく抜け出ると、丘の側面の木立の下に暗いほら穴があり、その前で猟犬たちが吠えながら跳び回っていた。ここが熊の住処《すみか》に違いない。あちこちに残った熊の足跡から見ても、疑う余地はなかった。しかし、どうしたら熊を捕獲できるのか、私はその場で考え込んでしまった。

ほら穴の内部は広くなっているようで、当初、私はその中に潜り込もうかと考えた。しかし、それには二つの問題があった。一つは、私が潜り込もうとしたところ、同行する良き仲間たちが初めは懇願し、次には実力で阻止しようとしたのである。彼らは危険を身振り手振りで表現した。彼らの責任からしても、私のこうした行動は後々大きな問題となるため、是非とも避けようとしたのであろう。第二の問題点は、この時期は小熊が丁度育つ頃であった。そのため、「我々の前には小熊ではなく、それを見守るロシアの黒熊のような大きな熊がいる」と言う。小熊の存在が、大きな親熊を最も危険な状態にすると言うのだった。

それを案じた同行者たちは、他の方法を選んだ。ほら穴の入口に薪《たきぎ》を積み重ねて火をつけ、煙で熊をいぶし出す方策であった。私はその方策にあまり気乗りしなかったが、案の定、熊は出てこなかった。おそらくほら穴が奥深いか、あるいは他に出口があったのかもしれない。

やがて、我々の張り詰めた気持ちも収まり、引き返す時間が迫ってきた。私は日没の時刻に艦隊のボートを予約していたので、三時にその場から離れたのである。熊狩りに失敗して気を落とした私に、同行した男たちが優しい言葉をかけてくれた。「今は熊狩りの時期ではありません。冬にもう一度来て下さい。私たちはまたお伴しますよ」と。さらに、「その時は、一日で三頭射とめることができるでしょう」と話してくれた。彼らの優しい言葉に、私は大いに慰められた。しかし、今後冬期に箱館を訪れる機会はないと思われた。

思い返してみると今年の二月、我々が江戸湾にいた時は艦にわずかな霜が降りただけだった。しかし、ここ箱館の山には、未だに深い雪が点在している。私は、この三年半にわたって雪を踏んだことが一度もなかった。そこで、私は両手で雪をすくい取って口の中に入れた。口の中に広がる新鮮な冷たさが、私の心をすこぶる喜ばせてくれた。

日の当たる所で雪の塊にめぐり会うなど、私はなんという果報者であろうか。小花を一房折った私は、それを帽子の脇に飾った。その瞬間、故郷でよく見ていた小さな花が脳裏に浮かび、遠い国から、私の友人たちが「元気か……」と呼びかけているような気がして胸が熱くなった。

我々は馬が待機している所まで引き返し、暗くなる前に村へ戻った。熊狩りに出る前、私は亀田の番所を信用して、朝捕った鳥を預けていた。番所でお茶を一杯ご馳走になり、港に帰るため鳥の引き取りを申し入れたところ、番所の長は明らかに当惑した様子を見せた。「犬が、鳥を食べてしまった」と言うのである。私はその説明に納得しかねたが、もめ事をさけるために、それ以上の追及はしなかった。ところが、一緒に狩に出た衛士が亀田の長と激論を交わし、にわかに馬に飛び乗って番所を出て行った。私が港に着くと、そこに私を迎えるボートと、先ほどの衛士が仲間と共に待っていた。衛士は一人の男を引き連れており、ひざまずくその男に、私の鳥を返すよう声を荒げた。一瞬間を置いた衛士は、その盗人を私の膝の近くまで引き寄せ、容赦なく盗人を殴りつけた。しかし、それは私にとって、見るに忍びない状況だった。私が二人の間に割って入ると、衛士は乱暴を止めたが、そのすきに盗人は逃げ去った。盗人にとっては、まさに幸運な結末であった。と言うのも、日本の盗人に対する処罰は厳しく、死刑もあり得たからである。しかし、私には日本の刑法をさらに知りたいという気持ちは毛頭なかった。

ここで特記したいことは、狩の同行者たちが、今回の狩猟を援助してくれたことへの報酬を一切受け付けなかったことである。また、私は村の子どもたちに一つかみの小金を配ったが、その心付けは、その晩私が乗って帰るボートに全額返されていた。少量の火薬や鉛の弾、それに光沢のある制服のボタンなどが彼らの大きな関心を呼んだが、その他は、鉛筆を除いて彼らが受け取ることはなかった。そういう中でも、衛士は自分の小さな庭を自慢げに見せてくれ、大きな長ネギの束とニンニクを分けてくれた。長い間、新鮮な野菜に飢えていた我々の仲間には貴重な土産であった。

さて、その夜の「ポーハタン」への帰艦だが、海上に濃い霧が立ち込めたため、コンパスで方位を測定しなければならなかった。翌日も濃い霧が漂っていたが、ペリー提督の快い許可をえて、私は機関兵と海兵隊員を連れて湿原のカモ猟に出た。

湿原では、かなりの獲物を仕留めることができた。しかし、相変わらず霧が晴れなかったため、我々は湾の西端まで移動した。そこには、所々が藪《やぶ》で被われた砂丘があり、海岸一帯に狐の足跡が残されていた。私が中央に立ち、左に海兵隊員のレイナード、そして右に機関兵のヘンリー・フォースが立って、それぞれ別々に歩き進んだ。と、突然左側から、「獲物発見」を意味する「マーク！」という声が聞こえた。その直後、右側から銃声が響いた。狙われた狐は左側から飛び出して、砂丘の後ろから湿地帯へ向かい、フォースの前に出たため、彼が発砲したのである。狐はでんぐり返り、尻尾を上げて飛び跳ねたが、そのまま逃げ去った。

フォースが銃弾を込めている間に、レイナードと私は他の狐の足跡を追った。私が百歩ほど進むと、霧を通して、灰色の影が目の前をかすめた。私の小銃が「バーン」と火を吹いた。狐が飛び跳ねて崩れ落ち、そして、また飛び跳ねた。「バーン」と、私の二発目の銃声が響き渡った。

一方、レイナードは、地面を這いながら藪をかき分けて進んでいた。その時、私の後方から、もう一発の銃声が聞こえた。右側のフォースが、傷ついた狐を追っていたのである。その銃声は、狐を仕留めた音であった。一方のレイナードは続けて三発目を発射したが、残念ながら、距離が遠過ぎた。最終的に、我々は雄と雌の狐を仕留めたが、二匹とも赤みを帯びた黄色の、かわいい狐だった。それらは、ドイツの狐より体格も頭も大きく、ラテン・アメリカのコヨーテと、一般の狐の中間と言えた。私は、これらのかわいい狐がワシントンのスミソニアン動物学博物館に加えられることを願った。

意気揚々とした我々は、霧で濡れた草の上に腰を降ろし、固いビスケットと塩漬け肉を、がつがつ食べた。頭の中で、これらがキジの肉と新鮮な白パンであると思い込み、満足した気持ちで飲み込んだのである。

霧は午後三時頃まで続いた。やっとそれが晴れた時、我々のすぐ近くで、釣りをするボートが目に入った。彼らも、我々同様に艦の粗末な昼食を食べていたのだろう。誰もが、この質素な昼食に、新鮮な魚料理が一皿付くことを願っていたはずである。

それから数日間、海霧が箱館湾に立ち込めて海面を覆《おお》った。6月3日（旧暦五月八日）に我々が箱館を離れた時、濃い霧のために、津軽海峡において二時間以上の停船を余儀なくされた。この海霧は、五月から七月にかけてこの周辺で見られる一般的な現象で、通常は、東寄りの強い風を伴っている。そして、箱館周辺のこれらの気候は、現地に住む人々の健康に適している様に思われた。それは、私が箱館で健康そうな老人を大勢見たからである。これが、何よりの証拠と言えよう。我々は下北半島の尻屋崎を回り、もと来た海路を通って下田へ向かった。

「ミシシッピ」艦上にて
1854年6月28日（嘉永七年六月四日）

我々は、6月7日（旧暦五月一二日）の正午に下田湾へ到着した。町を見渡すと、前回の寄港時よりもかなり活気に満ちていた。我々が箱館に赴いている間に、幕府の高官たちが、多数の部下を引き連れて江戸から下田に移っていたのである。彼らは、この小さな町の各所に宿舎を構え、その宿舎には各所属の旗がひらめいて、町に豊かな色彩と活気をもたらしていた。

何事にも時間がかかる、日米両国の会談が始まった。両国が算定できる重さや測定単位に基づいた通貨の価値と、薪水《しんすい》や食料などの価格が検討された。この会談では、両国で合意しなければ

下田・了仙寺境内での部隊演習（ハイネ画）

ならない課題が活発に討議され、日々新たな問題が生じて、長い時間が経過した。その結果、すべての課題が解決され、日米両国の合意が成立したのである。

ペリー提督と幕府高官たちの最後の会談が、6月15日（旧暦五月二〇日）に行われた。艦隊の約三〇〇名に及ぶ将兵たちが四門の大砲を引き、会場に向かう姿は壮観そのものであった。将兵は、美しい山並みに囲まれて整然とした町を行進し、それはまるで、ドラマの一コマのようだった。思い出に残る活気に満ちた将兵たちの隊列が、海岸から下田の古刹《こさつ》である、日蓮宗の了仙寺まで続いたのである。

了仙寺での儀式は、前回とほぼ同様だった。本心を言うと、私は日本の応対と接待にかなり辟易《へきえき》していたので、早々に寺を抜け出し、外で待機する大砲担当の士官と会話を楽しんだ。その士官は、私と違って、宴会でテーブルを囲む士官たちを羨望《せんぼう》していた。その時の私には、会場の外気の恵みが、つくづく私の心を和ませてくれたのである〈下田条約が結ばれたのは、1854年6月17日（嘉永七年五月二二日）である〉。

大砲は、美しい樹木の木陰に据えられていた。この時に開催された、我が海軍軍楽隊のコンサートでは、若くて可憐な女性たちを始め、下田のおよそ四分の三もの町民が演奏を楽しんだ〈これは、日本初の洋楽コンサートと言われている〉。また、海で暮らす船乗りたちにとっては、若い女性に接する、またとない機会であった。私は、この好機を有効に活用した。祝宴から持ち出していた甘い菓子を彼女たちに手渡すと、花と果物のお返しがあった。私はその花を綺麗な女性の髪の毛に差し、お愛想のつもりで、果物を他の女性にプレゼントした。これらの振舞いは、彼女たちの関心を呼んだようだった。私たちはお互いに笑ったり、冗談を言い合ったりして、宴会場のおもしろくないテーブルよりも、ずっと楽しい時を過すことができた。

やがて、大砲の持ち場に帰艦を示すドラムの音が響きわたり、私は砲兵たちを集合させるのに一苦労した。当然のことながら、彼らもまた、女性たちに好印象を与えるために頑張っていたからである。改めて言うまでもなく、格好よく引き上げるためには、品性と礼儀を欠かしてはならなかった。

締めくくりとして、我々は下田の人々の前で小演習を披露した。迅速で確実な空砲の発射や、歩兵の模擬訓練などが、人々の大きな称賛と喝采を呼んだ。

下田・了仙寺境内での部隊演習（ハイネ画）

数日後、ペリー提督は幕府の高官とその随員たちを「ミシシッピ」に招き、下田で最後の饗宴を催した〈前回同様の、エチオピアン・ミンストレル・ショーやダンスなどでの歓待である〉。「ミシシッピ」は、八日前に艦隊の旗艦として復帰しており、私もこの艦に移っていた。下田の人々は、心から我々との別れを惜しんでくれた。

我々は、亡くなった水兵と海兵隊員を柿崎の玉泉寺に葬っていた。提督は、6月24日〈旧暦五月二九日〉に私に最後の上陸許可を与え、玉泉寺の墓地のスケッチを指示したのである。その墓地は、「ポーハタン」のメーンマストの帆桁から転落して命を落とした水兵のものだった。また、我々は、脳炎で亡くなった海兵隊員の遺骸を横浜の地に葬っていた。すでに述べた通り、横浜は、日米和親条約に基づき、米国人用の墓地が設定されるまでの仮埋葬地だった。そこで、二人の曹長が和船で横浜に送られ、仮埋葬した遺体を新しい棺に納めて、下田の玉泉寺に埋葬したのである。私は指示されたように、故人の同僚二名を連れて、玉泉寺の墓地に赴いた。その墓は、灰色の石灰岩で建てられており、見事な出来映えだった。美しい木々の下にある墓石や、墓地の環境は申し分なく、威厳さえ満ちていた。

その日の午後、「ミシシッピ」と「ポーハタン」は翌朝の出航に備えて港外の停泊海域に移動し、そこで錨を降ろした。そこに、我々と馴染みになった日本の友人たちが別れを告げに来艦し、思い出の品々を届けてくれた。私が、奉行所の与力であるゴハラ・イサブラ（合原《ごうはら》猪《い》三郎《さぶろう》）との温かい友情について、これまでに述べたかは判然としないが、彼はしっかり教育を受けた三〇歳に満たない好青年だった。合原はオランダ語を達者に話して英語にも通じ、その英語力は見違えるほどまでに上達していた。彼は私に親切で、何かと面倒を見てくれた。私が、そのお返しの意味でシュトライトの地図帳をプレゼントしたところ、彼はとても喜んでくれた。私は他に蘭英辞書もプレゼントしたが、それには、次のドイツ語の自作の詩を英訳したものを同封した。

友よ、君の目がこの地図帳のページを追い
地球全体を一目で見渡したところで
君の思いは広い大洋を越え
広大な地球の彼方にいる人々のもとへ及ぶ

その時、これを贈った私との友情を思い起こしたまえ
不意に君の前に立ち現れて暫く時を共にし
そして、忽然と去って行ったこの私を！
それぞれの輪を成す鎖がしっかりと結びつき
私たち西欧人が君たちと固い握手をした
ここで君と別れることになった私を
いつか思い出されんことを……
今この地を去るにあたり、君たちが祈願してくれた
航海の安全が実ることを祈りつつ

合原が別れの挨拶に来た時、彼は私にお返しをくれた。それらの品々は、形のよい豪華な煙草パイプと、お揃いの煙草入れ、それに真珠の層を散りばめた芸術的な茶筒だった。彼もまた日本の詩を書き、それをオランダ語に翻訳したものを同封してくれた。それを、私が忠実に翻訳したら奇妙なものに思えるので、その詩の意味するところを、次のように表してみた。

松の木の上を、夕暮れのそよ風がサラサラと音を立て
君の黄金色のパイプから、淡い藍色の煙が巻きのぼる

そこで、この緑の葉を少し君の手にし
ポットに入れて、渋目の茶を楽しんでくれたまえ
ひとすすりするだけで、君の心は安らぐことだろう
しかし、その後は部下を呼んで、茶を入れてもらいたまえ
舌で感じる日本茶の味は、君の心を気高くし
心は安らぎの気持ちで満たされることだろう！
元気を回復させるこの緑の葉
それを感じた時、どうぞ私のことを思い出して下さい
ごきげんよう、さらば！
W・ハイネ殿　　合原猪三郎

思いがけない素晴らしい土産と、心のこもった詩のプレゼントに感動した私は、これらの事をぜひ書き留めておきたかったのである。

6月25日（旧暦六月一日）は、停泊する周辺に南西の強風が吹き荒れたため、我々は天候が回復するまで出航を見合わせた。ペリー提督は、この様な状況であっても島々の間の水深を測る計画を考えていた。翌26日は、天候が回復した。そして、27日の夜明けに、我々は日本に別れを告げた。別れを告げたこの国は、長い年月にわたって外国船を寄せ付けない、極めて評判のよくない

国であった。

　ここに至って、我々は、この度の日本遠征はひとまず終了したと総括すべきであろう。我々の遠征の目的は何だったのか？　また、その目的をどの程度まで達成できたのか？　私はその詳細を「遠征のまとめ」として、ぜひ記述しておかなければならない、と考えた。

　米国は、自国の船に不測の事態が生じた場合、友好関係のない日本の海岸での援助と保護を受けるために、海軍の遠征部隊を派遣した。さらに、航海に不可欠な石炭を始め、薪水や食糧を確保するために、カリフォルニアと中国の間の北太平洋に少なくとも一つの港を確保し、そこに石炭基地を設けることが必要だった。米国海軍の名将である、ペリー提督が大艦隊を率いて、世界で最も近づき難かった国へと向かった。ペリー提督は、皇帝〈将軍〉の名代を通して、日本の皇帝に米国政府の信任状を提示し、米国大統領の親書を手渡した。提督は、確固とした信念をもって精力的に会談をこなし、同時に、冷静な態度で合理的な解決を図った。それによって、武力を用いることなく、我々が期待していた以上の成果を収めることができたのである。

　ここに至って米国船が日本の領海で遭難したとしても、彼らは、日本の援助と保護を受けることができるであろう。下田・箱館・那覇に続いて、四番目の港が一年の後に米国船に解放されることになる。日本の水先案内人が、わが国の船を安全な停泊地に導いてくれるのである。そこでは、薪水を始め、あらゆる種類の食糧が、現金あるいは物々交換によって入手できるだろう。また、米国人は、下田や箱館などの四つの町で一〇海里の範囲内であれば、どこでも自由に歩くことができる。日本の地で亡くなった我々の仲間が、仏教僧の読経のもとで、キリスト教の葬儀によって葬られた。我々が運び込んだ米国の鉄道模型や電信設備、その他の機材が、日本の地で公開されて大きな喝采と称賛を浴びた。現在、幕府の役人たちが検討中の法律によって、これらの機械の使用法を、米国人が直接日本人に教えることができるようになるだろう。日本からの贈り物は、我々の補給艦に積載された。それは、一隻では積み切れないほどだった。そして、合衆国大統領からの親書に対する返書を、日本政府は手際よくしたためてくれた。

このありのままの事実に、私が書き足すことは何もない。それらは、いずれ結果として証明されるはずである。私ごときが、ペリー提督の偉業を称賛する必要もないだろう。提督は歴史上に名を刻み、特筆大書《とくひつたいしょ》されることになる。私は、私の指揮官として、ペリー提督に限りない敬愛と尊敬の念を抱いている。そして、この思いは、今や畏敬の念へと達した。ペリー提督が、称賛に値する偉大な人物として……。

〈合原猪三郎：（1827～1901年）外交面で活躍し、与力見習から大目付に異例の昇進を遂げた江戸幕末の武士・幕臣。浦賀与力の次男として浦賀に生まれる。1849年（嘉永二）に浦賀奉行与力見習となり、ペリー来航時に中島三郎介、香山栄左衛門らと共に応接係を務めた。その後、下田奉行与力見習、外国奉行支配調役、神奈川奉行並、長崎奉行並、外国奉行などを歴任し、1868年（慶応四）に大目付に昇進した。明治維新後は新政府への出仕を断り、1901年（明治三四）に病没した〉。https://ja.wikipedia.org/wiki/合原猪三郎

第十七章　最後の琉球訪問

奄美大島──不審船との出会い──那覇へ帰港──不協和音──殺人事件──法的処置──ペリー提督と総理官──七月四日の祝い──刑事上の居留地──モートン博士──琉球出航

那覇港にて　1854年7月（嘉永七年六月）

ペリー提督は香港へ向かう前に琉球に寄港し、そこに貯炭庫と貯蔵所を創設することを決めていた。我々は、琉球の北およそ三〇〇海里〈実際は三〇〇キロほど〉にある、奄美大島の地理上の位置を測定することになった。奄美大島沖に到着した我々は艦を止め、一日がかりで、二艘のボートを島に上陸させた。この試みは、困難を伴うものであったが極めて重要で、おそらく、今回の探索が有終の美を飾ることになるだろう。台湾から中国の沿岸に沿って、数々の島々が、この南西の島まで連なっている。これまでの海図には空白が多く、それらの列島の全体像は、正確性に欠けていた。そのため、我々の日本遠征においては島々の間の多様な経路を取り、旗艦自体も各航海で異なった海路を選択していた。我々は、今回収集したデータを順序良くまとめて海図を整備し、これまでよりも内容の充実した海図を作り上げていた。奄美大島を巡る今回の探索は、間違いなく、この海域における水路調査に大きく貢献することになる。それは、最も重要な琉球に続いて、奄美大島も航海上の基準点として位置付けられているからである。航海での観測や計測では、奄美大島の海岸線が使用されてきた。

奄美大島の眺めは素晴らしかった。所々に雨林の茂みがあり、耕作された土地が豊富で、島全体が山地に囲まれている。港への入り江が狭く、とりわけ大型船は、島の北端にある港への入港は無理であった。島の住民たちは、琉球の人々とよく似ていて、習慣や農耕の方式もほぼ同じであった。上陸したボートは、大豆や大根、イモやその他の野菜を積んで戻ってきた。夕刻が迫ってきたので、我々は航海を再開した。

朝方に艦隊から離れた補給艦の「サザンプトン」は、香港に向けて直航した。一方、我々の「ミシシッピ」と「ポーハタン」は、那覇に向かって航海を続けた。

その日の午後、室蘭沖から日本海を経て上海へ向かう、北側の航路を琉球列島に向かって航進中、国籍不明の帆船が現れ、追い風を受けながら、我々の方に南下してきた。七キロほどまで近づいた時、その船は突然進路を変え、北側の航路の西側のポイントを回ろうとした。我々の「ミシシッピ」は進路を変え、不審船に近づいて停船信号の空砲を二発発射したが、何の反応もなかった。「ミシシッピ」は大砲に実弾を装填《そうてん》し、場合によっては、不審船の帆を砕く準備を整えた。その時、停止した帆船に英国旗がひらめくのが望見できた。我々は砲の射程距離の半分ほどの海域に停止し、その船を確認するために短艇を降ろした。英国船は、茶と絹を積んで上海からロンドンに向かう商船であった。彼らは、我々をロシアの太平洋艦隊と見間違えて急遽回避したのである。その船長から最新の新聞が届けられ、英仏の両国がロシアに宣戦布告して、いわゆるクリミア戦争（1853〜56年）が勃発していたことを知った。武装のない商船が、我々から逃げようとしたのは当然のことであった。五〇万ドルの積み荷を労することなく奪取できる敵国にしてみれば、言葉で表現できないほど美味しい代物であったに違いない。

補給艦の「レキシントン」は、5月に那覇へ向けて下田を出航していた。我々は、6月30日（旧暦六月六日）の明け方に那覇港に入港した。そこで、善良な琉球の人々に再会したところ、彼らと築き上げた良好な関係にひびが入っていることが分かった。

ここで、その理由を説明しておきたいと思う。我々の今回の江戸湾滞在中、那覇に残した石炭やその他の物資を警備するため、二人の士官と数名の水兵を那覇に残していたことは先に述べた。那覇の人々が、この将兵たちに不信感を抱くようになったのは、我々が那覇を離れて間もないころのことだった。当初はあまり大きな問題とはならなかったが、次第に、那覇の人々の非協力的な態度が目立つようになった。そのような状況の中で、四月に入って、ロシア艦隊が那覇に入港した。ロシア人たちは、現地の人々を差しおいて、我々の士官に直接交渉を始めたのである。留守を預かる士官や兵士たちは、ロシア艦隊が求める新鮮な果実や野菜の調達を精一杯支援した。それに加えて、彼らはロシア士官の簡単な陸上見学まで援助している。我々の将兵たちは、ロシア艦の停泊中にロシア兵を和ますために力を尽くし、海軍同士の友好関係を深めていた。私の記憶に間違いがなければ、ロシア艦隊の提督はエフィーミー・ヴァシーリエヴィチ・プチャーチン中将であった。プチャーチン中将は支援を大変感謝し、二日間にわたって艦隊の軍楽隊を上陸させ、夕べの演奏会を催した。ロシア艦隊は間もなく出航したが、これを機に、我々の将兵と那覇の人々との間にわだかまりが増したのである。我々の将兵は、当初、苦情を那覇の里主に伝え、その後は、逐次、琉球の総理官へ上申するまでに及んでいた。

ほどなくして、「レキシントン」が那覇に到着した。ある日、「レキシントン」のボートが水兵を乗せて那覇に上陸した時、水兵たちが、町の市場で食料品の値段をめぐって諍《いさか》いを起こした。幸いなことに、その諍いは口論程度で収まっている。那覇の若い通訳ユシザド〈イチラジキと呼ばれた板良敷朝忠《いたらしきちょうちゅう》〉と、米兵の宿舎として使われた寺については、既に述べた。市場で諍いがあった6月12日の夕方、ユシザドがその宿舎の寺に飛び込んできた。彼は、我々の士官の一人であるB氏に、一緒に内湾に来るよう懇願したのである。ユシザドは、「米国の水兵が一人溺死した」と言った。現場に駆けつけた一行は、岸辺で「レキシントン」の水兵〈ウィリアム・ボード〉の遺体を発見した。駆けつけた一行は、現地の人々が抵抗する中で、遺体をベッテルハイム師の家に収容した。検屍の結果、頭部に二カ所の傷があり、それは打撲か強打によるものと診断された。那覇の人々は、その傷は埠頭から水辺に転落した際のものであると主張した。しかし、その主張は亡くなった水兵の状況に当てはまらなかった。何故なら、その時、ウィリアム・ボードは川の反対側の岸辺にいたからである。さらに、彼の同僚たちはボードがおとなしくて穏やかな若者であり、温和な性格であることを知っていた。結局、この事件の明らかな証拠は見出されず、「レキシントン」の士官による調査委員会は、「原因不明による死亡」と結論づけていた。

この事件は、「ミシシッピ」が那覇に到着するまで膠着《こうちゃく》状態にあった。報告書を受けたペリー提督は、怒りに満ちた伝言を総理官に送り、那覇当局による調査を急がせた。那覇の役人たちは、あまりにも性急な催促だとして責任回避を図っている。しかし、「三日以内に犯人を捕まえよ」という最後通牒が渡されて、事態は大きく動いたのである。那覇の里主が「ミシシッピ」を訪れたのは、その三日後のことだった。里主は水兵が殺されたことを認め、殺人者を捕縛するために、さらに三日の猶予を願い出た。ペリー提督は、暫く考えた後に三日の猶予を認めたが、「もしこの三日間で進展がなかった場合、我々が解決に向けて全力を尽くす」と警告した。さらに、この警告を裏づけるために、ペリーは海兵隊大尉による派遣隊を入り江の基地に集合させ、重要な伝言を除いて、現地との連絡をすべて禁じた。

事態は、にわかに動き始めた。目に見える捜査と、それに伴う容疑者の捕縛、そして尋問が始まった。尋問では裁判官が取調べ所の最上部に座り、その脇で書記が記録を取った。我々の士官も同席したので、私はその経緯を詳しく知ることができた。容疑者は取調べ所の広間の外にひざまずき、尋問に答えた。容疑者の両脇に、先のとがった棒を持つ警吏《けいり》がいた。尋問を受ける容疑者は、終始両手を頭の上に置いている。もし容疑者が答えをためらうと、例え些細《ささい》な事であっても、警史が彼の脇腹をすばやく突くのである。これは、明らかに暴力を用いて容疑者の白状を引き出すという、単純かつ独特なやり方だった。

そして、ペリー提督と約束した最後の朝が来た。我々が二門の大砲を陸上に揚げて、それなりの態勢を整えた時、総理官と随員たちを乗せた二艘の大型ボートが「ミシシッピ」に近づいてきた。彼らは冷ややかな雰囲気の中で、ペリー提督の前に導かれた。総理官は、この度の殺人罪に関わる四人の男を捕縛したと述べ、その首謀者の引き渡しを申し出た。その申し出通り、四名の役人に拘束された首謀者が、二艘目のボートから引き連れられて来たのである。

（かつて私は、香港のクイーンズロードの裁縫師と、ドレスデンのシェッフェル路地の裁縫師の、驚くほどの類似性について述べたことがある。これと同様に、欧米の警察官の三角帽や角兜《つのかぶと》、白の帽子などと、中国人の辮髪《べんぱつ》、日本人のちょん髷《まげ》、琉球男性の金属の簪《かんざし》などの、それぞれ形状の相違があったとしても、世界の警察官は、ほぼ同じ考えをもつ集団のように思えた）。当地の役人の一人は、首謀者の手を紐《ひも》でつないでいた。その横で剣を抜いた「ミシシッピ」の警備隊長が、首謀者を引き連れて、甲板から船室に降りた。手と腕を固く縛られた罪人は震えながら足を運び、疲れ切った様子であったが終始落ち着いていた。

総理官は、誠意に満ちた態度で、ペリー提督に事実の経過を説明した。総理官は那覇の里主による対応が遅れたことを詫び、次のように請願している。

「那覇の里主は、私に虚偽の報告をしました。私は里主の俸給を取り消し、部下を免職させております。首謀者の処置については、提督にお任せする次第です。加えて、一人の人間の犯罪で、当琉球王国に危機を及ぼすことは何卒お控え願います」と。

この総理官の弁明の後、ペリー提督が威厳のある口調でこう尋ねた。

「貴国の法律では、殺人の刑は如何なるものであるか？」と。

それに対して総理官は、「殺人犯は遠島に追放されて、終生の流罪《るざい》です」と返答した。

ペリーは、「罪人をお引き取り下さい。我が国は復讐を望んでいるわけでありません。法の下での厳格な処置を願っております」と述べ、この時たまたま軍事法廷が開かれていた「ポーハタン」を指差した。「最前部マストに、青の旗が見えるでしょう。あの旗が掲揚されて号砲があった時、あの艦内で法廷が開かれています。那覇の事件で、我が国の兵士に何らかの罪が宣告された場合、彼らは法に従って処罰されるのです。それが、我が国の掟です」と提督は言葉を加えた。

この一言に、総理官と随員たちは深い感動を覚えたようであった。総理官を含む全員がひれ伏し、深々と頭を下げた彼らに、安堵の表情が浮んだ。特に、那覇の当局へ引き渡されることになった首謀者は生気を取り戻し、ほっとした気持ちが彼の顔に滲み出ていた。

この事件が無事に解決して、琉球王府との友好関係は回復した。事実、その後に「琉米修好条約」が調印され、これは日米協定の基準として適切な雛型《ひながた》となった。ここで、米国は那覇港を貿易港として使用できるようになり、自由貿易が可能になったのである。それ以後、両国の間で論争が生じたり、条約が守られなかったりした場合、直ちに法的な委員会が立ち上げられて、しかるべき処置が取られるようになった。また、前述した小さな墓地は、この条約によって外国のすべてのキリスト教信者のために永続されることになった。今や、米国人の誰もが琉球王府からスパイとみなされたり、役人の妨害を受けたりすることなく、島内を自由に歩き回る事が可能になったのである。条約が調印されると、現地の人々は我々をほとんど避けなくなり、商人や職人、市場などから、どの様な小物でも簡単に入手できるようになった。

米国独立記念日の7月4日、「ミシシッピ」艦上で祝賀会が催された。艦の前檣《ぜんしょう》部と後甲板に国旗が翻り、先任操舵手による簡単な祝辞の後に米国独立宣言が宣誓されて、国歌「星条旗」が他の操舵手が指揮するコーラス隊によって斉唱された。

祝賀会は午前一一時から正午まで催され、正午の時報に合わせて、独立記念日の祝砲が轟きわたった。昼食はグロッグ酒付きの豪華なもので、食卓にはこれまで半年間大事に保存されてきた料理が並び、貯蔵庫の奥から出された大量のワインに一同は大喜びした。これらのワインは、強い意志をもった乗組員が秘蔵してきたものである。というのは、長い間豊かな消費生活を楽しんだ中国を離れて以来、新しいワインが、我々の貯蔵庫に入ることはなかったからである。私自身も、この素晴らしい飲食物が溢れ並ぶ食卓に、二本のマデイラワインや、マニラ葉巻の包みを提供できることは、大変光栄であった。

琉球を離れる二日前、ペリー提督は総理官一行を招いて別れの小宴を催し、夕べの舞台では、エチオピアン・ミンストレル一座が活躍した。琉球の高官たちはよく笑い、大変満足そうだった。しかし、彼らの満足は一体何を意味していたのであろうか？ おそらく、彼らも、それをうまく答えることはできなかっただろう。いずれにせよ、舞台公演の間、彼らはよく飲みよく食べて舞台を楽しんだ。そこでは、彼らが「サムパン」と称したシャンパンが人気を呼んだ。先見の明がある米国の担当者は、艦の船倉に、エペルネ（フランスのシャンパン醸造の中心地）のブドウジュースを積載していた。これらは特別待遇の客用であったが、文明に接した日本人がこのジュースを特に好んだため、我が艦隊の貯蔵庫は乏しくなるばかりだった。その結果、特別でない我々は、その他のワインやパンチ・リッカーなどを飲む破目《はめ》になったのである。

楽隊が、琉球の高官たちの食事中とその後にダンス音楽を演奏した。そこで、私の脳裏に一つのアイディアが思い浮かび、私は琉球の高官の腕を取って、後甲板でのワルツに誘ったのである。驚いたことに、その高官はテルプシコラ（歌舞の女神）の領域に挑《いど》み、満足げに私と速いテンポを取ったので、ほとんど調和を保つことができない状況であった。私は、私たちを見ている高官を喜ばすために、彼をゆっくり回した。私の相手をしてくれた「女性役」の白髭《ひげ》の高官は、そのような扱いにまったく臆することなく踊り、ダンスが終わった後に私が手渡したパンチと菓子を喜んでくれた。

ここで、私は琉球の島々に係わる、もう一つの興味深い探索について述べておきたい。それは那覇の西方約一五キロにある島々で、その島と海岸の浅瀬は、大波や満ち潮の時にほぼ見えなくなる。これらの島々の探索はペリー提督の意向であり、一艘の短艇と小型のボートがそこに送られた。一艘は「ミシシッピ」の砲撃手が担当し、もう一艘は私の受け持ちとなった。我々は夜明け前に出発し、午前八時に最初の島に到着した。我々は周囲の水深を測定し、岸辺近くは海中が浅いことを知った。そのため、短艇を一キロ離れた場所に置いて小型ボートに乗り移り、大潮の時に二分される浅い水路を進んだ。我々が日本へ赴いていた時に那覇で留守居をしたB氏は、その六ヶ月間の間に、この水域を数回探索していた。彼がこの島に着いた時、一〇人ほどの女性たちが島に追放されているのを直接耳にしたと言う。我々は、その詳細を調べることも指示されていた。そのため、二手に分かれた我々は、一組は島の南側を回り、もう一組は北側を回ることにした。

一歩一歩進んだ距離はおよそ二キロ半、島の横幅は一キロ弱というところだった。島は細長い砂浜を除き、うっそうとした藪《やぶ》が大半を占めていた。満ち潮の時は島の西側の三分の一が海水に覆われるが、引き潮の時は足を濡らすことなく通過できる。また、引き潮の時は島の周囲の一キロほどの距離で、海面上に珊瑚礁が現れていた。

我々は、島の端で他の一組と合流した。しかし、住民の姿を確認できなかったため、藪の中を通って島を縦断することにした。行く手には草木がびっしり茂っており、縦断は極めて厳しくなった。モチノキやパンダーヌス、アロエなどの樹木が密林を成し、様々な甲殻動物が至る所に群がっていた。我々は、ナイフやナタでそれらを刈り込みながら進んで行った。悪戦苦闘しながら水路の近くに来た時、そこに四、五軒のさびれた小屋を発見した。藪に隠れた小屋は、その半分が地面に埋まっていた。各小屋の脇に、四〇～六〇ガロンほどの水を蓄える壺があったが、それらも中程まで土に埋まっていた。外には炊事場もあって、壊れた食器や芋《いも》などの残りがあり、人が住んでいた形跡が見て取れた。我々は注意深く周囲を見回したが人気はなく、この島には、もはや住民が一人もいないことを確信した。

それから間もなくして、数人の兵士たちが小型ボートで艦に引き返した。一方の我々はもう一つの島を探索するため、短艇に乗って西へ向かった。そこで、最初の島と同じ方法で島を探索したところ、この島では前の島のような幾つかの小屋と、八〜九人の女性たちを発見した。我々の姿に怯えた女性たちはあわてて逃げ出したが、入れ替わりに、近くの海岸にいた釣り船の男たちが近づいてきた。彼らは、我々が差し入れたビスケットやタバコを快く受け取り、そのお返しに魚を数匹くれた。これを機に、我々はすぐに打ち解けたが、私の察するところ、彼らは女性たちのために食べ物や水を運んで来たものと思われた。しかし、我々にこれらの島々の実態を知る術はなかった。彼らは、この島に住む漁師たちであったのかも知れない。

しかし、彼らはなぜ一〇〜二〇キロも遠くから水を運ばなければならない、この島を選んだのだろうか？　私が那覇でこの島の様子について通訳に尋ねたところ、彼の曖昧な言い回しを通して、実はあの島が流刑《るけい》の地であることを知った。琉球の人々は、周知のように不倫を容認しない。また、琉球には死罪もないのである。そのため私は、あの島にいた女性たちは不倫の罪を背負っているのかもしれない、という考えに至った。とすれば、最初の島は、なぜ無人になっていたのだろうか？　第二の島は、最初の島と同じようにサンゴ礁が周囲を囲んでいた。米国人のB氏が最初の島を訪れたため、やむなく女性たちが第二の島に移されたことも有りうると思われた。

我々は、最初に短艇を待機させた場所に引き返し、サンゴ礁を伝わって海岸に向かうため、短艇を浅瀬に泊めた。やがて、幾隻かの釣り船がそこに陸揚げされ、男たちがやって来た。我々は、短ビスケットやタバコ、その他の食べ物を彼らの魚と交換した。しかし、そこは極めて居心地が悪く、うだるような暑さの藪《やぶ》にはハエや蚊が群れていた。我々は、海岸に短艇の帆を利用してテントを張り、焼けつくような太陽から身を守った。この過酷な荒れ地への流罪《るざい》は死罪に匹敵するものだ、と私は身をもって納得したのである。

この島に住み着いているのは、野生の鳩の群れだけと言えた。もちろんのこと、私はかなりの鳩を銃で仕留めて、短艇に持ち帰った。

那覇に八年間在住した英国人宣教師のベッテルハイム師は、この時をもって、那覇での伝道活動を終えた。我々が初めて那覇に到着した時から、彼は通訳として我々のために力を尽くし、食糧調達の仲介を十分果たしてくれた。ベッテルハイム師の後任にE・H・モートン師が就き、この年の四月から、妻子と共に那覇に滞在している。モートン師は若くて謙虚な紳士であった。ベッテルハイム師が那覇に派遣されて来た頃は大変厳しい状況で、現地住民の疑惑の眼差しの下で、筆舌に尽くしがたい生活を余儀なくされた。宣教師の伝道が大目に見られたのは、ベッテルハイム師が那覇を去る前の数日間だけであった。三月の下旬に、彼の家族はすでに輸送艦「サプライ」で上海へ旅立ち、ベッテルハイム師は今回我々の「ポーハタン」に同乗して那覇を離れたのである。出港の時、後任のモートン師が両手を大きく振って、ベッテルハイム師に別れの挨拶を送った。正直なところ、我々を歓迎してくれた那覇の港と、親愛なる琉球の人々に別れを告げることは大変つらいことだった。

「ミシシッピ」、「ポーハタン」、「レキシントン」の将兵たちは数百ドルの募金を集めて、モートン師とこれからの伝道のために寄贈した。それは、彼と彼の家族のために、住み慣れた国を遠く離れて暮らす寂しさを慰めるためでもあった。

第十八章　帰　国

悲しい別れ――帰国に向けて――再び下田へ――条約の成果――ツィターを奏でる若い女性――温暖な気候――最後の別れ

「ミシシッピ」艦上にて
1854年10月（嘉永七年八月）海上にて

1854年9月12日（嘉永七年七月二〇日）、ペリー提督は香港で我々に別れを告げた。提督には副官のサイラス・ベント大尉が随行し、スエズ地峡を経て欧州経由で帰国の途につく。提督との別れは、私にとって言葉では言い尽くせない悲しみであった。私は、この二年間にわたって常に敬愛するペリー司令長官の近くで仕え、温かく見守っていただいた。私にとって提督は、第二の父親という存在であった。私の米国への帰還は、初めて提督と親友ベント大尉の存在なしで、航海に臨まなくてはならない。私の最大の願いは彼らと帰国を共にして、私の故郷であるドイツの町並みを見てもらうことだった。

しかし、これからの私の任務は遠征隊の従軍画家として「ミシシッピ」に乗艦し、太平洋を横切って、ニューヨークに向かう長い航海を果たすことであった。私の絵画やスケッチのすべてと、採集した鳥類やその他の蒐集物が「ミシシッピ」の艦上にあり、私はそれらをまとめて仕上げなければならなかった。太平洋の横断は長い航海になるが、私の任務は、米国に着く前にこれらを完成させる事である。

今回予定する航路は、サンドイッチ諸島（ハワイ諸島の旧称）からカリフォルニア、パナマ、チリのバルパライソとロビンソンクルーソー島、ファン・フェルナンデス諸島を経由して、目的地のニューヨークに至る。故国の人々がクリスマスを楽しんでいる頃、我々はおそらくマゼラン海峡の荒波と闘っているに違いない。その後、アメリカ大陸の東側を北上し、ブラジルのリオ・デ・ジャネイロとメキシコ湾を経由して、ニューヨークに向かうのである。およそ二万海里に及ぶ、遠くて長い航海だった。我々が広大な太平洋を横切ってサンフランシスコに到着した後も、さらに香港から来たのと同じ位の長い航海を、ニューヨークに向けて行うことになる。この航海では、多くの美しい風景や楽しい出来事、そしてさらなる魅惑的な経験が待ち受けているに違いない。

ペリー提督が出発した1854年9月12日、私自身も香港でお世話になった友人たちに別れを告げた。我々は、これが永遠の別れになることをよく分かっていた。香港での最後の夜は、私が敬愛した意志強固なドイツ人の友、マイヤー君とシェーフェー君の家でひと時を過ごした。そして、13日の朝、「ミシシッピ」は中国を離れて一路米国への航海を始めた。

「故国への航海」ということもあり、乗組員全員の心は希望に満ちていた。艦の舳先《へさき》が東へ進むごとに、自分を待つ妻子や親族、そして友人たちとの距離が近づくのである。水兵たちは気象を常々心に留め、追い風が吹けば大喜びし、あらゆる帆をマストに張って、故国への航海の時間を短くした。

この時の私の心境を正直に言えば、必ずしも、皆のように喜びにひたる状況ではなかった。この日本遠征に参加した時、私は若さに満ちて、知識を貪欲に吸収しようとする志に燃えていた。遠征の目的が達成されて、私は地味ながらも価値ある仕事を成し遂げたと思う。しかし、最終的にすべての目標が達成された時、私の気持ちは、なぜか深く落ち込んでしまった。私はこの瞬間を長く待ち望んでいたはずだった。ところが遠征の終わりが近づくにつれて、私はそれらを実感することがつらくなった。他の目標を探さなければならない現実が、目の前に迫ってきたからである。この時に私の気持ちを和らげてくれたのは、栄誉ある仕事がまだ私に残されているという義務感だった。蒐集した沢山の資料をまとめ上げ、満足できて価値ある仕事に没頭できる、かなりの時間が期待できた。私は仕事に専念することにしたが、しかし、これで栄えある将来が保証されるわけではなかった。

米国への航海の途中、我々は太平洋を渡る前に、下田へ三度目の寄港をした。汽走艦「サスケハナ」と石炭を積んだ補給艦「サプライ」の二隻が先行し、9月23日（旧暦八月二日）の正午に、「ミシシッピ」が二隻を追って下田湾に投錨した。そして、26日に「サスケハナ」が次の目標地であるハワイ諸島に向けて出航した。

下田の町は、かつて我々が見た時と比べて大きく様変わりしていた。下田の警備士の一団や、江戸の高官たちに付いて来た多くの武士たちの姿はなかった。下田の住民たちの生活はすっかり元の姿に戻っており、我々の上陸はもはや物珍しいことではなかった。我々の存在自体が、彼らにとって不愉快なものではなく、また、煩わしくもなかったのである。我々が彼らの家を訪れた時も、何の騒ぎも起きなかった。そこで私が確信したのは、彼らが我々との再会を大変喜んでいることだった。まさに、ペリー提督の聡明で穏健な対応による成果が、如実《にょじつ》に示された結果であった。我々がしてきた事は日本人を抑えつけることではなく、彼らとの友好な関係を築き上げることだったのである。

前回下田へ訪問した時、私は現地の多くの人たちと親しく交流していた。彼らが私を覚えていてくれて、大変歓迎してくれたことを、私は心から嬉しく思った。通りでは多くの人が声を掛けてくれたし、中には自宅に招いて茶や菓子をご馳走してくれる人もいた。役人たちも、一様に丁寧なもてなしをしてくれた。私と銀板写真家のブラウンが仕事場として使用した寺の老住職は、我々が去った時は大変寂しかった、と何度も話してくれた。

買い物も様変わりし、前回よりも目立って良い品物が陳列されていた。我々が停泊している間に、江戸から二隻の大型船が到着し、特別高級な漆器を含めて、多くの品物が売りに出された。また、土産物店の数が前回よりもかなり増えたように思われた。我々の購入で儲けた商店主たちは、ただちに目に見える企業家精神を発揮した。商店主たちは競争相手が増すにつれて、商品の値下げをしたのである。日米交渉によって開かれた下田だけに、日本の商人たちは我々とのやり取りにすっかり慣れ、活発な交渉を楽しんでいるかのように思われた。

私自身も下田の家々を訪れる度に、その生活習慣に慣れてきた。今回の訪問で私は、英語を学びたいという多くの人々に出会った。その結果、通訳は別として、多くの人々が我々の言葉をそれなりに話すようになった。商店主たちがその代表格で、値段は日本の通貨であったが、かなりの人々が英語でそれらを表現している。

ある日、下田の町を散策していた私は、盲目の若い娘が前述した三弦のツィターのような楽器〈三味線〉を奏でているのを見た。その楽器の棹《さお》は異様に長く、かき鳴らすのは爪ではなくて、短く太い画材のナイフのような小さな木片（撥《ばち》）だった。上部と下部の弦は八和音になっていて、中部は五和音の基調音になっている。曲は全体的に変音が多く、そこに狂詩曲の断片が混じり合い、突然音が消えたかと思うと激しい調子に変わる。盲目の若い女性演奏家は、私が長い時間彼女の演奏を聴いていることに気づかなかった。その内に何人かの女性がやって来て、彼女たちは私のことをその女性に告げた。すると、彼女はいきなり大粒の涙を流して泣き出し、誰の慰めも聞こうとしなかった。

また別のある日、私は若い男性がフルートのような笛を吹くのを聞いた。その笛は素朴な作りで、小指程度の小さな穴と細長い竹の吹管だけのものだった。演奏はかなり単純で、音階が上がったり下がったりする調子に、時々一つの流れと別の流れがあり、それら相互の結び付きが感じられなかった。

我々が下田の民家を訪れたのは、たまたま新月の晩であった。そこで、私は日本の多くの家で行われている、珍しい仏式の礼拝を見ることができた。その礼拝は、女性たちが祖先の霊を祀《まつ》る祭壇の前で行うもので、女性たちのそれぞれが左手に金属の鉦《かね》をもち、右手には木の棒をもっている。二組に分かれた女性たちは鉦を棒で叩きながら、代わるがわる単調な旋律の歌〈御詠歌〉を唱えた。

9月の下田の気候は夏のように暖かく、温暖で快適な日々であった。ところが24日と25日だけは風が強くて肌寒い日となり、私が下田で冬の寒さを感じるのは珍しいことだった。第一回目の下田の訪問の時は4月で、青々とした緑の世界が広がっていた。今回ここを離れるのは9月下旬だが、野山には緑が輝き、今までの中で最も見映えの良い、平和な風景だった。畑では、二回目の米の収穫が間近に控えている（第一回目の収穫は6月の上旬に行われていた）。我々は、梨やリンゴや柿、ブドウなどを十分味わうことができた。ブドウは少し値段が高く、聞くところでは、遠方の九州から取り寄せているとのことだった。

我々が下田を離れる時、柿崎村玉泉寺の米国人墓地に三基の新しい墓ができ上がっていた。その三番目はハミルトン医師で、彼は輸送船「ケネディ」から移されてきた人だった。病気治療のために「サスケハナ」で米国へ向かう途中に命を落とし、下田に埋葬されたのである。

1954年10月1日（嘉永七年八月一〇日）、「ミシシッピ」は錨を揚げ、私は日本に別れを告げた。おそらく、これが最後になるであろう。

いよいよ、帰国である！

訳者あとがき

ドイツのドレスデンでウィリアム・ハイネが生まれた1827年は、日本では江戸時代後期の文政一〇年にあたり、第一一代将軍徳川家斉《いえなり》の治世であった。徳川家斉は「寛政の改革」を断行したが、文政年間は江戸を中心に読本・滑稽本・人情本などが歌舞伎や浮世絵などと結びつき、いわゆる化政《かせい》文化と言われる町人文化が花開いた時代であった。同じ文政一〇年の生まれには、後に幕府の遣米使節を務めながらも宿命的な終焉を迎える小栗忠順《おぐりただまさ》（上野介《こうずけのすけ》）や、本書でハイネとの交歓を紹介した浦賀与力の合原《ごうはら》猪《い》三郎《さぶろう》がいる。文政年間から、ハイネが日本へ訪れる頃までの日本の動静をみると、「異国船打払令」や「シーボルト事件」、また、洋学者を弾圧した蛮社《ばんしゃ》の獄《ごく》（モリソン号事件と幕府の鎖国政策を批判した高野長英や渡辺崋山が捕らえられて獄につながれた事件）や、隣国・清国でのアヘン戦争などがある。時代の趨勢《すうせい》は、二百年余り続いてきた鎖国体制に、ほころびが見え始めた時期であったと言える。

一方、欧州では1825年（文政八年）に英国で世界初の鉄道が開通し、1848年（嘉永元年）には「フランスの二月革命」が欧州各地に広がった。その時に「ドレスデンの三月革命」が起こらなければ、おそらくハイネのペリー遠征艦隊参加はなかったことと思われる。また、この革命にも関連し、後世に名作曲家として名を遺すリヒャルト・ワーグナーは、ハイネと幼い頃から家族ぐるみの付き合いをしていたと言われる。いずれにせよ、この時代は長く続いてきた欧州の王政国家が、急ピッチで近代国家に変わっていく時代であった。マシュー・C・ペリー関連では、彼が長年海軍生活を通して尽力してきた、アフリカ最初の黒人共和国、「リベリア」の独立がこの頃に成就している。文化面においては、ドイツのゲーテが「ファウスト」を完成し、同じドイツ出身のマルクスとエンゲルスが「共産党宣言」を発表した。また、1851年（嘉永四年）にはロンドンで世界初の万国博覧会が開かれている。

ペリーが米国に帰国した後に、米国で発行された『ペリー提督日本遠征記』と、ドイツで出版された『ハイネ世界周航日本への旅』が、往時の日本の姿を米国や欧州に広めたことは言うまでもない。その中で、特に人々の関心を引いたのが、琉球と日本の自然や文化を描いたハイネのスケッチであった。現代のペリー遠征にかかわる多くの日本の著作からも、ハイネの絵をふんだんに見ることができる。数あるハイネの絵の中でも、私は特に「久里浜への上陸」という画に関心を持っている。というのは、発電所やフェリーターミナルが建設される前の、昭和二〇年代の久里浜の大浜には、ハイネの描いた風景がそれとなく残っていたからである。当時の大浜に立つと、アシカ島と房総のノコギリ山が目の前に見え、いかにも黒船が出現するかのような雰囲気であった。

ハイネが感激した東京湾の緑濃い海岸線は、すでに過去のものとなった。また、東京湾から望む富士山の姿も、都会の上を一千メートルも覆うスモッグによって隠れた存在となっている。スモッグが消えて、関東平野の一面と雄大な富士山が東京湾から望めるのは、せいぜい正月の三が日あたりだけであろうか。

いわゆる開発という活動に疑問が生じることもあるが、どうも、東京湾の自然の変化（開発）は、ペリー来航の直後から始まったようである。横須賀開国史研究会会長・山本詔一氏の著『浦賀与力、中島三郎助の生涯』（神奈川新聞社）によれば、浦賀の山に中島三郎助が記した碑文があり、当時、時代に合わせて団地の造成が進んでいたのであろう、それには「此わたりの、むかしのさまをおもふに、沢の辺の田ところにして……、開発によって失うものもあるが、ここに石碑を残すことにより、千年の後にも忘れ去られることはないだろう」と刻まれている。幕末のペリー来航に際して、浦賀奉行所の若い与力や同心、また通詞たちが、当初核心的な役割を果たしたことは言うまでもない。ハイネは、彼らとの人間的な交流を通して、彼らを高く評価した。このように、芸術家であるハイネの目を通した、初めて接する日本の人物や風景や風俗、食べ物や建物、そして動物や植物などの叙述やスケッチなどは現在の我々に実感として伝わり、それがハイネの回顧録を親しみ易く、かつ読み易くしている。間もなく、浦賀奉行所が三百周年を迎えるということで、その跡地に浦賀奉行所を再建する計画が進んでいると聞く。幕末から現代にいたる日本の歴史への関心が薄まりつつある昨今、このような企画や文献を通して、ハイネが「忠実で勤勉、活気と知性に満ちた日本人」と評した、この国の先人たちを見直す機会が増えれば幸いと思うところである。

これは国民性の相違かもしれないが、欧州や米国ではこの当時活躍した帆船を大事に保存し、現代の若者たちの関心を呼んでいる。オランダ・アムステルダムの帆船祭りは世界的に有名だし、英国のポーツマス港ではネルソン提督の戦列艦「ヴィクトリー」（1765年進水）が現役艦として保存され、テムズ川のグリニッジには商船の「カティサーク」が係留されている。また、マシュー・ペリーの父親が司令官を務めたボストンの軍港では、帆船軍艦で航行可能な最古の現役艦「コンスティテューション」（1797年進水）が現存する。これらの地を訪れた私は、そこで小学生の子どもたちが珍しそうに目を輝かせている姿を見た。現場で実感された歴史観は、ゆくゆくは自国の歴史への興味へとつながるのであろう。中島三郎助が刻んだ碑文「……千年の後にも忘れ去られることはないだろう」の精神は、現代の我々に継承されていると言えるであろうか。

『ペリーとともに―画家ハイネがみた幕末と日本人』は、往時の日本の風俗や風景が目に見える形で描かれたおもしろい作品と思い、この度の訳出に至った。これまでの文献から受けたM・C・ペリー像といえば威厳に満ちた傲岸な提督であり、艦隊の部下からは、かなり疎まれた存在であったという印象を受けていた。ところが、日本遠征を通して終始ペリー提督と行動を共にしたハイネは、公私にわたり提督と接した上でペリーを敬い、親しみをこめて父親的存在であったと述べている。ハイネの回顧録を通して、ペリー提督のまた異なる人間像が浮き彫りにされた、と思うしだいである。著者のトラウトマン氏が述べているように、回顧録はあくまでハイネの主観や見識に基づいた著作であり、ペリー艦隊の公式の遠征録はフランシス・L・ホークス編『ペリー提督日本遠征記』にあることは言うまでもない。
本書の上梓にあたっては、終始ご援助と原稿の校正を賜った越後湯沢在住の作家・橘喜男氏に心から感謝申し上げるしだいです。また、出版にあたりお世話になった三一書房の小番伊佐夫氏と高秀美さんに厚く御礼申し上げます。

座本　勝之

２０１８年６月吉日

ウィリアム・ハイネの年代記

1540年代	日本の船がインドまで航海し、おそらく米国の北西海岸まで到達していたが、西欧との交流は殆どなかった時代である。遭難したポルトガル船に続いて、他の欧州の商船や貿易船が封建制度下の日本に上陸した。日本の皇帝は諸藩の大名に対抗する力を持っていなかった。
1549年（天文18年）	フランシス・ザビエルとイエズス会の宣教師たちが日本で活動を始め、1579年（天正7）までに10万人あまりのキリスト教改宗者達成を宣言した。
1600年（慶長5年）	徳川家康が国の支配力を確立し、江戸幕府終焉に至る1868年（明治元）までの250年間にわたり徳川家が国を君臨した。この期間、キリスト教徒は迫害され、オランダ人を除く西欧人は国外追放。オランダ人は少数の本土の居住者を除いて出島のみの滞在が許された。
1791年（寛政3年）	米国の貿易船「レディー・ワシントン号」（ケンドリック船長）と「グレイス号」（ダグラス船長）が日本へ来訪した。ラッコ毛皮の提供は受け付けられず。1837年（天保8）まで、米国船はオランダか英国の旗を掲げて日本へ来訪した。
1797年（寛政9年）	オランダのチャーター船として最初の米国船「エリザ号」が日本に入港した。
1811年（文化8年）	ロシア帆走艦「ディアナ号」のヴァシリー・ゴローニン艦長が千島列島の探索を実施し、その後数年間にわたって日本の牢獄に監禁された。
1825年（文政8年）	江戸幕府が「異国船打払令」を諸大名に通達した。接近する外国船は見つけしだい砲撃し、上陸する外国人は逮捕する指令であった。
1827年（文政10年）	1月30日、ピーター・ベルンハルト・ヴィルヘルム・ハイネ（ウィリアム・ハイネ）がドイツのザクセン州ドレスデンで生誕した。
1836年（天保7年）	1832年（天保3）、ジャクソン米国大統領から極東の特命大使に任命されたエドマンド・ロバーツ氏は極東初のシャム（現・タイ）との条約を批准した。ロバーツ大使は日本との交渉に赴く前に中国で病死した。

1837年 （天保8年）	日本人漂流民〈7人〉と布教のための宣教師を乗せた米国商船「モリソン号」が日本に来航し、砲撃を受けた。米国旗を掲げた商船への砲撃は米国の世論を刺激し、この事件以降、日本の開国は米国の懸案事項となった。
1838年 （天保9年）	海軍士官のチャールズ・ウィルクス艦長は、米国探検隊を指揮して太平洋と南洋の遠大な探検を実施し、1843年（天保14）に米国に帰国した。
1839年 （天保10年）	米国貿易の外交顧問アーロン・ヘイト・パーマーは、中央アメリカ連邦共和国とパナマ地峡に関する交渉を終え、東洋市場の開発を始めた。米国の通商をめざす日本開国計画案を立案している。
1841年 （天保12年）	第6代大統領ジョン・クィンシー・アダムズはアヘン戦争における英国側の立場を支援し、「この戦争は英米人の生命と財産の犠牲を強いた東洋独裁者への挑戦」と述べて、その原因は「叩頭《こうとう》（頭を地面につけて恭順を表す清国の礼）によるもの」とした。アダムズは「日本開港はキリスト教国の権利もしくは義務である」と述べ、「人民の福祉に貢献する人々を後退させる権利は、いずれの国家にもないことを日本は認めなければならない義務がある」と主張した。
1844年 （弘化元年）	中国の初代駐在弁務官（後の特命全権公使）ケイレブ・クッシングは米中間の望厦条約《ぼうかじょうやく》を締結し、中国の五港を開港させて、その他の貿易条項を纏めている。後に、国務大臣ジョン・C・カルフーンから日本との通商航海条約を交渉する権限を与えられた。
1845年 （弘化2年）	2月、議会のプラット決議文は第10代米国大統領ジョン・タイラーに対して、日本および朝鮮に対する貿易と友好関係を結ぶよう進言した。4月、国務長官ジェイムズ・ブキャナンは、清国への特命全権公使アレクサンダー・H・エバレットに対して日本と交渉する権限を与えた。 4月17日、日本人漂流民を乗せたニューヨーク州サグ・ハーバーを母港とする捕鯨船「マンハッタン号」（クーパー船長）は、幕府から江戸湾に数日間寄港できる許可をえた。後に、ペリー提督はクーパー船長から日本の状況を聴取している。

1846年 （弘化3年）	ニューヨーク州ポキプシーを母港とする捕鯨船「ローレンス号」（ベーカー船長）の乗組員7名がエトロフ島に漂着した。長崎に送られて1名が死亡し、翌年5月に長崎の出島でオランダ船に引き渡された。 5月1日、カトリック教宣教師バーナード・ジーン・ベッテルハイムが布教のために琉球の那覇に到着した。 7月8日、上院議員ジョン・A・ディクスは米国海上保険会社や造船会社、蒸気機関製造会社の社長たちから提出された日本遠征に関する要望書を上院議会で提示した。南北戦争時、デックス氏はハイネの指揮官となっている。 7月20日、ジェームズ・ビドル提督が帆走艦「コロンバス」と「ビンセンス」を率い、日本との友好と交易を求めて江戸湾に来航した。この試みは、米国海軍による日本との修好をめざした初の公式訪問であった。
1848年 （嘉永元年）	財務長官ロバート・J・ウォーカーは「日本は鎖国を維持して通商を閉ざしているが、我が国の西海岸からは2週間で届く距離にあり、……保護的措置と平和的努力により、我が国との安全な関係を築くことが出来るであろう」と述べた。
1848年 （嘉永元年）	マサチューセッツ州ニューベッドフォードを母港とする捕鯨船「ラコダ号」（ブラウン船長）が西蝦夷地に漂着し、乗組員は長崎に護送されて入牢処分を受けた。
1849年 （嘉永2年）	4月17日、米東インド艦隊のジェームズ・グリン艦長が率いる戦艦「プレブル」が長崎に来航し、1週間の交渉をへて「ラコダ号」の乗組員を受け取って退去した。
1851年 （嘉永4年）	ミラード・フィルモア第13代大統領の国務長官ダニエル・ウェブスターは、ジョン・H・オーリック提督に全権を与えて日本との通商条約締結を指令した。その指令書には蒸気船が必要とする石炭の購入が含まれており、「日本列島の地下深く全能の創造主によって与えられた産物（石炭）を人類の利益のために購入する」という表現が使われている。オーリック提督は健康問題と東インド艦隊内に起きた問題によって更迭され、日本へ訪れることはなかった。

1852年 (嘉永5年)	当時着工されていたパナマ地峡鉄道の終点から西海岸を経てサンフランシスコへ向かう定期蒸気船が就航した。 1月24日、マシュー・カルブレイス・ペリーが米国東インド・中国・日本海域司令長官に命じられた。ペリーは指令書を受け取り、8カ月に及ぶ準備(東海岸での日本経験者の聞き取り、各種の艤装、日本への寄贈品の収集など)を始めた(3月24日)。 9月にペリー提督は国務長官チャールズ・M・コンラッド並びに海軍長官ジョン・P・ケネディ氏と最終的な打合せを行った。 11月8日、「ミシシッピ」座乗のペリー提督はアナポリスを離れてノーフォークへ向かった。 11月13日、新国務長官エドワード・エバレット氏は「米国大統領から日本皇帝への親書」を起草し、フィルモア大統領に上呈した。 11月17日、中国への航海に向け、「ミシシッピ」座乗のペリー提督はハンプトン・ローズを離れ、大西洋横断を開始した。 12月11〜15日、ペリー艦隊はマデイラ島に寄港。
1853年 (嘉永6年)	1月10〜11日、ペリー艦隊はセント・ヘレナ島に寄港。1月24〜2月3日、ケープタウン 2月18〜28日、インド洋南西部モーリシャス島 3月10〜15日、セイロン島 3月25〜29日、シンガポール 4月7日、香港に到着。 4月9日、ペリー提督はサミュエル・ウェルズ・ウィリアムズを日本遠征の通訳として採用した。「プリマス」、「サラトガ」、「サプライ」がマカオで「ミシシッピ」に合流、4月28日、ペリー提督は「サスケハナ」が待機する上海へ向けて香港を出航した。 5月10日、ペリー提督は旗艦を「サスケハナ」に移し、5月16〜17日にかけて上海を出航した。 5月26日、「ミシシッピ」と「サスケハナ」は琉球の那覇へ到着、5月28日に「サプライ」が到着した。 5月30日、琉球王朝の総理官が「サスケハナ」のペリー提督を訪れた。翌日、島の情報を収集するために探索隊が出発した。 6月6日、大規模な上陸部隊を従えたペリー提督が琉球王朝を訪れた。 6月9日、「ミシシッピ」と「サプライ」を那覇に残し、「サスケハナ」と「サラトガ」のペリー一行が小笠原諸島に向けて出航した。

	6月11日、米国のカドワラダー・リングゴールド提督が率いる5隻の艦船が太平洋探検のためにハンプトン・ローズを出航し、1856年に帰港した。後にハイネはその探検隊の報告書をドイツ語に翻訳している。 6月14日、ペリー一行は小笠原諸島のポートロイド(現・二見港)に到着した。 7月2日、小笠原諸島から那覇に戻ったペリー提督は、日本に向けて那覇を出航した。「サスケハナ」が「サラトガ」を曳航し、「ミシシッピ」が「プリマス」を曳航した。7月8日、艦隊は江戸湾の浦賀沖に投錨した。 7月14日、ペリー提督は久里浜に上陸し、応接場でフィルモア大統領の親書と自らの信任状を浦賀奉行に手渡した。 7月9〜16日、ペリー艦隊は江戸湾の水深測量を行った。 7月17日、ペリー艦隊は琉球経由で中国へ向けて江戸湾を出航した。 7月28日、ペリーは琉球の総理官と面談し、引き続き米国が琉球を使用できるよう要請した。 8月〜9月、ペリーは香港に到着し、香港とマカオで越冬する準備をした。「バンダリア」、「マセドニアン」、「サザンプトン」が香港で合流した。9月30日にペリーは「ミシシッピ」に旗艦を戻し、その後12月19日に「サスケハナ」に旗艦を戻している。 12月26日、印刷機械と日本への贈呈品を乗せた輸送艦「レキシントン」が香港に到着した。
1854年 (嘉永7年)	1月上旬、ロシアが日本との条約を試みているという情報がペリーに届いた。 1月14日、ペリーは香港を出航して琉球へ向かい、2月13日に艦隊(7隻)が江戸湾に到着した。2月19日に旗艦を「ポーハタン」に移している。 2月25日、「ミシシッピ」、「サスケハナ」、「ポーハタン」、「バンダリア」、「マセドニアン」、「レキシントン」、「サザンプトン」から成る艦隊が横浜に近い神奈川沖に陣を敷いた。 2月27日、会見場として神奈川が決まり、3月7日に応接所が建てられた。 3月8日、交渉が開始された。

	3月9日、「ミシシッピ」で事故死した海兵隊員ロバート・ウィリアムズ二等兵の遺体が横浜の地に埋葬された。 3月13日、日本からの贈答品がペリーに届けられた。その4日後、下田を米国船に開港することが日米の協議で合意された。 3月24日、米国からの贈呈品が日本に贈られた。 3月26日、江戸城から横浜に戻った日本側の全権委員は、下田と箱館が米国に開港されることをペリーに告げた。 黒人に扮した劇団の「エチオピアン・ミンストレル・ショー」を伴う接待が、日本の港で3月27日、5月29日、6月22日、7月15もしくは16日の数回にわたって催されている。 3月27日、「ポーハタン」艦上における「ミンストレル・ショー」と饗宴は日本の交渉員たちを大いに楽しませた。 3月28日、下田の開港が宣言された。 3月31日、日米和親条約〈神奈川条約〉が調印された。 4月4日、ヘンリー・A・アダムズ参謀長が日米和親条約の批准書を携えて「サラトガ」でワシントンDCに向かった。 4月10日、ペリー艦隊は江戸を望見するために江戸湾の奥まで進行した。 4月18日、「マセドニアン」が小笠原諸島に向かい、他の艦船は下田と箱館を目指して江戸湾を出航した。 5月20日、6月3日の箱館出航前に、ペリーは箱館に上陸した。 ペリーは6月28日の日本出航の前に、6月7〜8日の最終交渉のために下田に寄港した。 7月1日、ペリーは日米和親条約同様の条約を結ぶために那覇を訪れた。 7月11日、琉米修好条約が調印された。 7月17日、ペリー艦隊の最後の艦が那覇を出航した。 7月22日、ペリーは香港に到着した。9月11日にセイロン、スエズ、欧州経由でニューヨークへ向かった。ペリーはオランダのハーグに着き、11月20日、米国の駐オランダ公使として赴任していた娘婿のオーガスト・ベルモントの家を訪れた。 12月30日、ペリーは英国リバプール港から出航した。
1855年 （安政2年）	1月11日、ペリーはニューヨークへ到着。 4月23日、「ミシシッピ」がハイネを乗せて太平洋を横断しニュ

	ーヨークへ到着した。遠征記録やペリーが遠征記作成に使用する重要な品々を始め、ハイネの芸術作品、博物誌などが搭載されていた。
1856年 （安政3年）	1月11日、ニューヨーク・タイムズ紙は、ハイネのドイツ語による日本紹介がクリントンホールで多くの見識ある人々に行われたことを報じている。この年の後半に、ドイツ語とオランダ語によるハイネの『日本遠征回顧録』と、ペリーによる『ペリー艦隊日本遠征記』の第一巻が発刊されることになる。『ペリー艦隊日本遠征記』の第二巻は1857年に、第三巻は1858に刊行された。 5月4日、ハイネはニューヨーク民事裁判所で米国の国籍を取得する。
1857年 （安政4年）	12月28日、ペリーは『ペリー艦隊日本遠征記』の編集を終了した。
1858年 （安政5年）	3月4日、ペリーはニューヨークで死去した。
1859年 （安政6年）	フランス語による『ハイネの日本遠征回顧録』が発刊され、第二版が1863年に刊行されることになる。 5月7日、ハイネはベルリン地理学会で日本を紹介した。ハイネは、「ドイツ人はこれまで何の庇護や援助もなく、世界の探索や交易を重ねてきた。他の列強が自国民にふさわしい権利や特権を取得している現在、我が国も国外に砲艦を送るべき時がきた」と述べている。
1860年 （万延元年）	9月4日、プロイセンの東アジア艦隊が江戸湾に到着。旗艦「アルコーナ」を江戸湾に先導したハイネは日本に5か月間滞在し、日本を研究したり、土地や人々の写真撮影、スケッチ、描画などを行い、その後発刊する本の資料を収集した。
1861年 （文久元年）	2月、ハイネは中国に6か月間滞在した。 12月、米国に帰国したハイネはワシントンDC近郊のポトマック軍メリーランド第一歩兵連隊の技術大尉として南北戦争に参加した。
1862年 （文久2年）	6月30日、ハイネはリッチモンドで南軍の捕虜となり、8月15日に捕虜交換で北軍に復帰した。

	12月1日、肩の負傷により北軍の任務を退き、治療のためドイツに戻った。
1863年 （文久3年）	2月、ニューヨークに戻ったハイネは、ドイツ語が通じるニューヨーク第103連隊の大佐として北軍に復帰した。ハイネは南北戦争終結までに3つの部隊の指揮官を務めている。
1865年 （慶応元年）	3月13日、ハイネは名誉進級により准将に昇進し、3月17日に除隊した。
1865〜1869年 （慶応元〜明治2年）	米国とドイツでハイネは画家、挿画家、絵画講師として働いた。
1869〜1871年 （明治2〜4年）	米国外交団の一員となったハイネは、パリとリバプールにおける領事館員を務めた。
1871〜1885年 （明治4〜18年）	ドレスデン近郊に居を構えたハイネは画家や絵画講師として働き、最後の作品となる数冊の本を刊行した。
1885年 （明治18年）	ハイネは1871年より過ごしたドレスデン近郊のレースニッツにおいて58年の生涯を終えた。

参考文献

Edwin Honig :『The Poet Other Voice: Conversation on Literary Translation』 1985

Robert Erwin Johnson :『Far China Station』The US Navy in Asian Waters, 1800-1898.

William Elliot Griffis :『Millard Fillmore』1915

Richard A. Von Doenhoff :『Biddle, Perry, and Japan』1966

Bayard Taylor :『A Visit to India, China and Japan in the years 1853』1870 『Japan in our day』1872

坂巻駿三 :『Western Concepts』

Aaron Haight Palmer :『Documents and Facts』

Rayback Robert :『Millard Fillmore』Biography of a President. 1959

Lynn Guest :『Yedo』1986

Tyler Dennett :『Americans in Eastern Asia』1922

Frederic Wells Williams (son of S. Wells Williams) :『Life and Letters of Samuel Wells Williams, Missionary, Diplomatist, Sinologue』1889

Foster Rhea Dulles :『American in the Pacific』1932

Allan Burnett Cole :『Yankee Surveyors in the Shogun Seas 』The American Background of the Perry Expedition to Japan, 1853-1854.

George Bailey Sansom :『Western World and Japan』A Study in the Interaction of European.

Eldon Griffin :『Clippers and Consuls』American consular and Commercial Relations with Eastern Asia, 1845-1860. 1938

John W. Dower :『War without Mercy』1986

Francis F. Hawks :『Narrative of the Expedition of an American Squadron to the China Seas and Japan』performed in the years 1852, 1853, and 1854, under the Command of Commodore M. C. Perry, United States Navy, by Order of the Government of the United States. 1856

Daniel Henderson :『Yankee ships in China Seas』1946

Samuel Wells Williams :『A Journal of the Perry Expedition to Japan (1853-4)』 Transactions of the Asiatic Society of Japan. 1910

Charles Beebe stuart :『Naval and Mail Steamer of the United States』1853

Roger Pineau :『The Japan Expedition, 1852-1854, The Personal Journey of

Commodore Matthew C. Perry』1968
Hansen-Taylor and H. E. Scudder :『Life and Letters of Bayard Taylor』
島崎藤村 :『夜明け前』1932
William E. Naff :『Before the Dawn』by Toson Shimazaki. 1987
Ruth Benedict :『Chrysanthemum and Sword (菊と刀)』Patterns of Japanese Culture. 1946
新渡戸稲造 :『Intercourse between the United States and Japan』1891
William Elliot Griffis :『The Mikado empire』1913
Octavio Paz :『The Labyrinth of Solitude. 』1985
John R. C. Lewis :『Bluejackets with Perry in Japan』1950
Mary B. Cowdrey :『National Academy of Design Exhibition Record, 1826-1860』1943
William Heine :『Graphic Scenes of the Japan Expedition, Lithographs By William Heine-1856』
Paul Shao :『The Origin of Ancient American Cultures』
Rustichello da Pisa and Marco Polo :『Book of the Marvels of the World 1271-1295』
Herman Melville :『White Jacket』1850
Samuel Eliot Morison :『Old Bruin』Commodore Matthew Calbraith Perry, 1794-1858. 1967
Charles B. Stuart :『Naval Dry Docks of the United States』1852
J. W. Spalding :『Japan and around the world, 1855』1855
James D. Johnston :『China and Japan』1857
George Kerr :『Okinawa』The History of a Island People. 1958
Edward Yorke McCauley :『With Perry in Japan』1942
John Glendy Sproston :『John Glendy Sproston, A PrivateJournal』1940
Robert L. Reynolds :『Commodore Perry in Japan』1963
Timothy Head and Gavan Daws :『The Bonins』1968
John S. Sewall :『The Logbook of the Captain's Clerk』Adventures in the China Seas. 1905
Oliver Statler :『Black Ship Scroll』An account of the Perry Expedition at Simoda in 1854 and the lively beginnietngs of person to person Relations between Japan and America.
D. D. George Smith :『Lewchew and the Lewchewans』Narrative of a visit

to Lew Chew in October 1850. 1853
Frank Manon Bennet :『The Steam Navy of the United States』1897
James Morrow :『Scientist with Perry in Japan』The Journal of Dr. James Morrow. 1947
Vasily Golovnin :『Narrative of My Captivity』1818
William Harlan Hale :『When Perry Unlocked the Gate of Sun』Japan feudal shut-in history suddenly came to end. 1958
C. R. Fay :『Palace of Industry 1851』A study of the Great Exhibition and its fruits.
Jack Rohan :『Yankee Arms Maker』The incredible career of Samuel Colt. 1935
John King Fairbank :『Trade and Diplomacy on the China coast』1953
George Alexander Lensen :『Russia's Japan Expedition of 1852 to 1855』1955
Edward M. Barrows :『Great Commodore : The Exploits of Matthew C. Perry』1935
Cesar Guillen-Nunez :『Macau』How European enlightenment thought reached China via Macau.
Earl Rankin Bull :『Okinawa or Ryukyu - The Floating Dragon』- Bernard Jean Bettelheim. 1958
William Leonard Schwartz :『Bettelheim, Bernard John (personal diary)』
John R. C. Lewis :『Bluejackets with Perry in Japan』1952
Matthew F. Maury :『Explanations and Sailing Directions』1858
George Henry Preble :『The Opening of Japan』A diary of discovery in the Far East, 1853-1856. 1962
N. H. N. Mody :『Japanese clocks』1977
Wilhelm Fisher :『Historischer und geographischer Atlas von Europa』

原訳者：フレデリック・トラウトマン

1936年、米国オハイオ州生まれ。米国パディー大学で理学修士とPh.D.を修得。1996年にフィラデルフィアのテンプル大学を名誉教授で退職。報道学の教育を始め、翻訳家や作家、編集者として高い評価を得ている。

主な作品：「Twenty Months in Captivity」（1987年）、「Travel on the Lower Mississippi, 1879-1880」（1990年）、「A Prussian Observes the American Civil War」（2001年）、「We Were the Ninth」（2014年）など。

邦訳者：座本 勝之

1944年、東京生まれ。航空会社在籍中の1993年、ニューヨーク転勤を機に翻訳を始めた。これまでに、S.E.モリソン著「Old Bruin―伝記、ペリー提督の日本開国」（双葉社）や、デクラン・ヘイズ著「JAPAN, The Toothless Tiger―牙のない虎、日本」（鳥影社）などの翻訳がある。

ペリーとともに
画家ハイネがみた幕末と日本人

2018年7月14日　第1版第1刷発行

著　　者　フレデリック・トラウトマン　©1990年
訳　　者　座本 勝之　©2018年
発 行 者　小番 伊佐夫
装　　丁　Salt Peanuts
D　T　P　市川 九丸
印刷製本　中央精版印刷
発 行 所　株式会社 三一書房
〒101-0051 東京都千代田区神田神保町3-1-6
☎ 03-6268-9714
振替 00190-3-708251
Mail: info@31shobo.com
URL: http://31shobo.com/

ISBN978-4-380-18000-2 C0026
Printed in Japan
乱丁・落丁本はおとりかえいたします。
購入書店名を明記の上、三一書房までお送りください。